消防员团体心理辅导

主　编　张小城　李　斌
副主编　陆学治　马元周

清华大学出版社
北京

内 容 简 介

本书在吸收市场上相关书籍优点的基础上，更加注重内容的实用性。它从团体实务技能入手，通过三章内容，详细介绍了消防员团体心理辅导概述、主要理论以及常用技术。同时通过八个主题案例，包括职业生涯、情绪、凝聚力、压力、人际信任、心理弹性、品格优势与美德和幸福感等方面，构建了一套完整的团体心理辅导教学体系，全面培养消防员的积极心理品质。在呈现形式上，每个主题精心设计了层层深入的活动单元，每个单元均按照消防员思想政治教育课程的时长来执行，且每个环节都配有导入语与领导者总结，操作便捷，实用性强。

本书既可供广大消防员、消防救援基层队站的心理骨干参考学习，也可作为高校心理学专业本科生及心理健康教育方向研究生的教辅用书。

本书封面贴有清华大学出版社防伪标签，无标签者不得销售。
版权所有，侵权必究。举报：010-62782989，beiqinquan@tup.tsinghua.edu.cn。

图书在版编目(CIP)数据

消防员团体心理辅导 / 张小城，李斌主编. -- 北京：清华大学出版社，2025.7.
ISBN 978-7-302-69404-5

Ⅰ. E0-051

中国国家版本馆 CIP 数据核字第 2025EA6550 号

责任编辑：陈冬梅
封面设计：李　坤
责任校对：么丽娟
责任印制：刘　菲

出版发行：清华大学出版社
　　　　　网　　址：https://www.tup.com.cn, https://www.wqxuetang.com
　　　　　地　　址：北京清华大学学研大厦A座　　　　邮　编：100084
　　　　　社 总 机：010-83470000　　　　　　　　　邮　购：010-62786544
　　　　　投稿与读者服务：010-62776969, c-service@tup.tsinghua.edu.cn
　　　　　质量反馈：010-62772015, zhiliang@tup.tsinghua.edu.cn
　　　　　课件下载：https://www.tup.com.cn, 010-62791865
印 装 者：大厂回族自治县彩虹印刷有限公司
经　　销：全国新华书店
开　　本：185mm×260mm　　　印　张：14.5　　　字　数：353千字
版　　次：2025年7月第1版　　　　　　　　　　　印　次：2025年7月第1次印刷
定　　价：45.00元

产品编号：110870-01

本书编委会

主　　编：张小城　李　斌

副 主 编：陆学治　马元周

参编人员：张文霞　江新兵　庄　宏　周子佳
　　　　　李宣桦　朱凯琳　杨　哲　盛苏磊
　　　　　周吉昕　杨昌昊　王　力　唐摆平
　　　　　张孝武

序　　言

　　社会心理服务是一项关乎人民幸福、社会和谐、国家长治久安的源头性、基础性、长远性工作。党的二十届三中全会通过的《中共中央关于进一步全面深化改革、推进中国式现代化的决定》提出，"健全社会心理服务体系和危机干预机制"。在中国式现代化的背景下，加强消防员心理服务体系建设，不仅是国家综合性消防救援队伍以正规化、专业化、职业化建设推动高质量发展的客观现实需求，更是消防救援队伍担当作为、履职尽责，推动健康中国、平安中国建设的应有之义。

　　《消防员团体心理辅导》是消防系统心理服务体系示范建设的最新成果之一。安徽省芜湖市消防救援局作为全国消防救援队伍首批心理工作示范点，积极与中国科学院心理研究所、应急管理部上海消防研究所等科研院所开展对接合作，研发了全国消防救援人员心理服务平台，构建了涵盖心理科普、心理测评、心理培养、心理咨询与治疗、危机干预与援助等分级分类服务体系，为消防员提供全方位、闭环式的心理服务。经过3年多的探索，初步形成了一条符合基层实际需求，体现我国国情特色的消防人员心理健康服务工作新路径。本书正是3年探索中创新性工作的体现，它既是队伍心理骨干培养成效的集中体现，也是专家联合培养机制成熟的有力印证。

　　团体心理辅导活动兼具心理教育与心理训练功能，形式生动活泼，是消防救援人员较受欢迎的心理服务方式之一。当前，消防救援队伍正处在全面深化改革、坚定不移探索中国特色消防救援队伍建设新路子的关键时期，迫切呼唤积极向上的力量、担当作为的精神、创新创造的氛围。将消防员职业生涯、情绪、人际信任等团体辅导活动方案结集出版、公开发行，对于消防救援人员培育向善向上的情怀、增强攻坚克难的自觉、提升正心修身的格局、培育队伍建设的核心价值观、凝聚改革发展的精气神，具有重要的引领作用和现实意义。

　　在谱写社会心理服务体系消防篇章的进程中，希望这一个个活动方案如同和煦的春风，潜移默化地感染、打动、激励广大消防指战员，坚定改革信心，勇担职责使命，以高质量心理工作保障消防救援事业高质量发展，为进一步全面深化改革、推进中国式现代化提供更加坚实、可持续的消防安全保障。

　　是为序。

中国科学院心理研究所研究员
中国心理学会心理危机干预工作委员会主任委员
刘正奎
2024年9月30日

前　言

消防员团体心理辅导是在团体情境中提供心理帮助与指导的一种心理辅导的形式，通过团体内的人际交互作用，促进个体心理成长。它基于国家综合性消防救援队伍心理工作示范点建设实践探索，经历了多年探索，根据《国家综合性消防救援队伍思想政治教育大纲(试行)》等相关文件，结合队伍内部心理工作专项调研，确定心理骨干课程与教学要解决的重点问题，明确课程目标，精选课程内容，不断丰富教材资源后最终形成的。

本书的特色主要体现在以下几个方面。

第一，理论阐析深刻。本书既对团体心理辅导各学派的理论精髓、实践模式、先进技术及应用方法进行了详尽的阐述，并巧妙融合了国内外消防员心理健康领域的最新研究成果，确保了理论体系的系统完备与前沿探索。

第二，实践指导性强。本书在基本理论介绍的基础上，精选了八个主题的教学内容，每个主题精心设计了层层深入的活动单元，每个单元均按照消防员思想政治教育课堂的时长安排，且每个环节都配有导入语与领导者总结，操作便捷，实用性强。

第三，彰显职业特色。在活动设计上，既有纯原创的消防主题团体心理辅导活动，也有对经典团体心理辅导活动的消防化改造，使其更具亲切感和共鸣；在呈现方式上，注重章节单元的编排顺序，基本涵盖了消防员的全职业周期，构建了完整的团体心理辅导教学体系，全面培养消防员积极心理品质。

第四，资源保障有力。每个主题都提供了前后测的量表和配套资源，主题活动也提供了一些备选方案，供使用者酌情替换。

本书的主编张小城主要负责全书的整体规划与统筹，对本书的主题、框架、方向进行整体编写规划，组织学术专家做内容学术性审核。主编李斌负责本书的团队管理，遴选和邀请合适的编委参与编写，管理本书编写的具体分工及任务，监督进度并协助解决编写中的突发问题。副主编陆学治负责协调主编工作，落实具体的编写计划，跟进各章节的进度，对章节内容提出修改建议，调整语言风格或格式问题。副主编马元周负责联络队站，对图表、参考文献等技术性内容进行规范性检查。

本书由安徽省芜湖市消防救援局周子佳组织编写和统稿，吉林师范大学教育科学学院张文霞负责最后的审定。全书共十一章，具体分工如下：张文霞负责编写第一章至第三章；杨哲负责编写第四章；周吉昕负责编写第五章；盛苏磊负责编写第六章；朱凯琳负责编写第七章；周子佳负责编写第八章，王力为第八章做了前期工作；盛苏磊负责编写第九章，张孝武为第九章做了前期工作；周子佳负责编写第十章，唐摆平为第十章做了前期工作；李宣桦负责编写第十一章。杨昌昊负责插图设计制作。本书得到了清华大学出版社的大力支持和尹飒爽编辑的悉心指导，在此表示深深的谢意！

本书在编写过程中，参考了很多同类著作和期刊等，限于篇幅，未逐一列出，特此说明，并对相关作者表示衷心感谢。由于编者水平有限，书中难免存在一些不足之处，恳请同行专家及读者批评指正。

编　者

2024年8月于安徽省芜湖市消防救援局

目 录

第一章　团体心理辅导概述 1

第一节　团体心理辅导的相关概念 2
一、团体和团体心理辅导的概念 2
二、团体心理辅导与个别心理辅导的联系 2
三、团体心理治疗的内涵 4

第二节　团体心理辅导的特点与功能 5
一、团体心理辅导的特点 5
二、团体心理辅导的功能 6
三、团体心理辅导的局限性 7

第三节　团体心理辅导的目标、原则与类型 7
一、团体心理辅导的目标 7
二、团体心理辅导的原则 9
三、团体心理辅导的类型 10

第二章　团体心理辅导的主要理论 19

第一节　团体动力理论 20
一、团体动力学的创始人 20
二、团体动力学的主要内容 20
三、团体动力学对团体心理辅导的贡献 22

第二节　社会学习理论 23
一、社会学习理论的创始人 23
二、社会学习理论的基本内容 23
三、社会学习理论对团体心理辅导的贡献 24

第三节　人际沟通理论 25
一、人际沟通的特点与功能 25
二、人际沟通的形式 25
三、团体内的沟通 28
四、有效沟通的原则和方法 32
五、人际沟通理论对团体心理辅导的贡献 35

第四节　积极心理学理论 35
一、积极心理学的创始人 35
二、积极心理学的主要理论观点 35
三、积极心理学对团体心理辅导的贡献 38

第三章　团体心理辅导的常用技术 39

第一节　团体创始阶段的常用技术 40
一、相识的技术 40
二、分组的技术 40
三、让成员参与团体的技术 41
四、处理成员负面情绪的技术 42

第二节　团体过渡阶段的常用技术 42
一、处理防卫行为的技术 42
二、处理冲突的技术 43
三、应对特殊成员的技术 45

第三节　团体工作阶段的常用技术 48
一、引导参与和介入技术 48
二、团体讨论的技术 49
三、角色扮演的技术 51
四、团体行为训练技术 53

第四节　团体结束阶段的常用技术 55
一、结束的技术 56
二、团体结束阶段的活动选择原则 56

第四章　消防员团体心理辅导之职业生涯篇 58

第一节　消防员职业生涯研究概况 59
一、改制后新入职消防员职业心理情况概述 59
二、改制前后消防员职业心理状态变化 59

第二节　消防员职业生涯团体心理辅导活动方案 60
一、团体性质与团体名称 60
二、团体目标 60
三、团体领导者 61

四、团体对象与规模 61
五、团体活动时间及频率 61
六、团体设计理论依据 61
七、团体活动场地 62
八、团体评估方法 62
九、团体活动辅导方案 62

第五章 消防员团体心理辅导之情绪篇 73

第一节 消防员情绪研究概况 74
一、消防员情绪特征概述 74
二、消防员负性情绪及成因 74
第二节 消防员情绪调节团体心理辅导活动方案 75
一、团体性质与团体名称 75
二、团体目标 75
三、团体领导者 76
四、团体对象与规模 76
五、团体活动时间及频率 76
六、团体设计理论依据 76
七、团体活动场地 76
八、团体评估方法 77
九、团体活动辅导方案 77

第六章 消防员团体心理辅导之凝聚力篇 87

第一节 消防员凝聚力研究概况 88
一、消防员团队凝聚力概述 88
二、消防员共享心智模型、团队凝聚力对团队效能的影响 88
第二节 消防员凝聚力团体心理辅导活动方案 89
一、团体性质与团体名称 89
二、团体目标 89
三、团体领导者 89
四、团体对象与规模 89
五、团体活动时间及频率 89
六、团体设计理论依据 90
七、团体活动场地 90

八、团体评估方法 90
九、团体活动辅导方案 91

第七章 消防员团体心理辅导之压力篇 101

第一节 消防员压力研究概况 102
一、消防员职业压力概述 102
二、消防员职业压力总体状况 ...102
三、消防员职业压力与团体心理辅导研究 103
第二节 消防员压力与应对团体心理辅导活动方案 103
一、团体性质与团体名称 103
二、团体目标 104
三、团体领导者 104
四、团体对象与规模 104
五、团体活动时间及频率 104
六、团体设计理论依据 104
七、团体活动场地 105
八、团体评估方法 105
九、团体活动辅导方案 106

第八章 消防员团体心理辅导之人际信任篇 125

第一节 消防员人际信任研究概况 ...126
一、信任的概念和维度 126
二、消防员信任研究 126
第二节 消防员人际信任团体心理辅导活动方案 127
一、团体性质与团体名称 127
二、团体目标 127
三、团体领导者 127
四、团体对象规模 127
五、团体活动时间及频率 127
六、团体设计理论依据 128
七、团体活动场地 129
八、团体评估方法 129
九、团体活动辅导方案 129

第九章 消防员团体心理辅导之心理弹性篇 139

第一节 消防员心理弹性研究概况 140
一、消防员心理弹性概述 140
二、消防员心理弹性的影响因素 140

第二节 消防员心理弹性团体心理辅导活动方案 141
一、团体性质与团体名称 141
二、团体目标 142
三、团队领导者 142
四、团体对象与规模 142
五、团体活动时间及频率 142
六、团体设计理论依据 142
七、团体活动场地 143
八、团体评估方法 143
九、团体活动辅导方案 144

第十章 消防员团体心理辅导之品格优势与美德篇 157

第一节 消防员品格优势与美德研究概况 158
一、消防员品格优势与美德概述 158
二、消防员品格优势与美德的影响结果 159

第二节 消防员品格优势与美德团体心理辅导活动方案 160
一、团体性质与团体名称 160
二、团体目标 160
三、团体领导者 161
四、团体对象与规模 161
五、团体活动时间及频率 161
六、团体设计理论依据 161
七、团体活动场地 163
八、团体评估方法 163
九、团体活动辅导方案 163

第十一章 消防员团体心理辅导之幸福感篇 177

第一节 消防员幸福感研究概况 178
一、幸福感概述 178
二、消防员幸福感研究概况 178

第二节 幸福感提升团体心理辅导活动方案 179
一、团体性质与团体名称 179
二、团体目标 179
三、团体领导者 179
四、团体对象规模 179
五、团体活动时间及频率 179
六、团体设计理论依据 180
七、团体活动场地 181
八、团体评估方法 181
九、团体活动辅导方案 181

参考文献 218

第一章　团体心理辅导概述

第一节　团体心理辅导的相关概念

一、团体和团体心理辅导的概念

从团体动力的视角来看，团体是由两个及以上成员构成的集体，成员彼此之间相互作用，且拥有统一的目标。构成团体的条件主要有四个：成员规模在两人以上、成员之间相互影响、成员达成一致性共识、成员拥有共同目标。

通常情况下，团体心理辅导是指受过专业训练的团体领导者运用专业的心理学理论、技巧和方法，协助团体成员获取相关信息，促使来访者改变其认知、情感和态度，从而解决其在生活、学习、工作等方面出现的问题，进而推动来访者人格的发展以及社会适应能力的提升。

一般来说，团体心理辅导由一位或两位心理辅导工作者(团体领导者)主持，多位当事人(团体成员)参与。团体规模会因辅导目标和对象的不同而有所差异，少则 3～5 人，多则十几人，甚至几十人。

团体心理辅导通过几次或十几次团体聚会、活动，让团体成员相互交往、共同探讨大家关心的问题，彼此启发、相互鼓励，使成员既了解自己的心理和行为，也了解他人的心理，以达到改善人际关系、增强社会适应性、促进人格成长的目的。

消防员团体心理辅导，旨在全面关注消防员的心理健康与福祉，通过专业的心理培训和实际案例分析，帮助他们应对工作中的挑战，推动个人和团队的健康发展。其内容包括但不限于以下几个方面。

(1) 支持性环境：营造一个安全、包容的环境，鼓励消防员能够坦诚地分享他们的经历和感受，而不必担心被评判。

(2) 压力管理：指导消防员识别并有效应对职场压力，包括面对危险、经历生死抉择以及创伤后的应激反应。

(3) 团队凝聚力：增强团队成员间的相互信任与合作，提升团队的整体凝聚力和协作能力。

(4) 情绪调节：消防员在应对紧急情况和日常训练时，需要通过情绪管理来识别、表达和调节情绪，尤其是在面对强烈情绪体验时，情绪管理能力显得尤为关键。

(5) 心理弹性：培养消防员的心理弹性，帮助他们更好地应对挑战和逆境，快速从压力中恢复过来。

(6) 职业健康：关注消防员的长期职业健康，包括预防职业倦怠，提升工作满意度和幸福感。

(7) 持续关怀：确保团体心理辅导不是一次性的，而是持续提供关怀和支持。

二、团体心理辅导与个别心理辅导的联系

一般而言，心理辅导的形式可分为个别心理辅导和团体心理辅导。团体心理辅导是通过团体来引导个人，借助团体活动协助参与者发掘个人潜能，学习解决问题以及克服情绪、

行为方面的困难。在运用团体心理辅导时，心理辅导工作者会根据当事人问题的相似性组建小组，通过共同商讨、训练、引导，解决成员共同面临的发展困扰或共有的心理问题。

(一)团体心理辅导与个别心理辅导的相似点

团体心理辅导与个别心理辅导的相似点主要体现在以下五个方面。

1. 对象相似

团体心理辅导与个别心理辅导的工作对象主要是正常人，他们在生活中遭遇了一些发展方面的困难，需要通过专业的心理辅导方式来解决人生中的问题。

2. 目标相似

团体心理辅导与个别心理辅导都是为了帮助来访者深化自我认知，增强自信，接纳自我，推动其自我发展，最终实现个人潜能的充分发挥。

3. 伦理准则相同

团体心理辅导与个别心理辅导都强调在辅导过程中遵循伦理道德和专业守则，尊重来访者的权利和利益，遵守保密原则。

4. 原则相似

团体心理辅导与个别心理辅导都强调领导者和咨询师要为团体成员和来访者营造接纳、自由、宽容的氛围，以消除来访者的紧张和顾虑，鼓励他们自由表达内心的感受和经历，进而培养自我探索的能力，学会独立做出选择和决定。

5. 技术相似

团体心理辅导与个别心理辅导都要求心理辅导工作者熟练掌握接纳、同感、澄清、反馈、对质等技术，以帮助来访者更深入地洞察自我与他人，增强对自我及他人的认知能力。

(二)团体心理辅导与个别心理辅导的区别

团体心理辅导与个别心理辅导最大的差异在于当事人对自己问题的认知。在团体辅导中，问题的解决是通过成员间的交流、相互作用和相互影响来实现的。实践证明，团体心理辅导既是一种有效的心理治疗方式，也是一种有效的教育活动。团体心理辅导与个别心理辅导的区别主要体现在以下五个方面。

1. 助人氛围不同

在团体心理辅导中能够形成"我助人人，人人助我"的心理氛围。团体成员不仅能够得到他人的接纳与帮助，也能够给予他人帮助。这种合作、参与的关系既有利于成员增进亲近感、促进相互交流，也能增强成员的自我价值感和成就感。而在个别心理辅导中，来访者主要是被帮助的对象，较难体现出其对他人的帮助作用。

2. 互动程度不同

团体心理辅导能为团体成员提供更多的交流机会，满足成员的社会性心理需求，成员之间的人际互动十分丰富。不过，团体心理辅导中领导者与成员、成员与成员之间的互动深度不如个别心理辅导。

个别心理辅导以一对一的人际沟通形式，展现出深刻的心理互动深度，但在互动广度上略显不足。

3. 问题类型不同

团体心理辅导在调适人际关系方面的心理问题上更具优势。而个别心理辅导则更适合那些心理困扰较大的个人。

4. 辅导技术不同

在团体心理辅导中，人际互动丰富且多变，领导者面临的问题比个别心理辅导更为复杂。因此，领导者不仅要具备良好的个别心理辅导基本技术，还要掌握团体心理辅导特有的技术。

5. 工作场所不同

团体心理辅导需要较大的空间，并且会根据团体类型进行特别的设施配备和场地布置。而个别心理辅导所需的空间较小，通常为 10 多平方米，只需配备两把舒适的椅子或沙发、一个小茶几，将房间布置得安静舒适即可。

三、团体心理治疗的内涵

(一)团体心理治疗的概念

团体心理治疗是以一系列心理治疗理论模式为基础，对团体成员的心理障碍进行矫治、治疗，并助力其人格重建。团体治疗工作者通常为临床心理学家、精神病学家或临床社会工作者。

团体心理治疗的对象一般是有心理疾病的患者。他们可能是存在严重情绪障碍者、神经症患者或是处于精神异常状态，有些人可能表现出社会性偏差行为。他们需要的是矫正性治疗，而非发展性和预防性的帮助。

团体心理治疗的主要技巧是让患者重新体验过去痛苦的情境或创伤性事件，帮助他们领悟并了解干扰其当前功能的过去抉择，使其得以构建健康的情绪体验，针对现实情境、人际关系及个人主见作出新的抉择，从而疏导深藏于潜意识中的未完成经验。

(二)团体心理治疗的特征

(1) 团体中每个成员的目标比整个团体的目标更为重要。
(2) 讨论通常偏重情绪或感情色彩，所讨论或感受的问题通常是个人问题。
(3) 强调讨论的过程，其次才是讨论的内容。
(4) 团体只是手段，所注重的是个人。
(5) 营造自由、宽容的氛围，因此可以减少焦虑。团体内的成员能够自由表达任何感情。
(6) 团体成员之间展现出更强的互相支持。

(7) 团体成员更能接纳自己、了解自己，因此可以引发变化。
(8) 团体心理治疗较倾向于"当事人中心"。
(9) 团体心理治疗具有非形式化或非组织化的类型。
(10) 团体心理治疗的规模较小，团体人数较少。

第二节　团体心理辅导的特点与功能

团体心理辅导的特点是相对于个别心理辅导而言的。团体心理辅导的优越性主要体现在帮助人们改变对自己、对他人的观念，以及解决他们在情感、行为等方面的问题。

一、团体心理辅导的特点

(一)团体心理辅导的效率高

团体心理辅导的经济优势显著，它通过集思广益的研讨方式，提前探索问题解决方案，真正做到未雨绸缪，有效预防问题的发生，成为解决问题的经济高效途径。开展团体心理辅导既可以暂时缓解专业人员不足的矛盾，也能有效满足社会的需求。

个别心理辅导是心理辅导工作者与来访者一对一进行帮助指导，每次辅导面谈通常需要 50 分钟到 1 小时。

(二)团体心理辅导的效果持续性强

团体心理辅导设定了一个类似真实的社会生活情境，为参加者提供了社交的机会。成员在团体中的言行往往是他们日常生活行为的再现。在充满信任的良好团体气氛中，通过示范、模仿、训练等方法，参加者可以尝试与他人建立良好的人际关系。如果他们的行为在团体中有所改变，这种改变会延伸到团体之外的现实生活中。也就是说，实践的结果容易迁移到日常生活中。

团体心理辅导的基本原理是它提供了一种生活经验，参加者能将团体经验应用于日常与他人的互动中。通过团体历程，成员们既突破了瓶颈，也重现了先前做出决定时的背景，从而学会做出适当的新决定。团体历程帮助成员发现自己是如何扮演"牺牲者"角色的，并使成员在团体中表现出与过去不同的行为，从而逐渐能掌控自己生活的主动权。

(三)团体心理辅导的影响力大

在团体情境中，成员可以同时学习和模仿其他成员的良好行为模式，从多个角度洞察和认识自己的问题或烦恼。在团体心理辅导过程中，成员之间互相支持、集思广益、共同探寻解决问题的办法，既减少了对领导者的依赖，也增强了每个成员解决问题的能力和信心。尤其是当团体发展出建设性动力时，每位成员都可以成为他人成长的助力，从而形成强大的积极动力推动团体发展，促进个人更加开放，获得更多的突破和新的经验。

需要注意的是，团体的动力也可能具有消极性，一旦团体出现破坏和消极的影响力时，如果领导者不能及时调整和干预，就会对团体成员造成很大的伤害。

(四)团体心理辅导的适应范围广

团体心理辅导对于人际关系适应不良的人有特别的作用。一般的青少年缺乏社会化的经验，在学校或社会中常发生人际关系方面的冲突或躲避与人接触，他们可以从团体心理辅导中受惠。那些常年与同学、同事不能友好相处的人，也可通过团体心理辅导来改善人际关系的适应状况。有些人因为缺乏客观的自我评价、缺乏对他人的信任，表现出过分依赖或过分武断，难以与他人建立和保持良好、协调的人际关系，这种情况也可以通过团体心理辅导进行矫正。

二、团体心理辅导的功能

(一)团体心理辅导的预防功能

团体心理辅导是预防心理问题发生的最佳策略。它为成员提供了更多的机会，让他们彼此交换意见、互诉心声，讨论未来可能遇到的难题及其可行的解决办法，从而增强对问题处理能力的培养，以预防问题的发生或减少心理问题发生的概率。在团体心理辅导中，领导者能发现那些需要进一步接受个别心理辅导的人，并及时安排个别心理辅导工作，防止问题进一步严重化。同时，所有成员对心理辅导也有正确的认识，以积极的态度在心理上做好准备，当他们需要帮助时可以主动求助专业机构，将心理辅导作为帮助个人成长的一个途径。这些措施均起到预防心理问题发生与加重的作用，能够防患于未然。

(二)团体心理辅导的发展功能

辅导心理学强调发展的模式，即要帮助辅导对象得到充分发展，扫除其正常成长过程中的障碍。团体心理辅导活动不但能纠正成员不成熟的偏差态度与行为，而且能促进良好的发展与心理成熟，培养健全的人格，协调其人际关系。

团体心理辅导能启发和引导正常参加者(来访者)满足他们的基本需要、社会需要与自我需要，促进他们自我了解，改善人际关系，学到建立充满信任的人际关系所需掌握的技巧和方法，养成积极面对问题的态度，对生活和未来充满希望，并能够规划自己的人生。因此，团体心理辅导的终极目的在于促进发展。

(三)团体心理辅导的教育功能

咨询学家本耐特(M.E.Bennett)曾提出成员在团体心理辅导中学习的 10 项内容，并强调了成员的主动学习、自我评估和自我改进。可见，团体心理辅导有助于团体成员的自我教育。

参加团体心理辅导的人常常面临共同的人生问题，如职业压力问题、适应问题、家庭沟通问题、中年困惑问题等。在团体心理辅导过程中，领导者的职责在于指导那些在面对日常生活中的压力和任务方面的正常参与者，通过模仿某些策略或产生新的行为，从而最大限度地发挥其已经存在的能力，或者形成更为适宜的应变能力。同时，参与者可以在团体中分享经验、相互学习，以获得正确的观念与积极的态度。

团体心理辅导的过程通常被认为是一个通过成员相互作用，协助他们增进自我了解、自我抉择、自我发展，进而自我实现的学习过程。

(四)团体心理辅导的治疗功能

许多心理治疗专家强调人类行为的社会相互作用。在团体方式下，团体情境比较接近日常生活与现实状况，以此处理情绪困扰与心理偏差行为，就容易取得良好的效果。目前，在消防员心理辅导中，由于广泛应用不同类型的团体心理辅导活动，消防员罹患心理疾病的人数很少，但在危机背景下，消防员的心理波动较大，容易产生疏离、紧张、烦躁、焦虑甚至抑郁等情绪。若不及时调整，心态失衡将严重影响其心理健康水平。这些有心理困扰的消防员，经过团体心理辅导，不仅能缓解其心理问题，而且可使其问题不再恶化，即团体心理辅导不仅起到了预防作用，而且能矫正偏差的心理和行为，也能培养新的能力。

三、团体心理辅导的局限性

团体心理辅导的局限性主要体现在以下几个方面。

(一)团体情境中存在不适合团体的个人特质

团体心理辅导虽能应用于诸多领域，但并非万能之法，不可能对每个人都适用。在某些情形下，其助人功能会受到限制，甚至可能对不适合参与团体心理辅导的人造成严重伤害。因此，我们要充分认识到团体心理辅导的局限性，不可夸大其功能和作用。

(二)团体情境中难以兼顾成员的个体差异

由于成员个性与问题各不相同，团体领导者很难全面顾及每位成员的需求。在团体中，不同成员所需的时间和亟待解决的问题差异显著。若团体心理辅导将时间和注意力平均分配给每个成员，就会降低部分成员的参与度和受关注度，甚至会忽略个别成员的需求。

(三)团体心理辅导对领导者要求颇高

团体心理辅导对领导者的人格特质、专业训练、技术方法、临床经验以及伦理道德等方面均有较高要求。一名合格的团体领导者应具备丰富的个别心理辅导知识，接受严格的专业心理辅导技术培训，持续接受专业督导并学习新技术，同时还应拥有丰富的团体心理辅导经验。

第三节　团体心理辅导的目标、原则与类型

一、团体心理辅导的目标

团体心理辅导作为一项有计划的辅导活动，为取得预期效果，必须有明确的目标，同时也需遵循一定的原则。团体领导者必须清晰了解团体心理辅导的目标，以此引导成员，这也是团体心理辅导的基础所在。

(一)团体心理辅导目标的功能

对于团体领导者而言，团体心理辅导的目标可作为引导成员的依据。它为团体和成员指明了明确的发展方向，有助于成员将注意力集中于某一方面。此外，团体心理辅导的目标还具备评估功能，为领导者提供了一个评估团体心理辅导效果的标准。由此可见，任何一场团体心理辅导都必须有清晰、明确的目标。

(二)团体心理辅导目标的层次

团体心理辅导的目标可分为一般目标、特殊目标和过程目标。

1. 团体心理辅导的一般目标

团体心理辅导的一般目标是指无论出于何种特殊目的组织实施的团体心理辅导，在团体活动过程中都会涵盖的目标。具体可概括为以下几点。

(1) 通过自我探索，帮助成员认识、了解和接纳自己，增强自我意识，对自我有更合理的认知。

(2) 通过与其他成员沟通交流，学习社交技巧，提升发展人际关系的能力，并学会信任他人。

(3) 帮助成员培养责任感，关心他人，进而敏锐觉察并理解他人的感受和需求，更善于理解他人，更有效地与人交往，明白与人分享的价值和重要性。

(4) 培养成员的归属感与被接纳感，使其更具安全感，更有信心面对生活中的挑战。

(5) 增强成员独立自主、解决问题和做出抉择的能力，帮助他们探索有效途径，处理生活中的发展性问题以及冲突与矛盾。

(6) 帮助成员确认个人价值观，并基于自我评估进行修正与完善。

(7) 帮助成员增强自我方向感，培养独立自主解决问题的能力，并将这些能力应用于日常生活和工作中。

2. 团体心理辅导的特殊目标

团体心理辅导的特殊目标是指不同的团体心理辅导要达成的独特目标。例如，自信心训练小组的独特目标是增强自信心；人际关系训练团体的独特目标是改善人际关系，掌握交往技能；戒断团体的独特目标是帮助成员摆脱成瘾的困境。

3. 团体心理辅导的过程目标

团体心理辅导是一个发展的过程，需经历若干发展阶段，每个阶段都有不同的目标。团体创始阶段的目标是协助成员相互认识，了解团体的目标和结构，察觉自我的感觉和行为，建立团体契约，以保障团体顺利开展。团体过渡阶段的目标是协助成员分享感受和经验，通过团体练习增进成员之间的信任，觉察自己与他人的感受和行为。团体工作阶段的目标是协助成员检视自我困扰、焦虑的状况，觉察有效的社会行为，学习问题解决的方法，激发自我持续改变与成长。团体结束期的目标是协助成员总结已有的积极改变成果，巩固习得的适应行为，制订今后的成长计划，将团体中学到的知识应用于实际生活。

二、团体心理辅导的原则

为发挥团体心理辅导的作用,实现团体心理辅导的目标,取得理想效果,团体心理辅导应遵循以下基本原则。

(一)保密原则

在团体心理辅导过程中,团体成员出于对团体领导者和其他成员的高度信任,或受团体真诚、温暖、理解氛围的感染,会将自己多年不为人知的隐私透露出来。从成长及治疗的角度看,这意义重大。然而,若领导者或其他成员有意或无意泄露个人隐私,不仅会给暴露者带来极大伤害,还会阻碍其他成员的自我探索,甚至严重损害团体心理辅导的形象和声誉,使成员对团体产生顾虑。

尊重每位团体成员的权利与隐私,是团体心理辅导最基本的原则。领导者应在团体活动开始时向全体成员说明保密的重要性,并制定保密规定,要求全员遵守。例如,不在任何场合泄露成员的个人隐私,若需用于研究或发表,必须征得当事人本人同意,并隐去真实姓名,确保当事人利益不受损害。

但保密并非绝对,当当事人或其他人确实处于危险边缘时,应采取合理措施,通知有关人员或组织,并向相关专业辅导人员咨询。这种做法从根本上来说,仍是为了保护当事人的利益。

(二)民主原则

团体的各种规则应根据成员的需求来确定,而非由团体领导者单方面决定。团体领导者更多时候扮演引导者的辅助角色,起到"催化"成员自由表达的作用,激发成员的能力和主见,让每位成员都承担起推动团体发展的责任。

在团体中,每个成员都可参与团体活动,并有权对活动发表意见。团体领导者应鼓励成员表达自己的见解,成为平等沟通的典范。虽然团体领导者在团体中起引导作用,但实际上也是团体的一员,应尊重每一位成员,努力营造安全的心理氛围,促使团体保持自主开放的氛围,增强团体的凝聚力。

(三)专业原则

团体心理辅导与一般的团体活动有很大区别。它并非普通的聚会,而是由专业人员带领的有组织、有计划的活动。从团体准备、招募成员,到制定规则、开展各种活动,再到团体过程的推进以及结果评估,整个过程都具有很强的专业性。领导者应具备丰富的临床经验和较强的技术能力,以引导团体的发展。有些领导者因专业性不足,容易将团体心理辅导等同于一般的团体活动。尽管团体成员在活动中能感到愉悦和轻松,但无法促进成员进行深入的自我探索,最终仅起到娱乐作用,无法达到治疗效果。

(四)引导原则

团体心理辅导的根本任务是助人与自助。因此,在团体心理辅导过程中,团体领导者应遵循鼓励、启发、引导的原则，尊重每个人的个性，鼓励个人发表意见，重视团体内的交流与各种反应，适时提出问题，激发成员思考，培养成员分析问题与解决问题的能力。

(五)发展原则

在团体心理辅导过程中，团体领导者要以发展变化的视角看待团体成员的问题，用发展变化的观点把握团体心理辅导的过程。不仅要在问题的分析和本质的把握上进行动态考察，而且在问题的解决和辅导结果的预测上也应具有发展的眼光。

(六)共同原则

高效的团体心理辅导是针对成员共有的问题而设立的，如人际沟通、情绪调控、领导技能、压力应对等领域。因此，在团体心理辅导过程中要关注成员的共同志趣和共同问题。当某位成员谈论的话题多数成员不感兴趣时，团体领导者要及时调整团体活动的节奏，避免其他成员感到枯燥乏味。团体领导者需促进成员相互关注，推动他们之间的互动，激发共鸣，以实现团队的共同愿景和目标。例如，参加人际关系团体心理辅导活动的成员都有学习与他人相处技能的共同愿望。

(七)综合原则

团体心理辅导的理论、方法、技术种类繁多。仅局限于某种理论和方法，往往难以使团体心理辅导取得满意的效果。因此，团体领导者应了解各种理论和方法，根据团体心理辅导的任务和性质，综合选用有效的技术，以实现团体心理辅导的目标。

三、团体心理辅导的类型

(一)根据团体心理辅导所依据的理论和方法进行分类

依据不同的心理辅导理论与方法，团体心理辅导可划分为以下几类。

1. 心理分析团体心理辅导

心理分析团体是把精神分析的理论、原则和方法运用到团体成员身上的一种治疗形式。治疗过程是营造氛围，协助成员重新体验其早期家庭关系，深入探讨和解读过去的经历，发掘与过去事件相关且对当前行为有影响的压抑感受，让成员对错误心理发展的根源产生顿悟，尝试应对成员在潜意识层面产生的自卫和抗拒，进而克服因童年经历导致的适应不良模式，激励他们依据新产生的领悟做出各种新的选择。其目的在于揭示团体中每个成员的核心冲突，使其上升到意识层面，以此推动成员的自我了解，认识并领悟自己被压抑的种种冲动和愿望，最终消除症状，更好地适应和应对各种生活情境与挑战。

在心理分析团体心理辅导与治疗中采用的主要技术包括：启发并鼓励成员进行自由联想，对成员的梦与幻想进行解析，分析阻抗，揭示移情与反移情，解释、领悟和修通，替代性单元等。

2. 行为主义团体心理辅导

按照行为主义的观点，个体的不适应行为或各种神经症都是个体在其生活环境中习得的错误行为，这些行为也能够通过重新学习而被改变或消退。在团体行为辅导与治疗中，团体是训练和学习的场所。团体为成员提供更多契机，以提示和激励成员改变不适应行为，学习新行为。团体成员在实施新行为时，所获得的强化不仅来自领导者的肯定，还来自成员间相互的积极影响，这种社会环境的强化作用比个别行为治疗更为有效。

行为主义团体心理辅导与治疗是指将行为疗法应用于团体心理辅导与治疗，它具有四个特征：①用具体的行为主义术语阐述问题，并明确治疗目标；②所有的方法与技术都针对成员的外部行为或症状本身；③对适应不良行为和新行为进行客观的测量与评定；④采用学习原则促进团体成员的行为改变。

行为主义团体心理辅导与治疗的常用技术与方法包括：集体系统脱敏、集体放松训练、示范疗法、角色扮演、社交技能训练等。

3. 当事人中心团体心理辅导

当事人中心团体由美国心理学家卡尔·罗杰斯(Carl Ransom Rogers)创立。罗杰斯强调人的价值和尊严，其人性观极为积极和乐观。他相信人是理性的，能够自立自强，并有能力为自己的行为负责。人有积极的人生取向和自我实现的成长动力。他坚信人是建设性的、社会性的、值得信任的、能够合作的。所以，领导者只需在团体中发挥帮助和催化的作用，充分信任成员的能力和价值，成员就能够找到自己的方向和新的行为方式。领导者的主要功能是为团体营造一种滋养性且有治疗功能的氛围。罗杰斯重视的是领导者的个人素质和修养，而非领导者的技能。

当事人中心团体的核心条件是真诚、无条件地接纳和温暖，感同身受的同理心。主要技术包括主动且敏锐地倾听、反映、澄清、总结、个人分享、支持等。

4. 完形学派团体心理辅导

"完形"指的是要全面、整体地看待任何一个人、一件事情或物品。如果只研究一部分，就无法了解事物的全貌和真相。完形学派认为，人类最大的问题是将自己分割得支离破碎，结果就会出现诸多矛盾、冲突和痛苦。因此，完形学派团体的主要目标是帮助成员重新成为一个完整的个体。在团体中，领导者协助成员从"环境的支持"转向"自我的支持"，不再依赖他人，帮助成员发现和肯定自己的潜质，使其在生活中能够主动作为，走向成熟。

完形学派强调此时此地、觉察和责任，以解决问题并避免神经症层次的防卫模式。其主要技术包括非语言表达、承担责任的技术、对话实验、轮流交谈、想象法、预演、翻转、夸张活动等。

5. 交互分析团体心理辅导

交互分析团体的创始人是美国心理学家埃里克·伯恩(Eric Berne)。交互分析的基本假设是：人类基于过去的经验做出当前的决定，强调倾听和分析的能力，旨在增强当事人的觉察能力，使人能够做出新的选择(重新决定)，并因此改变自己的生活。在团体心理辅导过程中，领导者通过提供互动和契约的方法，帮助成员识别和摒弃在人际交往中采用的不当模式和行为，对成员早期的决定进行审视与挑战，并帮助成员从功能上认识三种自我状态(儿童自我、成人自我和父母自我)，清晰自己的人生游戏，学习界定个人的人生剧本，最终让成员认识到自己可以做出新决定,以一种新的生活方式取代以往不好的方式。

交互分析的主要技术包括设定契约、结构分析、沟通分析、游戏分析和生活脚本分析等。

6. 理性情绪团体心理辅导

理性情绪行为疗法(REBT)的创始人是美国心理学家阿尔伯特·艾利斯(Albert Ellis)。理性情绪团体心理辅导是指将认知疗法与行为疗法相结合,应用于团体环境中,旨在促进团体成员在认知、情感、态度及行为等方面产生积极改变。理性情绪学派认为,个体的心理障碍和行为问题源于错误的思维方式以及对现实的错误感知。因此,只有帮助个体学会识别并改善这些不合理的信念、价值观、感知、归因等认知及其过程,才有可能有效改变不适应的行为。

艾利斯在20世纪50年代创立的合理情绪疗法(RET)应用最为广泛。20世纪80年代,他将这种方法与技术概括为三部分:RET 认知团体治疗技术、RET 情感团体治疗技术和 RET 行为团体治疗技术。具体技术包括:与不合理信念辩论、重新构想技术、认知家庭作业、合理情绪想象、角色扮演、脱敏技术、技能训练等。

7. 现实治疗团体心理辅导

现实治疗团体的创始人是美国心理学家威廉·格拉瑟(William Glasser)。他发现,人们常常根据自己的需求构建独特的内心世界,以至于真实世界似乎被淡化,而人们就生活在自己所营造的世界里。因此,在现实治疗团体中,领导者需要引导成员对自己的行为负责,学会更有效地面对现实世界,帮助成员明确并界定生活目标,清除自身的阻碍,探索实现目标的不同途径,制订计划并坚持完成。

现实治疗团体的技术主要有四种,即有技巧的询问、个人成长计划中的自助技巧、运用幽默、矛盾的技术。

8. 心理剧团体心理辅导

心理剧是20世纪20年代初由雅各布·莫雷诺(Jacob Moreno)首创的一种团体心理辅导和集体心理治疗形式。通过特殊的戏剧化形式,让参与者自发地扮演某种角色,以某种心理冲突情境下的自发表演为主。在表演过程中,主角的人格结构、人际关系、心理冲突和情绪问题逐渐呈现在舞台上,达到精神宣泄的目的,减轻思想负担和自卑情绪,激发其内在的主动性,使主角及其他参与者从中找到自己的现实生活,增强适应环境和克服危机的能力。

心理剧的诞生是心理辅导与治疗发展历史中的一个重要转折点,标志着从对个体进行一对一的治疗转向团体治疗,通过角色扮演和情景再现帮助个体在团体中认识自我、调整心态、解决心理问题。可以说,它是团体心理辅导与治疗的重要开端,如今已成为各种团体心理辅导和治疗常用的技术手段。同时,它也被广泛应用于职业训练中。

心理剧的基本要素包括导演、主角、配角、观众,主要技法有自我介绍、角色交换、替身技术、镜像技术、魔幻商店、未来投射和独白等。

(二)根据团体心理辅导的性质和功能进行分类

依据团体心理辅导的不同性质和功能，团体心理辅导可分为以下几种类型。

1. 成长型团体心理辅导

成长型团体心理辅导的主要目的是通过团体成员的主动参与和自我表达，找到大家共同的兴趣与目标，重点在于自我成长与自我完善。成长型团体心理辅导旨在通过团体成员的积极参与和自我表达，探寻共同的兴趣和目标，其核心在于推动个体的自我成长和完善。成长型团体心理辅导基于这样的认知：在人生成长过程中，每个人都会不断遭遇困难，若能克服一些不可避免的困难，人便能获得心智成长。因此，这种类型的团体心理辅导中的一切活动都有助于个人的成长，特别是通过成员间的互动，大家可以相互学习、相互借鉴，取长补短，实现新的成长。

成长型团体心理辅导的成长功能体现在：第一，使个别成员已丧失的社会功能与技巧得到补充和修正；第二，让成员能够掌握社会技巧，以便自行解决问题；第三，团体可以帮助成员迈向自我完善、发挥潜能的境界。这些成长功能可以通过以下条件实现。

(1) 提供宣泄机会。通过团体活动，个别成员将埋藏于心底的感受，如恐惧、愤怒、罪恶感等，在他人面前充分表达，从而消除他们的感情障碍。

(2) 给予成员支持。通过团体对成员的接纳、爱护及支持，成员对团体产生归属感，从而能够充分表达自我，进而提高自尊。

(3) 促进自我认知。成员通过团体活动，观察他人在相同情况下如何处理问题，了解他人对自己的看法，从而对自己有更清晰、更具体的认识。

(4) 改善适应，促进成长。成员对自己、对他人有了更清晰的认识后，就可以找到更多应对事物和人际关系的方法，增强判断能力，更好地适应社会生活。

成长型团体心理辅导的应用范围十分广泛，特别是在培养领袖人才和协助个人成长方面成效显著。同时，它也适用于那些缺乏自信或在社会适应方面存在困难的人群。

2. 会心团体心理辅导

20 世纪 60 年代中期，罗杰斯将当时美国存在的许多性质相同的咨询团体统称为会心团体，包括人际关系小组、敏感性训练小组(T 小组)、个人成长小组、人类潜能小组等。这些团体尽管名称各异，但本质相同，都强调团体中的人际交往经验，注重当下的情感问题。

会心团体心理辅导的目的并非治疗，而是促进个人的成长，包括了解自我、增强自信、寻求有意义的人际关系等。会心，即心与心的沟通和交流，这是会心团体心理辅导最根本的特点。因此，会心团体(也称交朋友小组)被视为一种发展性或成长性团体心理辅导形式。

在罗杰斯的推动下，会心团体进入了一个新的发展阶段。罗杰斯如此评价：会心团体也许是 20 世纪最重要的社会发明，对这一发展的需求远远超出了人们的预料。会心团体作为一种行之有效且被广泛应用的团体心理辅导形式，具有以下四个主要作用。

第一，提供自我探究的机会。在会心团体中，成员摆脱了日常生活中角色的束缚，获得了一个触及自己内心深处真实自我的条件和氛围，有助于自我探究，加深对自我的认识。

第二，提供在变化激烈的时代中再学习的机会。现代社会中，传统的价值观受到冲击，家庭、人际关系、教育、婚姻等领域正在发生变革，人们在价值观多元化的条件下探索新的生活方式。会心团体活动使参与者有机会接触各类人，了解各种生活方式，从而对自己进行再发现、再认识。

第三，提供与陌生人交往的机会。人生的一大乐趣在于能结识各种类型的人。虽然在日常生活中也有与陌生人打交道的机会，但不会像会心团体这样有组织地集中提供与陌生人交往的机会和条件，使成员可以学习与陌生人交往，尝试建立良好人际关系的可能性。

第四，起到心理治疗的作用。会心团体旨在促进健康人心理的进一步发展，而非纠正心理障碍。然而，存在心理适应问题的人通过会心团体活动，也能认识到自己的问题，从而找到解决问题的途径与方法，实际上起到了矫治的作用。但对于那些有严重心理障碍的人，则不宜采用。

会心团体可以集中组织，也可以分散进行。例如，每周聚会1~2次，每次2~2.5小时，在指定地点、指定时间开展活动。集中组织一般是利用3~5天时间，成员共同生活、集中住宿。会心团体从开始到结束，一般会经历困惑探索阶段、信任接受阶段、自我探求阶段、变化成长阶段等。

3. 训练型团体心理辅导

训练型团体心理辅导着重培养人际关系技巧，强调借助团体环境中的行为实验，帮助成员了解如何解决问题、如何做决定以及怎样表达自己的意见等。与成长性团体心理辅导相比，训练型团体不注重个人成长，而是重视团体发展的过程(即每个阶段中成员互动的方式)，引导成员观察并改进自己的行为。

训练型团体的主要功能是为成员提供一个实验平台，着重帮助成员学习新的行为模式，改变不适应的行为，并通过反复练习巩固这些新行为。

训练型团体心理辅导营造了一种平和的氛围，帮助成员认识并审视自己的行为，通过亲身体验来判断这些行为能否达到自己的预期目标。例如，一个希望得到别人同情的人，可以在训练型团体中表现出某一行为，观察是否能获得别人的同情。同时，他也可以表现出相反的另一种行为，从其他成员的反馈中了解他们对此种行为的反应，从而找到合适的行为方式。严格来讲，团体成员在学习过程中并非以改变自己的行为为目的，而是了解"改变"能否让个人在团体及人际关系中生活得更加充实、满足。

由此可见，训练型团体是通过团体成员相互作用的体验，学习对自己、对他人、对团体的理解和洞察，并掌握处理这些人际关系的技能。它具有三个特性：①强调此时此地，不涉及成员过去的行为；②强调过程，不强调内容；③强调真实的人际关系，尊重他人，有利于他人的成长。训练型团体一般人数不多，由10~15人组成。

4. 治疗性团体心理辅导

通过团体特有的治疗因素，例如，支持、关心和情感宣泄，旨在改变成员的人格结构，从而实现康复的功能。正如参考资料2所强调的，这种辅导形式通过团体内人际交互作用，促进个体在交往中通过观察、学习、体验，认识自我、探讨自我、接纳自我，调整并改善与他人的关系，学习新的态度与行为方式。治疗性团体一般持续时间较长，所处理的问题也较为严重，往往针对某种异常行为，如焦虑、抑郁、性问题等。团体心理辅导的重点放在过去的经验影响以及潜意识的因素上，同时或多或少需要改变个人的人格结构。因此，治疗型团体心理辅导对领导者的要求比成长性团体心理辅导更为严格。

需要说明的是，参加治疗性团体心理辅导的成员并不一定比成长性团体心理辅导和训练型团体心理辅导的成员问题更严重。即便心智健康的人，同样能从治疗性团体中获益。这些团体精心营造特殊氛围，旨在促进不健康者恢复健康，同时增强健康者的心理韧性。

5. 自助型团体心理辅导

自助型团体心理辅导由具有共同特点的人们组成，形成一个强大的支持系统，助力个体抵御心理紧张和压力，激发其改变生活的内在动力。自助型团体可以满足人们的一些重大需求，而这些需求是专业工作者或其他教育、宗教、社区机构所无法满足的，如体形保持团体、心脏病康复团体、上瘾行为匿名团体等。自助型团体的领导者大多不是专业人员，而是自发产生的，并非被指定的。其成员通常存在共同问题，或在生活中面临类似的困惑，往往以单一主题为核心，如吸毒成瘾、疾病康复等。在团体中，成员们分享彼此的经验，相互学习。自助型团体特别强调利用自身的自助性和团体内部的资源进行鼓励、劝说和支持。

(三)根据团体心理辅导的结构化程度进行分类

根据团体心理辅导的结构化程度，可将其分为结构式团体心理辅导、非结构式团体心理辅导及半结构式团体心理辅导。

1. 结构式团体心理辅导

结构式团体心理辅导是指事先进行充分的计划和准备，安排有固定程序的活动供成员参与。在这类团体中，团体领导者的身份易于辨认，角色明确，通常需要运用较多的引导技巧，以促进团体内的互动。这类团体的优点在于能够在团体早期增强团体成员的合作，降低参加者的焦虑，且容易聚集成员。它一般比较适合青少年群体，如大学生、中学生等团体。

2. 非结构式团体心理辅导

非结构式团体心理辅导是指不安排有固定程序的活动，领导者根据成员的需要，结合团体动力的发展状况及成员彼此的互动关系确定团体的目标、过程及运作程序。领导者的主要任务是催化、支持，多采用非指导方式进行。非结构式团体心理辅导也会适当运用团体活动和练习。它一般适合年龄较大、心智成熟、表达能力较强的人。

3. 半结构式团体心理辅导

半结构式团体心理辅导是介于结构式团体心理辅导与非结构式团体心理辅导之间的一种团体心理辅导形式。它一般有设计好的初步团体方案和进程，但又不拘泥于既定程序，在团体活动中给予成员一定的自由空间。

(四)根据团体开放的程度和成员的构成来分类

根据团体开放的程度，团体心理辅导可分为开放式团体心理辅导与封闭式团体心理辅导；根据团体成员的构成，团体心理辅导可分为同质性团体心理辅导与异质性团体心理辅导。

1. 开放式团体心理辅导

开放式团体心理辅导是指成员不固定、不断更迭，新成员有兴趣可以随时加入。开放式团体最大的特点是成员参与的灵活性，加入团体的门槛低，成员可根据自身情况不定期参与。

开放式团体心理辅导的好处是可以有持续的成员流动，新成员的加入会使团体气氛发生很大变化。如果一个成员离开团体，会有新成员填补空缺，从而保障团体成员的完整性。另外，让成员自由地加入团体也是一种成本效益较高的做法。在医院中，团体通常采用开放式，因为病人不断地出院或入院，团体的成员也在不断地变化。开放式团体还允许成员自己决定停留的时间，这对于那些需要紧急和暂时性帮助的成员特别有价值。例如，正经历危机的人，没有多余时间等待新团体组成，他们可以立即加入一个开放式团体并获得帮助。

2. 封闭式团体心理辅导

封闭式团体心理辅导是指从第一次聚会到最后一次活动，团体成员保持不变，一起进入团体、一起结束。封闭式团体对成员有一些限制，成员之间会有较强的凝聚力、联结和认同。成员已经参与一段时间，彼此认识，有较高的和谐性和认同感，因此，团体心理辅导有很大的效能。因为团体心理辅导必须经历一段相当长的过程，新成员的加入不但会影响团体的连续性，而且会阻碍团体的凝聚力，新成员的进入将迫使团体放弃已有的基础。另外，新成员缺乏团体经验，可能会将团体的工作带离此时此地，阻碍团体的成长，影响团体的进展。因此，封闭式团体是团体心理辅导常用的一种方式。

但是，封闭式团体心理辅导也有一些缺点。如果成员流失而没有其他成员替代，团体可能因此无法继续进行。另外，并不是每个成员都适合参加高亲密性团体，亲密性可能会造成威胁，有些成员可能会拒绝或暗中抗拒亲密性。

3. 同质性团体心理辅导

同质性是团体的一种自然限制。同质性团体心理辅导指团体成员本身的条件、背景或问题具有相似性。例如，大学生团体心理辅导的参加者通常是年龄相近、文化程度相同、生活环境类似、社会地位一致的大学生，他们背景、年龄、知识、经验相似，且因面临相同的发展课题或苦恼参加团体心理辅导。判断团体同质性的特性主要涉及性别、年龄、婚姻状况、智力水平、教育背景、社会地位、经济水平、问题类型等方面。

同质性团体心理辅导的好处在于：团体成员因背景、条件相似而有更多的共同语言和共同体验，彼此容易认同，相互之间易于沟通，能够互相关心，不会感到孤立。成员可以从他人的经验中获得解决问题的启发，而成员的共同点能够增强团体发展的凝聚力。但同质性团体心理辅导也存在一些不足。例如，团体的相似性使成员不像异质性团体成员那样能够提出挑战和质疑，这使得团体效能仅停留在表面。此外，同质性团体的变化较少，谈论的主题对成员缺乏新鲜感。

4. 异质性团体心理辅导

异质性团体心理辅导是指由条件或问题差异较大，年龄、经验、地位极不相同的人组成的团体心理辅导。具有不同经验和适应模式的人参加同一个团体，会增强团体的趣味性并促进团体发展，这些差异为成员提供了不同角度的观点，形成不同的意见组合。不同意见和批评的刺激可以帮助成员从不同角度审视自身问题，从而对问题做出更积极的努力。同时，异质性团体让成员学习与不同的人建立关系，团体中成员人格特质的多样性使治疗转变的过程更为迅速，成员间也能获得更多的支持与同情。

但是，异质性团体心理辅导也有明显的缺点。异质性团体的成员常因志向不同、观念不合、话不投机而难以沟通交流，难以建立相互信任的关系。成员需要较长时间才能敞开心扉，进而在彼此间建立联系。在团体开始阶段，成员可能表现出较多的防卫和抗拒，甚至可能因早期的挫折而离开团体。另外，团体成员之间也容易形成次团体，从而妨碍团体发展。

团体领导者必须在相同和相异之间找到一个平衡点：团体既要有足够的差异以激发成员兴趣；又要拥有足够的共性使成员感到舒适，并有所认同。

(五)根据团体成员年龄和发展阶段进行分类

根据团体成员的年龄大小及其身心发展阶段，团体心理辅导可以分为儿童团体心理辅导、青少年团体心理辅导、大学生团体心理辅导、成人团体心理辅导和老人团体心理辅导。

1. 儿童团体心理辅导

在学校中，对于经常出现不良行为的儿童，如过于好斗、不能与同伴友好相处、爱攻击他人、缺乏基本的行为规则、被人歧视等，对这类儿童进行团体心理辅导可以起到预防性和治疗性的作用。这类小团体可以为儿童提供表达他们对自身问题感受的机会，活动组织者能从中鉴别出有严重情绪问题和行为问题的儿童。对适应不良的儿童越早提供专业的心理帮助，就越能培养和帮助他们应对以后日常生活中可能遇到的发展性心理问题。

2. 青少年团体心理辅导

青少年时期是一个孤独探索的阶段，许多青少年在这个阶段都会体验到无人帮助和无人理解的感觉。青少年会面临依赖与独立的矛盾、接受与拒绝的冲突、认同危机、寻找安全感、同伴压力等诸多重大课题。许多青少年在各种压力下产生了较严重的精神负担。团体心理辅导很适合青少年，因为它可以提供一个情境，帮助他们理解冲突中的情感，探索自我，从而认识到他们与同伴共同面临的问题。在团体中，青少年能学习如何与同伴沟通，从团体领导者提供的榜样中获益，安全地审视自身的局限，为他们独特价值的成长提供机会。由于在团体中有彼此沟通的机会，所以团体成员能表达自己所关心的内容，协助其他成员实现自我了解和自我接受。

3. 大学生团体心理辅导

许多大学重视知识教育，却忽视了大学生在情绪和社会方面的发展，而团体心理辅导正是满足大学生发展需要的有效工具。大学生团体心理辅导的目的在于为他们提供成长的机会，帮助他们处理所关心的问题，如专业兴趣、生涯发展、男女关系、认同问题、人际冲突与疏离感等。现在一些大学提供多样化的结构性团体心理辅导以满足学生各方面的需要，如培养自信心的团体、建立和谐关系的团体、培养领导能力的团体、发展情绪管理的团体、职业选择的团体等。

4. 成人团体心理辅导

成人通常指 20~50 岁的人。这个阶段，人的性格发展趋向稳定、成熟，体力与耐力较强，是人生精力最旺盛、创造力最活跃、成就动机最强烈的时期。他们乐于接受挑战，努力建立及巩固个人的事业，选择配偶、建立家庭和养育子女。但同时他们也面临许多生活和工作的压力，如经济压力、家庭维系、子女教育、成就期望、专业与地位等。成人团体心理辅导是针对成年人的需求和面临的问题专门设计的。例如，增进夫妻关系的"夫妻恩爱营"、处理工作压力的"减压团体"、帮助他们成为有效能父母的"亲子沟通快乐成长工作坊"、协助成年人进行职业发展规划的"生涯探索与决策团体"、解决工作与家庭冲突和矛盾的"家庭事业平衡团体"等。

5. 老人团体心理辅导

团体心理辅导对年长者也很有价值。随着年龄的增长，老人在许多方面会感到孤独，许多老人对未来生活感到迷茫，自我价值感越来越低，常觉得自己不被重视、不被理解，认为自己对社会和他人失去了价值，这种感受可能使他们陷入消极的生活状态。老人团体心理辅导能帮助老人应对自身的发展任务，维持他们的整体性与自尊。团体环境有助于他们打破孤独并提供必要的鼓励，使他们彼此支持、共同探索，寻找生活的意义，从而更充实地生活，而不仅仅是生存。

第二章 团体心理辅导的主要理论

第一节　团体动力理论

团体动力学致力于探索团体发展的规律，它研究团体的形成与发展、团体内部人际关系以及团体对其他团体的反应、团体与个体的关系、团体的内在动力、团体间的冲突、领导作用、团体行为等方面。团体动力学于 20 世纪 30 年代末期诞生在美国，其创始人库尔特·勒温(Kurt Lewin)强调，团体是一个动力整体，应作为一个整体来进行研究。他主要研究的是小团体，团体动力学经过不断发展，内容丰富，例如，"什么样的团体是有效团体？""如何促进成员的成长发展？""团体领导者怎样营造和谐、温暖、理解的团体心理氛围，让成员拥有强烈的安全感、肯定感、归属感"等。团体动力学的研究成果对团体辅导的发展具有重要影响，所以，团体动力学是所有团体辅导的理论基础。

一、团体动力学的创始人

库尔特·勒温，出生于普鲁士的莫吉尔诺(今属波兰)，先后在费赖堡大学、慕尼黑大学和柏林大学求学。1914 年，勒温获得柏林大学哲学博士学位；1922 年，担任柏林大学讲师；1927 年，晋升为教授。1932 年，他赴美担任访问教授，次年移居美国，在康奈尔大学任教。两年后，他担任爱荷华大学儿童福利研究所儿童心理学教授。1945 年，勒温前往麻省理工学院建立并主持团体动力学研究中心。

在柏林大学任教期间，勒温着重研究和分析学习和知觉的认知过程、个体动机和情绪的动力学等内容。他依据大量有关成人和儿童的实验，提出了动机理论。在爱荷华大学任教期间，勒温将理论兴趣和研究重点放在奖惩、冲突和社会影响等人际过程上，并对一些团体现象进行研究，如领导行为、社会气氛、团体标准及价值观等。他的一项重要研究成果是关于民主和专制领导条件下儿童团体的研究。在麻省理工学院从事团体动力学研究期间，勒温深入考察了工业组织内部的冲突、团体间的偏见与敌对等问题。他对现代心理学，特别是社会心理学，在理论和实践上都做出了重要贡献，被誉为"实践的理论家"。

二、团体动力学的主要内容

团体动力学的理论基础是勒温的场论(Field Theory)。这一概念最早出现在勒温 1938 年发表的《社会空间实验》一文中。场论是借用物理学中场的概念来解释心理活动的理论。它把人的心理和行为视为一种场的现象，是人与环境的函数，用公式表示为：$B=f(PE)$。其中，B 代表行为，P 代表个人，E 代表环境。这里的环境指的是心理环境，它是一个整体，其中每一部分都依存于其他各部分。对人而言，意志和需要等具有重要的动力作用。"场"具有复杂的非物理性力量，这些力量之间存在着错综复杂的相互作用，由此形成的动力结构赋予了"场"以动力场的特性，动力场的持续变化相应地影响着人的心理与行为。场论将心理事件的原因归结于当前场的结构，既不推诿于未来，也不推诿于过去，然而这也使它难免只注重对心理行为进行横断面的分析，而忽视了纵向研究。场论坚持心理学应研究个人与心理场之间的相互作用，反对过分强调外部环境的主导作用，也反对片面夸大内部因素的决定意义，这种立场体现了辩证的思考方式。

场论的基本特征可以概括为：①场是将行为主体及其环境融为一体的整体；②场是一个动力整体，具有整体自身独有的特征；③场的整体性在于场内各事实相互依存和相互作用的关系。由此可见，勒温非常重视在生活环境中研究人的行为。

(一)团体气氛

团体动力学的研究旨在促进团体的功能发挥以及团体对个体和社会的作用。团体动力学著名的实验之一是关于团体气氛的研究。20 世纪 30 年代中期，勒温和利皮特为了研究民主和专制的团体气氛，从大学附属小学五六年级的志愿者中挑选出 30 名 10 岁和 11 岁的孩子，组建了两个制造面具的实验俱乐部，由大学生担任各俱乐部的领导人，分别扮演民主和专制的领导角色，并进行轮组实验(每两周轮换一次)。按照这种设计，每个小组都要体验两种不同的领导方式，从而形成两种不同的团体气氛。专制型和民主型领导方式的比较如表 2-1 所示。

表 2-1 专制型和民主型领导方式的比较

专制型	民主型
所有政策的决定都由权威者操纵	所有决策都由集体决定，领导鼓励、支持，最后认定
实现目标的技术和步骤由权威者独断，每次做一个决策，成员无法知悉团体未来的方向	领导解释工作的步骤与行动方案，需要技术指导时，领导会提出两三种可行方案
权威者经常控制每个团体成员的活动，即由领导决定哪些成员一起干活	成员可以自由选择和自己一起干活的人，分工由大家决定
权威者批评和表扬成员个人的活动，但他不与成员待在一起	领导不参加实际工作，只对关系到整个团体的工作提出表扬或批评

实验结果发现，成员在不同的团体气氛下行为有很大差异，具体如下。

第一，专制型团体中成员的攻击性言行较为显著，而民主型团体中成员彼此友好相处。

第二，专制型团体中成员对领导服从或出现引人注目行为的情况较多，而民主型团体中以工作为中心的接触较多。

第三，专制型团体中成员多以自我为中心，而民主型团体中"我"字使用频率低，更注重"我们"的情感。

第四，在实验中引入"挫折"情境时，民主型团体成员倾向于团结协作，共同寻求解决问题的方法，而专制型团体则可能出现成员间相互指责或攻击的情况。

第五，领导不在场时，民主型团体的成员仍继续工作，而专制型团体成员的工作动机则显著降低。

第六，民主型团体成员对活动的满意程度与满足感比专制型团体高。

第七，同一成员在民主型团体内攻击性言行少，而一旦调至专制型团体，攻击性言行明显增加。

实验结果证明，在团体情境中，民主型领导方式营造的团体气氛能提高工作效率；而专制型领导方式营造的团体气氛虽能保证一定的工作效率，但成员缺乏信任感和创造力，相互间充满敌意和冲突。

(二)团体凝聚力

团体凝聚力是指团体对其成员的吸引力、团体成员之间的吸引力，以及团体成员的满意程度。社会心理学家费斯廷格(Festinger)指出，团体凝聚力是"为使团体成员留在团体内而施加影响的全部力量的总和"。"团体凝聚力是团体巩固与稳定的社会心理特征，对团体的存在、活动、效率有重要作用"。勒温、卡特莱特(Cartwright)、赞德(Zander)等学者对此进行了深入的研究。

团体凝聚力是以团体共同活动为中介。在团体活动中，成员经过互动，彼此倾诉自己的喜怒哀乐，从而增进了成员之间的感情和思想交流。这时，如果彼此相互认同，互相满足心理需要，就会产生亲密感和互相依赖感，加大成员间的相互吸引，以及团体对个人的吸引。在这样的团体环境中，成员们心情愉快、精神振奋，表现出行为、认知和情感上的一致性，从而形成了较高的凝聚力。相反，如果团体成员之间经过交流，在思想、情感上不能达成共鸣或存在严重的分歧、冲突，相互不能满足心理上的需要，成员就会感到心情压抑、相互隔离，团体对个人的吸引力必然减弱，凝聚力自然很低。可见，团体凝聚力取决于团体内人际关系的状况。

美国心理学家克瑞奇(Krech)等人认为，凝聚力强的团体有七个特征：①团体的团结并非起因于外部的压力，而是来自团体内部；②团体内的成员没有分裂为互相敌对的小团体倾向；③团体本身具有适应外部变化的能力，并具有处理内部冲突的能力；④团体成员彼此之间有强烈的认同感，成员对团体有强烈的归属感；⑤每个团体成员都能明确团体的目标；⑥团体成员对团体的目标及领导者持有肯定的、支持的态度；⑦团体成员承认团体的存在价值，并具有维护此团体继续存在的倾向。

团队凝聚力对团体活动有重要的影响。首先，团队凝聚力会使团体成员紧密团结在一定的目标之下，使团体成为一个具有高度整合性的团体。其次，团队凝聚力对团体的工作效率有重要影响。一般来讲，高度的凝聚力会提高团体成员的士气，明确活动的动机，促使成员自觉地努力完成团体工作，提高工作效率。如果一个团体有许多内在的冲突，成员彼此不合作，精神受压抑，不但不能激发工作热情，甚至还会有意制造麻烦，工作效率自然降低。

团体凝聚力受到许多因素的影响。概括地讲，影响因素可分为两大类，即团体内部因素及外部因素。团体内部因素包括团体的规模、成员的相似性、信息沟通情况、成员对团体的依赖程度、领导者与团体成员的关系等；团体外部因素主要来自团体间的竞争。当团体面临压力或威胁时，成员为维护团体的利益而相互配合、相互协调、一致对外，从而使团体凝聚力极大提高。

三、团体动力学对团体心理辅导的贡献

团体动力学不仅为团体心理辅导提供了理论依据，还为团体心理辅导过程中团体气氛的营造、领导者作用的发挥等方面提供了重要的研究成果。团体动力学的一些研究，如敏感性训练等，直接成为团体心理辅导的方法和技术，广泛应用于教育、管理、医疗等领域。

第二节　社会学习理论

社会学习理论(Social Learning Theory)是在行为主义"刺激—反应"学习原理基础上发展起来的一种理论，着重阐释人在社会环境中是如何学习的。该理论最早于1941年由米勒(Miller)和多拉德(Dollard)提出，他们以社会刺激(他人的行为)取代物理刺激，运用刺激回报和强化的基本概念来解释人们的模仿行为。其基本假设是：①如同大多数行为一样，模仿行为也是通过学习获得的；②利用一般的学习原理也能够理解社会行为和社会学习。这一观点为现代社会学习理论奠定了基础。

后来，美国著名心理学家班杜拉(Bandura)进一步发展了社会学习理论的观点。他主张将依靠直接经验的学习和依靠间接经验的学习(观察学习)结合起来，用以说明人类的学习过程。他强调人的思想、情感和行为不仅受直接经验的影响，还受间接经验的影响。同时，他强调行为与环境的交互作用、认知过程的重要性、观察学习的作用以及自我调节过程。社会学习理论的研究成果为团体心理辅导中改变成员的不适应行为提供了方法。

一、社会学习理论的创始人

班杜拉于1925年出生在加拿大。1947年，他进入哥伦比亚大学学习；毕业后考入爱荷华大学攻读研究生，并于1952年获得博士学位；1953年到斯坦福大学从事儿童心理学研究；1964年当选为美国心理学会主席。20世纪50年代末60年代初，他在关于儿童攻击行为的系列研究的基础上，潜心研究行为矫正技术。他认为，人的行为模式实际上是从观察他人的行为及其后果中习得的，而非单纯依赖直接经验。在他看来，模仿学习过程是一种信息加工理论与强化理论相结合的综合过程。班杜拉的主要著作包括《社会学习与人格发展》(与R.沃尔特斯合著)和《社会学习理论》等。

二、社会学习理论的基本内容

(一)个人与环境的交互作用

社会学习理论的基本观点是：个人的行为既不是由动机、本能、特质等个人内在结构决定的，也不是早期行为主义所说的由环境力量决定的，而是由个人与环境的交互作用决定的。即人的行为受到内在因素与外在因素交互作用的影响，行为、环境和个人内在因素三者相互影响，构成一种三角互动关系。行为既受环境以及个人的认知与需要的影响，又能通过行为的结果创造、改变环境。个人不同的动机以及对环境的认知会使其表现出不同的行为，而这种行为又会因其结果使人的认知和动机发生改变。

社会学习理论认为，人的大部分社会行为是通过观察他人、模仿他人而学会的。"通过观察而学习的能力使人们能够获得较为复杂、具有内在统一性和模式化的整体行为，而无须经历行为主义所设想的那种冗长的尝试错误过程来逐渐形成这些行为。"按照信息加工的模式来分析观察过程，可以将观察学习分为四个过程：注意、保持、动作再现以及动机激励过程。与早期社会学习论者不同，现代社会学习理论认为，人不仅受自己行为直接后果的影响，还受观察他人所遇到的结果(替代强化)以及由个人对自己的评价、认识所产生的强化(自我强化)的影响。

在观察学习中起决定性影响的因素是环境。如果环境发生变化，人的行为也会相应地发生变化。例如，社会文化关系和榜样等客观条件对人有很大的影响。因此，人们只要控制这些条件，就可以促使社会行为朝着社会预期的方向发展。榜样，特别是受人们尊敬的榜样，其行为具有替代性的强化作用。对榜样的观察是学习新行为的条件，榜样人物的行为被观察仿效后成为模仿者的榜样，新的行为就是行为的榜样化。

(二)关于模仿的实验研究

模仿是在没有外界控制的条件下，个体受到他人行为的刺激，自觉或不自觉地使自己的行为与他人相似。模仿是对外显行为的模仿，内隐心理是无法被模仿的。在模仿过程中，模仿者是主动、自觉的。比如，模仿者为了积极地达到目的，会主动观察和学习他人的行为。根据人们模仿意识的程度，自觉模仿可分为适应性模仿和选择性模仿。适应性模仿是指人们为了适应新的生活环境而模仿他人的行为，例如，新消防员入职后，会自觉模仿老队员和班长骨干的学习方式与生活习惯。选择性模仿则是指人们经过思考，有选择地选取模仿行为。因为人的思想和行为纷繁复杂，既有合理的，也有不合理的，所以模仿者会通过思考进行选择，将那些有利于个人发展和社会进步的行为作为模仿对象，以使自己更加成熟。

社会心理学中关于模仿的研究最早始于20世纪初，当时心理学家将模仿视为人的本能来解释人的社会行为，这一观点曾产生过较大影响。20世纪50年代后，心理学家阿尔伯特·班杜拉结合人类认知过程研究人类的模仿行为，认为模仿不是先天的，而是在后天的社会化过程中逐渐形成的。他认为，先前的理论缺陷在于忽略了人与人之间的相互影响过程。于是，他就攻击行为、亲社会行为等进行了深入的实验研究，并在模仿领域的研究中做出了重要贡献。

一项著名的实验是班杜拉和D.罗斯将参加实验的儿童分成几组。其中一组儿童被带入一间有玩具的房间，玩具中有一个充气大娃娃。一会儿，一个成年人进入房间，开始攻击塑料娃娃，用铁锤狠狠地敲击玩偶的头部，抓起它摔打、按压，还不时喊"打""打"，这一过程持续约10分钟。随后，实验者将这些观察到攻击行为的儿童带到游戏室玩玩偶。另一组儿童在另一间玩具室里看到一个成人安静地做事，10分钟后离开。这些没有看到攻击行为的儿童来到游戏室玩玩偶时，攻击性行为出现得较少。而那些表现出攻击性行为的儿童，其反应与他们观察到的榜样的行为完全相同。另外，还有一组儿童通过电视录像观看到攻击性行为，他们也表现出更多的攻击性行为。班杜拉认为，许多社会行为通过观察、模仿即可习得。无论是直接观察还是间接观察，观察习得的是某种行为方式，一旦环境条件允许，就会外化为实际行为。

三、社会学习理论对团体心理辅导的贡献

社会学习理论认为，人们通常通过观察和模仿他人的行为，来形成一种新的行为方式，

特别是对社会生活中各类行为的观察学习。无论是攻击性行为还是适应性行为，都遵循这一规律。若为那些心理适应不良的团体成员提供多个可模仿的榜样，将有助于他们改变不适应的行为。团体心理辅导为成员营造了一种充满理解、关爱和信任的特殊氛围，这种环境氛围的变化无疑会激发个体行为的积极转变。

第三节　人际沟通理论

人际沟通(interpersonal communication)指的是人与人之间运用语言或非语言符号系统，交换意见、传达思想、表达感情和需求的交流过程，是人们交往的一种重要形式和前提条件。团体心理辅导过程就是人际沟通的过程，了解人际沟通理论有助于认识和把握团体发展的过程，有效引导团体发展。沟通概念应用广泛，从个人信息传递，到各种大规模的社会文化制度、大众传播及其影响等，都可以用沟通概念来解释。

一、人际沟通的特点与功能

心理学研究表明，人在清醒状态下，超过70%的时间都在进行沟通。沟通不畅会导致个人无法传达情感，团体运作受阻，组织无法完成任务。人与人之间的冲突通常是由沟通不良造成的。马丁·路德(Martin Luther)认为："人与人不能相处，是因为他们心存害怕；他们心存害怕，是因为彼此不了解，是因为他们彼此没有好好沟通。"因此，沟通对个人和团体都极为重要。

人际沟通的特点主要有：沟通双方互为主体，均以积极主动的状态参与交流；沟通能够调整双方的关系，其结果是改变行为；沟通双方需具备统一或相近的符号系统，若符号不一致，就会出现沟通障碍；沟通中可能出现社会性、心理性、文化性的障碍。

人际沟通是个体适应环境、适应社会生活、形成健全个性的基本途径。因此，人际沟通既有传递信息和心理保健的功能，又有自我认识和人际协调的功能。在团体辅导过程中，良好的沟通能够发挥表达情感、建立关系、相互理解、齐心协力、彼此鼓励、传递信息的作用。

二、人际沟通的形式

(一)沟通的一般模式

各种沟通理论都有其沟通模式，形象地展现了沟通过程。早期研究中，香农(Shannon)和韦弗(Weaver)提出了具有影响力的数学模式。他们认为，首先由一个信息源发出各种信息，经过信息发射器或者转换器，成为可接收的信号。接收器接收信号后将其转换为信息，最终送到目的地。从这个沟通模式可以看出，沟通过程至少包括五个要素：信息源、发射器、通道、接收器和目的地。此外，申农和韦弗还提出了"噪声"这一概念，即信息传送过程中的各种干扰和障碍。后来，该模式经过改造，又加入了"反馈"这一概念，如图2-1所示。

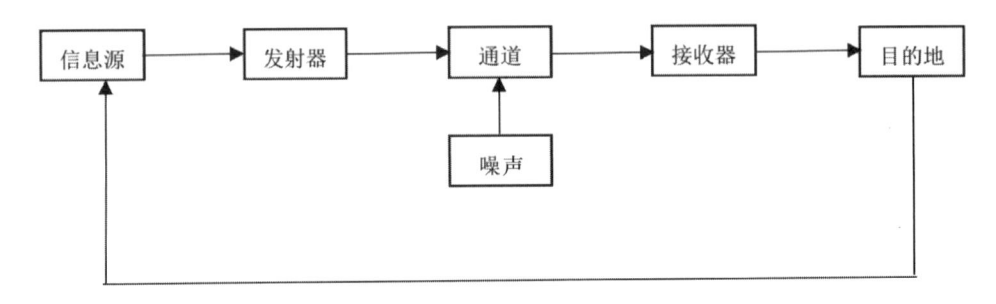

图 2-1　沟通过程模式

尽管香农和韦弗的模式对沟通研究产生了深远影响，但也存在不完善之处，如该模式的单通道假设。

20 世纪六七十年代，美国心理学家哈罗德·D. 拉斯韦尔(H. D. Lasswell)提出了沟通的"五W"模式，通过五个关键问题(Who、Says What、In Which Channel、To Whom、Which What Effect)帮助全面理解事件或问题。这一模式具有代表性，能够较为明确地说明人际沟通的过程，如图 2-2 所示。

图 2-2　拉斯韦尔"五 W"模式

近年来，沟通理论的研究主要集中在沟通过程中，出现了以下三个新特点。

第一，把沟通视为一个共有的社会系统，这个系统不仅可以涉及(或包括)两个或更多的人，而且可以涉及(或包括)这些人的期望和意向。

第二，沟通是一个不断发展的动态系统，研究行为关系比研究孤立的刺激—反应关系更为重要。

第三，言语沟通与非言语沟通是同一系统的组成部分，二者常常同时发生，因此不能只局限于研究孤立、单一的沟通形式(如讲话、目光、体态等)。

(二)人际沟通的过程

沟通过程由信息源、信息、通道、信息接收人、反馈、障碍与背景等七个要素构成。图 2-3 所示为沟通过程及其要素的关系。

1. 信息源

在人际沟通中，信息源是具有信息并试图进行沟通的个体。他确定沟通对象，选择沟通目的，并发起沟通过程。沟通前，人们一般需要一个准备阶段：个体明确需要沟通的信息，并将其转化为信息接收人可以接受的形式，如口语、文字、表情等。沟通的准备过程，实际上是个体对自己的身心状态更加明确化、整理思路的过程。

2. 信息

信息是沟通者试图传达给他人的观念和情感。个体的感受要被他人接受，就必须将其转化为多种可被他人觉察的信号。在沟通使用的各种符号系统中，最重要的是词语，词语可以是声音符号，也可以是形象符号(文字)。面对面沟通时，除了词语本身传递的信息外，还包括沟通者心理状态的信息，这些信息能够引发沟通双方情绪的相互共鸣。

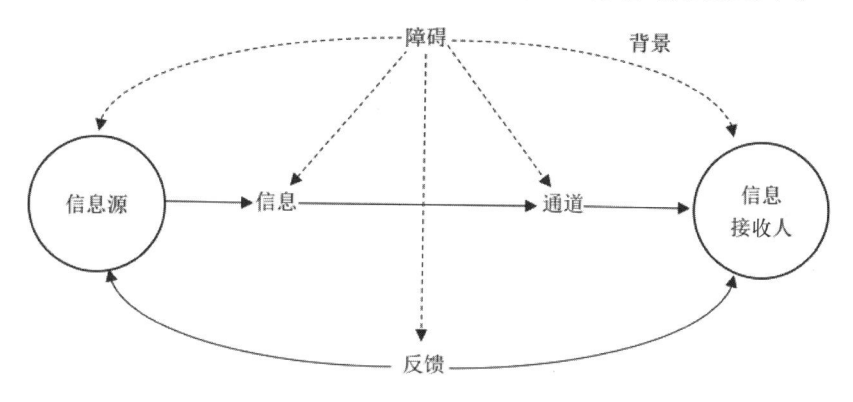

图 2-3　沟通过程及其要素的关系

3. 通道

通道是沟通的信息载体。人的各种感官都可以接收信息。在人接收的信息中，通常视听信息的占比较大，因此，人际沟通是以视听沟通为主。

日常的人际沟通以面对面的沟通为主，但也可以通过广播电视、报纸和杂志、网络、电话等媒介进行沟通。在各种沟通方式中，影响力最大的还是面对面的沟通形式。因为面对面的沟通除了语词信息外，还包括交流双方的整体心理状态的信息，并且沟通者和接收者之间还有互动和反馈，这些因素综合起来，保证了沟通的顺利进行。

4. 信息接收人

信息接收人是沟通的另一方。个体在接收带有信息的各种音形符号后，会根据自己的已有经验对其进行"转译"，而理解后的信息内容存在差异。沟通的质量取决于这种差异的大小。信息接收人有责任认真倾听，并核对信息是否准确。

5. 反馈

反馈使沟通成为一个双向的交互过程。在沟通过程中，双方都不断地将信息反馈给对方，这一过程被称为反馈。反馈可以告知发送者，接收者所接受和理解信息的状态。此外，反馈也可能来自自身，个体可以从发送信息的过程或已经发送的信息中获得反馈。这种自我反馈，使沟通得以顺利进行，也是达到最终目的的重要前提。

6. 障碍

人际沟通常常会出现障碍。例如，信息源的信息不充分或不明确，编码不正确，信息没有正确转化为沟通信号，误用载体及沟通方式，信息接收人的误解以及信息自然的增强和衰减等。此外，沟通双方的主观因素也可能造成障碍。如果彼此缺乏共同经验，沟通就会变得尤为困难。

7. 背景

背景是沟通发生时的情境。它影响沟通的每个要素，以及整个沟通过程。沟通中，许多意义是由背景提供的，词语和表情等的意义也会随背景的不同而改变。沟通的背景包括心理背景、物理背景、社会背景和文化背景。

三、团体内的沟通

社会心理学家自 20 世纪 50 年代起，便开始研究团体沟通形式及其效率问题。巴维拉斯(A. Bavelas)率先提出了团体交往的沟通网络，即一个小团体中成员之间较为固定的沟通模式。

(一)团体内沟通的形式

1. 团体正式沟通网络

在正式团体里，成员之间信息交流与传递的结构被称作正式沟通网络。正式沟通网络一般有五种形式，即链式、轮式、圆周式、全通道式和 Y 式，同时也有人提出团体沟通理想的全通道式，如图 2-4 所示。

链式　　轮式　　圆周式　　全通道式　　Y 式

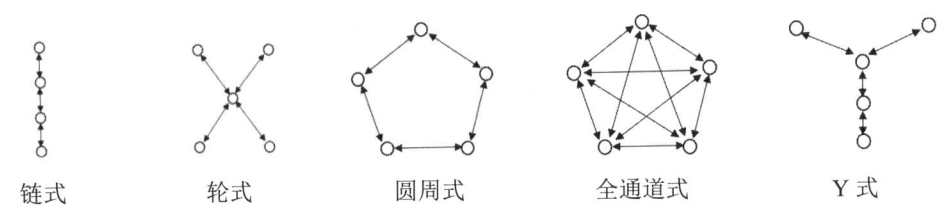

图 2-4　团体正式沟通网络的形式

图 2-4 展示的是正式的沟通网络。其中，"○"代表信息传递者，"→"表示信息传递的方向。假设沟通是在一个无人监督的团体环境中进行的双向信息交流，比较五种沟通网络质量的常用指标包括：信息传递速度、准确度、接收者接收的信息量及其满意度。显然，全通道式的沟通网络因其信息传递速度较快且团体成员满意度高，而被认为是最有效的沟通方式。

2. 团体非正式沟通网络

团体中的信息交流，不仅存在正式沟通，也有非正式沟通的各种情形。有学者通过对"小道消息"的研究，发现非正式沟通网络主要有四种形式：流言式、集束式、单线式和偶然式，如图 2-5 所示。

流言式　　　　　　　　集束式

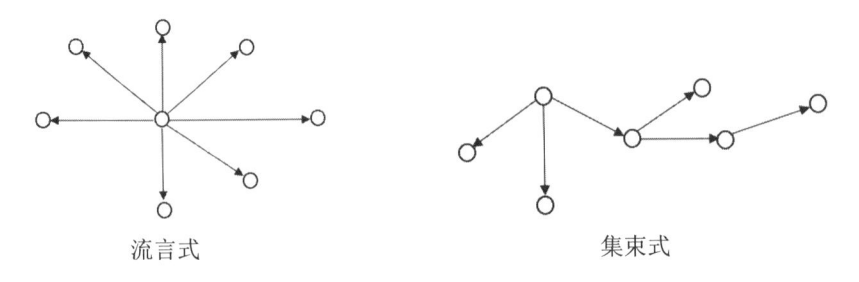

图 2-5　团体内非正式沟通网络的形式

单线式　　　　　　　　　　　偶然式

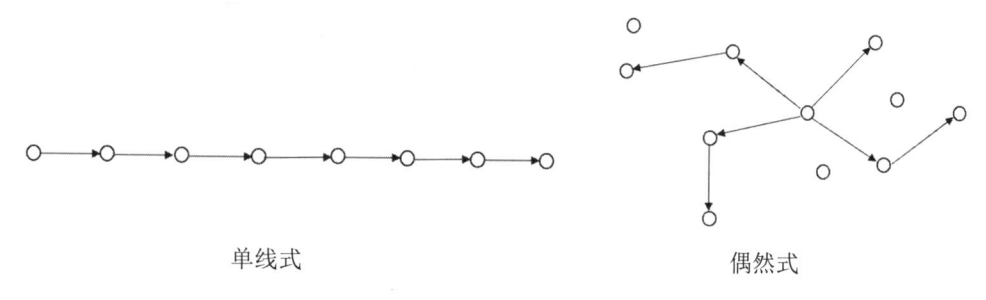

图 2-5　团体内非正式沟通网络的形式(续)

团体心理辅导的效果与团体内沟通状况紧密相关，因此，领导者需要了解如何构建一个有效的团体沟通模式。

(二)团体内的沟通渠道

团体内的沟通渠道涵盖语言沟通及非语言沟通。语言在沟通中是最为有效、便捷的媒介和渠道，但目光接触、面部表情、体态语言和触摸等同样是重要的沟通渠道。

1. 语言沟通

语言是连接不同个体交流的桥梁，也是影响个体间心理活动最为有效的工具。马克思曾言："语言也和意识一样，只是由于需要，由于和他人交往的迫切需要才产生的。"语言的功能在于沟通思想、交流情感。语言沟通不仅依靠词汇和句子，还可通过口语声调和修饰性口气来表达。人类语言中的声调及口气是语言的组成部分，有助于人们表达各种语言含义，因此被称为副语言。语言沟通的研究关注人们说的内容，而副语言沟通的研究关注人们说话的方式，包括音高、节奏、强弱、扬抑、停顿等。在每一次沟通过程中，副语言形式都能传达特定的含义。例如，声调低沉表示悲伤的心情；提高嗓门说话大多表达愤怒等。

语言交谈方式丰富多样，任何一句话都有不同的表述方式，正所谓"一句话可以让人笑起来，一句话也可以让人跳起来"，说法不同，效果便大相径庭，具体策略如下。

(1) 寻找共同点。寻找共同点，即探寻与对方共同的话题、爱好等相同之处，从而使对方认可自己，产生最初的共情。比如，双方都是音乐爱好者，或都喜欢足球，或都爱吃辣的食物，或都是安徽人，等等。这是交往中让对方初次接纳自己的一种基本沟通技巧，尤其在与陌生人的首次交往中十分有效。在最初的交流中，即便是微小的共同点，也能激起双方的惊喜与共鸣。与陌生人或不熟悉的人沟通时，人们常常会感到不自在。此时，沟通可从一般性话题入手，即从对方身上找到与自己相似的地方，如老乡、相同观点、共同的爱好等。

如果是关系较好的战友之间的沟通，应注重定期交流，时常与他们交谈，交换看法，讨论感兴趣的事，共同参与喜欢的体育活动等。缺乏沟通，再好的关系也难以维系，甚至可能逐渐淡化。掌握这一技巧的分寸至关重要。如果缺乏诚意，信口开河，且不顾场合与对象，说出与自己年龄和身份不符的话，不仅无法达成沟通的目的，还会影响自己的形象。

(2) 共情。共情是心理辅导的术语，也叫同感，是指能够从对方的角度看问题，设身处地地考虑问题。共情可分为初级共情和高级共情。初级共情是指个体从思想上理解他人的思想和行为；高级共情是指个体不仅能站在他人的立场考虑问题，还能站在对方立场上感受这件事带来的情绪体验，并在交往中自觉地用语言或非语言的方式将这种体验传递给对方。

人际沟通的关键问题在于能否运用"共情"来认识和处理问题。交往中的共情有助于我们进一步理解他人。人们通过共情将自己与对方融合在一起。然而，对别人产生共情并非易事，它要求一个人对自己足够敏感，能够清晰地从自己的经历中找到与别人相似的经历，并能将这种经历与具体的情绪反应联系起来，从而体验到别人的情绪状态。在对方说话和做事时，要恰如其分地向对方表示自己的理解和同情。生活中，人与人之间的误解和问题，常常因为缺乏共情。如果在交流中，你能时刻体会到对方的心情，设身处地地为对方着想，又怎会不受欢迎呢？

(3) 真诚赞美。人们都渴望得到欣赏和赞美，这是一种心理需求。因此，称赞别人会让你收获众多真挚的友谊。然而，对大多数人来说，赞美是需要学习的。赞美别人与拍马屁、奉承截然不同。赞美他人是智者之举，源自内心的真诚；而奉承与谄媚，则是小人之行，旨在谋取私利，尽显虚伪之态。

赞美别人需遵循以下原则。首先，必须以真诚的微笑接纳别人。你的笑容是善意的信使，行动比言语更有力量，而微笑传达的是：我喜欢你，你使我快乐，我很高兴见到你。其次，要善于发现别人的长处。任何人都有自己的优点，只要你真诚地去欣赏，就一定能发现。再次，要有爱心。有爱心的人，既爱自己也爱别人，他们能够发现别人身上的优点和长处，爱的心理就是欣赏和赞美。最后，要勇敢地说出赞美的话。有人不习惯说赞美的话，但埋在心底的赞美无法让他人亲身感受，也就失去了它原有的价值。因此，为了营造良好的人际氛围，必须学会表达，用语言来表达内心的欣赏和认同。

(4) 学会拒绝。良好人际关系的建立并不意味着要一味地迎合对方，人际沟通中适当的拒绝也十分重要。因为每个人的能力都是有限的，每个人也都有各自的喜好，如果盲目地顺从对方，会使这种交往成为一种负担，给自己带来不必要的压力。许多消防员在与战友、同事相处时，因担心被贴上小气或不讲义气的标签，往往难以拒绝朋友的要求，结果自己承受重负，甚至无力完成，导致心理压力增大。所以，适当拒绝是必要的。

如何拒绝是一门艺术。人们拒绝对方时，总有一些不得已的原因或困难，而对方未必知晓。因此，我们不妨直接清晰地说出自己的难处，以求得对方的理解。但有时没有时间解释或实在不便解释，遇到这种情况，就可以用一些委婉、巧妙的语言化解。比如，对方邀请你一起旅行而你不想去时，你可以这样说："真想和你一起痛痛快快地玩一玩，可惜我手头有一些重要的事要做，否则我不会放弃这次好机会的。"

为了长远且真诚地维护人际关系，当我们做不到的时候，要具备说"不"的勇气和信心。这时的拒绝不会让你失去朋友，反而会让朋友觉得你诚实、可靠。但要记住，必须表达否定的时候，一定要尊重对方，说话要恰当、得体，让对方易于接受。

(5) 幽默。幽默是一种人生态度，更是一种生存技巧，培养自己幽默的性格，能使人放松心情、减轻压力、提升愉悦感，还可以提高人的满意度。在与人交往的过程中，如果你有幽默的语言，往往会激发别人对你的兴趣，并且幽默可以启迪你和他人的智慧。或许你会说自己天生缺乏幽默感，但没有人注定要严肃刻板，幽默感是可以培养和训练的。首先，你应了解幽默的特质和源泉，让幽默成为你人格的一部分。其次，保持愉快的心情。如果一个人总是不开心，心情抑郁，很难想象他会产生让人快乐的幽默感。再次，使自己的胸怀开阔，去接触不同的人和事，让心灵充满阳光。胸怀宽广的人才会给自己和别人带来快乐。最后，积累幽默的素材。如果你不是那种随时随地都能展示幽默的人，可以在平时多阅读一些有趣的故事、笑话，从中体会幽默的感觉，时间长了，自然会从中获得一些启示。

可见，在语言沟通中，选择何种词汇、运用何种句型、添加哪些副语言形式都会直接影响沟通效果。此外，大量的非语言沟通也直接参与沟通过程，影响沟通效果。

2. 非语言沟通

(1) 目光接触。目光接触在非语言沟通中应用最为广泛。"眼睛是心灵的窗口"，目光能够传情达意。目光在人际沟通中的主要作用体现在以下几个方面。

第一，目光接触可作为一种认知手段。直接的目光接触表明你对沟通对象感兴趣，并期望延续交谈的话题。例如，当你知晓问题的正确答案时，在会议室里，你会用目光正视提问者，并期待他的回应。

第二，目光接触能够控制和调整沟通双方的互动。例如，在心理辅导过程中，咨询者充满期待、鼓励的目光注视，会使来访者继续他的叙述。

第三，目光接触可用于表达人的情感。从一个人的眼神中，能够观察出他在沟通时的情绪状态。例如，长时间注视可以传达喜欢、感兴趣的含义。

第四，目光接触可用作提示或告诫的手段。例如，当你在会议过程中交头接耳、扰乱会场秩序时，若干部的目光与你的目光接触，你可能会回避这种目光接触，并从干部的目光中解读出一种含义：必须保持安静、遵守秩序。

(2) 面部表情。有关面部表情的研究历史悠久，最早可追溯到1872年达尔文的经典著作《人和动物的情感表达》。达尔文之后，许多心理学家对面部表情传达情绪和态度的方式进行了系统研究。1954年，美国心理学家谢巴斯巴格(H.Schlosberg)将戏剧演员的各种面部表情拍成照片，开展面部表情的系统研究，并提出了第一个辨认面部表情的系统图——表情环。他还找出了人们最容易辨认的六种基本表情：喜、惊、惧、怒、厌恶、轻蔑。

研究结果显示，人们在与他人交谈时最容易露出微笑；相反，当他们独自经历某种积极肯定的情绪性事件时，微笑的次数则要少得多。他们认为，微笑的主要功能是将喜悦或快感传递给另一个人。换句话说，微笑这种面部表情，与其说是对某种特定刺激的无意识反应，不如说是用来影响信息传达的一种有意识的选择。

(3) 体态语言。大量研究表明，人体的其他部位也可用于沟通。头、手、腿、脚和躯干的运动都能传递信息。美国人类学家伯德惠斯特尔为了搞清躯体运动的复杂规律，提出了"运动8模式"，认为它与语言沟通同等重要、相辅相成，从而催生了一门新兴学科——体语学。通过对体态语言的观察，可以反映个体内在的心理活动，表达情绪状态和对现实的态度。

躯体运动及姿态也可用于传达吸引。相互喜爱、相互关心的人相见时，常常会略微向前倾身，而且往往会面对对方，摆出一种轻松、自在的姿态。这些动作容易理解，也容易让对方产生被喜欢的感觉。

非语言沟通极大地丰富了人际沟通，而且比语言沟通更深刻、更含蓄。在团体心理辅导中，成员的非语言表现常常蕴含着丰富的信息，领导者需要善于观察，从中发现和了解成员对团体的态度和行为反应，以便更好地引导团体。

(4) 触摸。触摸被认为是人际沟通有力的方式之一。人在触摸或身体接触时，对情感融洽的体验最为深刻。隔阂的消除、深厚友谊的建立，也常常需要通过身体接触才能充分表达。人们不仅对舒适的触摸感到愉悦，而且会对触摸对象产生依恋。有过恋爱经历的人会有体会，爱情往往是从身体接触(哪怕只是牵手)的那一瞬间发生质变的。在团体活动中，成员之间的握手、搀扶等行为，往往能起到"此时无声胜有声"的效果，可以增进成员之间的关系，促进团体良好氛围的营造。握手是团体中使用频繁、适用范围广泛的沟通行为之一。握手的初衷是向对方表示友好和接纳，短短几秒的握手，就能传达出你对对方的态度。比如，老友重逢时，两人握手后常来回拉扯，以此表达兴奋的心情；好友分别时常常以左手轻拍对方被握住的手，以表示依依不舍；上级对自己欣赏的下级握手时，常常以左手轻拍对方的手臂或肩膀，以表示赞赏和尊重；等等。心理学家曾总结出社交场合握手的一般规则，以便让人们能够通过握手给人留下良好的印象。这些规则主要包括：握手者必须从内心真诚地接纳对方；作为主人、上级或女性角色，应主动伸出手握手；避免戴手套握手以示尊重；男性一般不抢先与女性握手；握手时应保持适度的眼神交流。团体辅导中的非语言沟通，如表2-2所示。

表2-2 团体辅导中的非语言沟通

项　目	头	脸	嘴	视线接触	手	姿势
失望	低	眉尾下垂	往下撇	很少接触	自闭性行为	胎儿呈蜷缩之态
幸福	有韵律地动	生动	开口笑	到处迎接别人的目光	扩张性动作	常改变，诱惑性的
焦虑	不安地动	紧张	磨嘴	窥视(回避视线的直接接触)	紧握，流汗	不安地律动，耸颈抖肩
反对	头与下巴向前耸起	眉心打结	唇向前突出	防卫的	紧握空拳	坐在椅子边缘
依赖	头微低但保持视线接触	轻微地表达	带着微笑	多	接近之动作	有点求婚的样子
抗拒学习	转过身去	严肃	抿紧	逃避	看表	四肢僵硬

四、有效沟通的原则和方法

(一)有效沟通的原则

人际沟通是一门科学，需要掌握一定的方法，了解一定的规律。同时，它也是一门艺术，若掌握得当，有助于消除导致沟通障碍的不利因素，改善人际关系。有效沟通的原则主要有以下几点。

1. 培养良好沟通的心理品质

要确保人与人之间进行正常的沟通与互动，除了受沟通情境因素的影响外，还需具备一定的心理品质。成功沟通所需的心理品质涵盖真诚、热情、自信、谦虚、谨慎、宽容、助人、理解等方面，这些是提升沟通艺术、取得良好沟通效果的前提条件。真诚能让沟通双方坦诚相待，有效消除误会；热情能给人带来温暖，促进彼此相知，增强人与人之间的吸引力；自信能使沟通者主动积极，表现得从容不迫、落落大方；谦虚能让人常看到自己的不足和他人的长处，从而取长补短，不断完善自我；谨慎并非拘谨，而是有选择性地进行沟通；宽容是指承认人与人之间的差异，尊重他人的存在方式；助人就是为朋友提供帮助与支持；理解是人际沟通的基础，沟通双方若能将自己置于对方的位置去认识、体验和思考，设身处地为他人着想，将心比心，就能理解他人的感情和行为，进而改善待人的态度。具备上述良好的心理品质，能增强人际间的吸引力。

2. 克服沟通中的障碍心理

在人际沟通的过程中，由于不良心理的影响，沟通难以持续的现象在生活中并不少见。常见的沟通障碍心理包括羞怯、自卑、猜疑、嫉妒、自负等。下面介绍几种常见的情况。羞怯会使人羞于与陌生人交往，害怕环境的改变，在沟通中因紧张不安难以充分表达自己的意见；自卑会让人在沟通中首先怀疑自己的沟通能力，因担心被人轻视而在沟通中畏缩不前，遇到一点挫折就怨天尤人、自我贬低；猜疑心理是沟通的"拦路虎"，正常的沟通会因疑心而产生裂痕，甚至发展为对立；嫉妒心理会使人心胸狭隘、目光短浅，导致沟通关系难以维系；自负心理会使人傲气十足，过分相信自己而让周围的人与之疏远。因此，要保持正常的人际沟通，必须努力，克服以上不良心理。

3. 确立良好的第一印象

任何人际沟通都是从第一印象开始的。第一印象往往鲜明、强烈且影响深远，它直接决定着沟通发展的方向，并在后续的沟通中起到心理定势的作用。若给人留下诚恳、热情、大方的印象，沟通就有了基础，沟通关系也能得到发展；相反，若留下虚伪、冷漠、呆板的印象，别人就会不愿接近。当然，第一印象不一定准确，俗话说"路遥知马力，日久见人心"。但由于第一印象心理效应的存在，我们可以利用第一印象的作用，为沟通营造一个良好的开端，留下深刻的印象。这在今后的人际交往、恋爱择偶等方面都有着不可忽视的重要作用。因为陌生人初次见面时，第一印象往往源于外部特征，如仪表、言谈、举止等，这些外部特征常常反映一个人的内在气质和修养。因此，应注重仪表风度，做到衣着整洁、仪表大方、语言得体、举止优雅。如果初次见面时夸夸其谈、浓妆艳抹、轻浮粗鲁，或过分拘谨、面红耳赤，都会让人产生厌恶感而远离。

4. 利用支持性的沟通行为

支持性的沟通行为包括描述式、问题导向式、自发式、同理式、平等式和协定式。同时，应尽量减少引发防卫的沟通行为，如评价式、控制式、中立式、谋略式、优越感式和专断式，因为这六种沟通行为会引发防卫反应。另外，可以强化沟通技能，如专注、提问、口语表达简洁明了、比喻恰当、积极倾听等。

(二)有效沟通的方法

有效沟通通常包含四大步骤：注意、理解、接受和行动。

第一，注意。接收者认真倾听沟通的信息。接收者对信息的注意力集中程度与沟通效果密切相关，这与信息对接收者的价值大小以及接收者当时的心情等因素有关。

第二，理解。接收者能够掌握信息的含义。接收者对注意到的信息是否理解，对信息沟通效果有着极大的影响，而理解程度则与接收者的知识水平、主观立场等有关。一般来说，接收者容易根据个人的主观立场和认识来解读所获得的信息。

第三，接受。接收者同意并遵循信息的要求。

第四，行动。根据信息要求采取相应的措施。

(三)良好沟通十诫

为了帮助人们建立良好的沟通方式，美国管理协会提出了"良好沟通十诫"，具体内容如下。

(1) 沟通前先明确概念。

(2) 明确沟通的真正目的，即希望达成什么结果。

(3) 考虑沟通时的背景、环境及条件。

(4) 重视双向沟通，确保正确理解。

(5) 沟通中运用通俗易懂的语言，条理清晰、层次分明，少用长句，意思明确，注意非语言的表达。

(6) 注意倾听对方讲话，保持耐心，不轻易插话或打断别人的表达。

(7) 善于提问，弄清楚问题。

(8) 言行一致、心平气和、感情真挚。

(9) 进行必要的反馈。

(10) 不仅要着眼于当下，更要着眼于未来，不要只图一时的满足。

良好的沟通行为与不良的沟通行为的对比，如表2-3所示。

表2-3 良好的沟通行为与不良的沟通行为的比较

良好的沟通行为	不良的沟通行为
专心，有目光交流，有面部表情	不用心，回避目光，缺乏表情
有诚意，重视	无诚意及漠视
说话清楚，声音适中	说话语速太快，声音太小或太大
开放，坦诚地让人了解自己	封闭，隐瞒，不让别人了解自己
尊重别人意见，对事不对人	强词夺理，不顾别人感受
流露个人感受	喜怒不形于色
坐姿大方，适当的身体距离	坐姿不雅，不适当的身体距离
多聆听	不让别人多说

五、人际沟通理论对团体心理辅导的贡献

人际沟通研究领域广泛、内容丰富且成果显著。它为团体心理辅导中人与人之间的交往方式、增强沟通效果、建立良好人际关系以及避免或减少交往障碍提供了大量有价值的指导；也为团体领导者选择合适的团体沟通方式、观察和指导团体成员的沟通、增进成员的自我了解和相互了解，以及在和谐的人际关系中实现个人成长提供了具体的方法和技巧。团体心理辅导的过程本质上是一种人际沟通的互动过程，因此，人际沟通研究的成果大多适用于团体心理辅导。

第四节　积极心理学理论

积极心理学(positive psychology)是20世纪末兴起的心理学发展趋势。其倡导者、美国心理学家马丁·塞利格曼(Martin E.P. Seligman)一直主张，在新的历史转折时期，心理学家应扮演重要角色，并肩负新使命，即促进个人与社会发展，激发和挖掘人的积极力量，帮助人们走向幸福。至今，这场声势浩大的积极心理学思潮已演变为一种时代精神，对心理健康的理念、研究方式和实践导向产生了深远影响。

一、积极心理学的创始人

积极心理学的创始人马丁·塞利格曼是美国心理学家、著名学者和临床咨询与治疗专家。1998年，他以史上最高票数当选为美国心理学会(APA)主席。基于对习得性无助的研究与思考，塞利格曼发起了积极心理学运动，被誉为"积极心理学之父"。积极心理学是一门揭示人类优势、促进积极机能的应用科学，致力于识别和理解人类的优势与美德，帮助人们提升幸福感，让生活更有意义。塞利格曼将幸福作为研究对象，使关于幸福的讨论成为一门显学。同时，他突破了幸福仅在哲学领域探讨的局限，将其拓展到实证研究层面，把日常生活中的"幸福"概念转化为一个方法严谨、结论可靠的科学概念。

二、积极心理学的主要理论观点

积极心理学的研究主要有三大理论基石。一是积极情绪的研究；二是积极人格特质的研究，其中最重要的是优势和美德，当然，能力也很重要，如智慧和运动技能等；三是积极的组织系统的研究，如团结的家庭、氛围融洽的团体等，这些都是美德和优势形成的保障条件。

(一)积极情绪

积极情绪是积极心理学研究的主要方面之一，它主张研究个体对待过去、现在和未来的积极体验。在对待过去方面，主要研究满足、满意等积极体验；在对待现在方面，主要

研究幸福、快乐等积极体验；在对待未来方面，主要研究乐观和希望等积极体验。

1. 回顾过去——幸福而满足

1) 爱德华·迪纳的幸福感研究

心理学对幸福的研究主要以主观幸福感作为衡量指标，它体现了个体对自身快乐和生活质量等方面的主观感受。主观幸福感是指个体对自身快乐和生活质量等方面的感受指标。心理学对幸福感的研究始于20世纪60年代，但当时并未引起太多关注，到1969年仅有20多篇研究论文。如今，关于幸福感的研究引起了越来越多研究者的兴趣，近10年间相关研究论文已有几千篇。这些研究大多聚焦于生活事件和人格特质对个体幸福感的影响，也有部分研究关注金钱与幸福感之间的关系。20世纪90年代以来，随着积极心理学影响力的逐渐扩大，一些心理学研究者对幸福的含义进行了新的阐释，形成了心理发展意义上的主观幸福感研究。他们认为，幸福不仅是获得快乐，还包括通过发挥自身潜能而获得的完美体验。爱德华·迪纳是这一领域的著名研究者之一。他对与主观幸福感相关的气质、人格以及主观幸福感强烈的群体的个人背景进行了回顾，并在此基础上开展了更广泛的跨文化研究，提出了宏观社会环境与个人幸福感之间的关系。这些调查研究发现，人们的幸福并非由发生的事情决定，而是取决于人们如何看待所发生的事情。此外，社会关系(包括婚姻关系、家庭成员关系、朋友关系、邻里关系等)和人格特质也是影响幸福感的重要因素。

2) 马丁·塞利格曼的幸福五元素理论

马丁·塞利格曼认为，用 well-being 比 happiness 来形容幸福更贴切，更能体现人生繁荣、蓬勃发展(flourish)的状态，他将其称为全面可持续的幸福。他认为幸福是一个构建的概念，由五个元素组成，每个元素都是真实存在的，能够促进幸福，但不能单独定义幸福。这五个元素构成了人的终极追求，每个元素都需具备以下三个特征：对幸福有贡献；是人的终极追求，而非追求其他元素的途径；其定义和测量与其他元素无关。这五个元素可测量、可创造，分别是积极情绪(positive emotion)、投入(engagement)、人际关系(relationships)、意义(meaning)和成就(accomplishment)，简称 PERMA。一个拥有足够 PERMA 的人生就是蓬勃幸福的人生。

2. 面对今天——快乐而充盈

研究发现，每个年龄阶段都有不快乐的人，但也有许多快乐的人。索尼娅·柳博米尔斯基(Sonja Lyubomirsky)对快乐的人和不快乐的人进行了比较，发现他们在认知、判断、动机和策略上存在差异，且这种差异往往是自动产生的，未被人们意识到。主要表现为快乐的人对社会性比较信息的敏感度比不快乐的人稍低。此外，关于快乐与金钱的关系、快乐与信仰的关系以及快乐随社会发展的变化等主题也有不少研究。例如，迪纳(Diener)、霍维茨(Horvitz)等对福布斯排行榜中最富有的 100 位美国人进行了调查，结果发现，他们仅比普通美国人快乐一点，还有一些人感到非常不快乐，甚至有人表示自己已忘记快乐的感觉。尽管财富对幸福感的影响可能会受到生活事件、环境及人口组成等其他因素的影响，但一些研究表明，财富与幸福感之间存在正相关关系。为此，一种解释快乐的理论提出，要了解为什么有些人比其他人更快乐，就必须了解保持和提高长期快乐以及个体情感产生的认知过程和动机水平。

3. 憧憬未来——现实而乐观

拥有乐观精神是促进希望和乐观情绪增长的关键,因为乐观能让人更多地看到事物好的一面。美国心理学家克里斯托弗·彼得森(Christopher Peterson)认为,乐观涉及认知、情感和动机等成分。乐观的人更容易拥有好心情,更能坚持不懈地努力并取得成功,且身体健康状况更好。大量针对有艾滋病等危及生命的患者的研究表明,始终保持乐观的患者活得更久。乐观的作用主要体现在认知层面的调节上。乐观的人更有可能养成有益健康的习惯,并获得更多的社会支持。

当然,乐观有时会产生"乐观偏差"(optimistic bias),即个体认为自己面临的风险比他人小,从而表现出盲目乐观、不切实际的态度。这就产生了一个矛盾:现实主义能提高个体成功适应环境的可能性,而乐观能让个体拥有更好的主观感受。为解决这一矛盾,美国心理学家桑德拉·L. 施耐德(Sandra L.Schneider)提出了"现实的乐观"概念,认为"现实的乐观"与现实并不冲突。从原则上讲,人们可以做到乐观而不自欺。对"现实的乐观"的研究是积极心理学的一种诠释:让生活更有意义。

(二)积极人格特质

积极人格特质是积极心理学建立的基础,因为积极心理学以人类的自我管理、自我导向和适应性整体为前提假设。积极心理学家认为,积极人格特质主要是通过激发和强化个体的各种现实能力和潜在能力来形成的。当某种现实能力或潜在能力通过激发和强化成为一种习惯性的行为方式时,积极人格特质便得以确立。积极人格有助于个体采取更有效的应对策略。心理学家具体研究了 24 种积极人格特质,包括自我决定性(self-determination)、乐观、成熟的防御机制、智慧等,其中自我决定性和乐观受到了较多关注。积极心理学家认为,增强个体的积极情绪体验是培养这些特质的有效方法之一。随着积极心理学的发展,人格特质的研究范围也将不断扩大。自我决定性是指个体能够对自己的发展做出合适的选择并坚持下去。积极心理学从三个方面研究了自我决定型人格特质的形成:先天的学习倾向、创造欲望和好奇心是其形成的基础;这些先天本性必须与一定的社会价值和外在生活经历相结合,转化为个体的内在动机和价值;心理需求得到充分满足是其形成的先决条件,这包括自主性、胜任感和社交需求三个方面。创造力研究始于 1950 年美国心理学家吉尔福特(J.P.Guilford)的研究,他认为发散思维和变换能力是创造性思维的核心,这至今仍是许多创造力研究和测量的重要理论基础。许多积极心理学家认为,创造力更多是通过培养获得的,而非与生俱来。很多研究者提出了自己的培养方案,比较著名的是依据创造性投资理论提出的发展创造性潜能的 12 种策略:鼓励提出假设性问题、允许模糊和不确定、容忍错误、鼓励他人对问题进行定义或重新定义、奖励创造性的想法和成果等。关于创造性的生理激活,前人曾对创造性个体的皮肤电反应、心率、脑电图(EEG)等进行过研究。最近,有人从脑机制方面进行了实验研究,首次发现,在完成发散思维任务时,高创造性被试(创造性测验得分高者)的双侧额叶均被激活,而低创造性被试只有单侧额叶被激活。由此可见,创造性确实具有特定的生理激活特点。

(三)积极的组织系统

积极心理学将积极的组织系统划分为积极的社会大系统和积极的小系统。积极的社会大系统会制定促使公民具备责任感和职业道德的国家法律法规；积极的小系统则涵盖健康的家庭、关系融洽的社区、高效能的学校、有社会责任感的媒体等。

三、积极心理学对团体心理辅导的贡献

首先，团体心理辅导以启发人的潜力发挥、促进成员的成熟与发展为自身任务。积极心理学倡导积极的人生观，以让所有人的潜力得到充分发挥，并探寻出使普通人生活得更幸福、更有意义的规律为使命。在这方面，积极心理学可为团体心理辅导提供理论支撑，而团体心理辅导的实践则进一步验证了积极心理学的重要命题。

其次，团体心理辅导强调整体的重要性。团体作为一种由内在关系构成的系统，其影响力或作用远大于孤立的个体。积极心理学也认为外界群体系统不仅是个体产生积极情绪体验的最直接来源，也是构建积极人格的支持力量。

最后，团体心理辅导关注的对象主要是广大心理健康的人群，焦点指向对象的未来，重点在于预防，根本目标是为防止未来问题的发生提供知识性服务，促进成员形成良好的心理素质，实现社会心理预防。积极心理学反对传统主流心理学一直以问题解决为核心的病理学观点，从预防的角度倡导心理学应将注意力转移到对普通人的发展性辅导上，从而在理论上为团体心理辅导提供有力的理论支撑。

第三章 团体心理辅导的常用技术

在团体心理辅导开始之前，应当确保团体领导者接受过专业训练，掌握各类团体心理辅导技术。要给团体心理辅导技术下一个明确的定义并非易事，因为团体领导者在团体中的所有行为，诸如引导、沉默、与成员进行目光交流、位置的选择、对成员的解释等，均可称作技术。技术的应用仅仅是手段，而非目的。技术可用于深入探索成员的个人感受，激发对话，推动讨论，进而助力达成成员个体及团体的既定目标。

第一节　团体创始阶段的常用技术

在团体刚成立时，团体成员彼此还很陌生，团体领导者需要在团体中进行较多的引导和示范，运用团体技术增进团体成员之间的信任与沟通等，以营造出温暖、安全的团体氛围，从而有效促进团体的健康发展。

一、相识的技术

相识技术也称作开启技术，是为了让团体成员尽快、轻松且有效地相互认识，建立对团体的信任而采取的方式与技术。采用这种技术能够激发成员的参与度，并将其转化为积极的团体动力。例如，可以采用结构式的"柔软体操"方式，让大家拉近彼此距离，减轻焦虑和不安感，增进相互了解。

相识技术有语言和非语言两种形式，且活动方式灵活多样。具体采用哪种方式更为合适，要依据团体的结构、成员的特征来确定，如不同形式的自我介绍、互相介绍等。例如，领导者说："昨天大家刚完成月考核，从你们的脸上能看出很疲惫。现在让我们站起来，围成圆圈，相互拍打手臂，或者伸伸腰，帮伙伴放松一下身体。我们一起做！"

二、分组的技术

在团体心理辅导的过程中，常常需要将团体分成6~8人一组。如何分组看似简单，实则并非易事。一个恰当的组合方式不仅能营造融洽的谈话氛围，还能激发团队的积极效能。下面介绍几种分组方法。

(一)报数随机组合法

报数随机组合法是最简单且最常用的一种方法。首先确定每组的人数以及总共要分成的组数，然后让成员报数，报数为1的成员在一组，报数为2的成员在另一组，依此类推。

(二)抓阄随机组合法

抓阄随机组合法，即成员进入团体后，每人抓阄，可以通过不同颜色的纸、不同形状的纸、不同词组等方式确定组别，需要事先按照人数分组的要求做好准备。比如，要将"快乐团队"团体分成四组，每组8人，可以把团体名称"快乐团队"四个字分别写在8张纸条上，抓到纸条内容相同的人在一组。

(三)生日等随机组合法

领导者还可以按照成员生日的月份进行分组。例如，1~3月出生的人为一组，4~6月出生的人为一组，7~9月出生的人为一组，10~12月出生的人为一组。此外，也可以按照个人特征分组，如单眼皮、戴眼镜等。

(四)同类组合法

出于某些目的，同类组合法更便于成员交流。可以按照岗位分组，如战斗员、驾驶员、通信员；按照身份分组，如干部、消防员；按照性别分组，如男、女；按照条线分组，如灭火救援条线、政工综合条线、后勤装备条线、防火监督条线；按照出生地分组，如东北、华北、华中、华南、华东、西北和西南地区等。利用同类组合法能让具有相近或相似特征的成员一同讨论问题。

(五)分层随机组合法

在某些团体的特别设计中，期望成员混合搭配，让有差异的人在一起讨论，可以采用分层随机分组。例如，若希望每组既有男性又有女性，可以先让男性报数，再让女性报数，报相同数字的男女组成一组。另外，由不同消防队(站)的人组成的团体也需要专门的分组安排。

(六)内外圈组合法

内外圈组合法也可称为"金鱼缸式"。将团体成员平均分成两部分，一半在内圈，另一半在外圈。内圈成员进行讨论，外圈成员进行观察或倾听，十分钟后交换角色；或者内外圈成员一一对应进行交流。还可以固定内圈，移动外圈，使成员能在短时间内与更多成员交流。

(七)活动随机组合法

团体在热身阶段，可以开展一些活动，如"无家可归""刮大风""松鼠与大树""成长三部曲"等，成员在团体中可以自由活动、自由选择、就近组合。

随机组合的好处在于，无论成员之间的差别有多大，都有可能被分到同一组，让每位参加者都感受到小组的平等性，消除地位差异感。

三、让成员参与团体的技术

领导者可借助一些技术，促进、协助并推动团体成员成为积极主动的参与者，使其在团体活动中有所收获。领导者可以提醒成员遵循以下原则。①关注自身感受，积极主动地参与团体活动并表达自我。团体可以探讨任何与团体目标及个人相关的主题，成员有权决定自我开放的程度，必要时也可加入他人的谈话。②倾听并关心他人，尽可能给予他人恰当的反馈，但需避免给出忠告、提出建议以及讽刺他人。③能够合理、肯定且不具攻击性地表达情绪，包括正面和负面情绪。④时常反思团体的活动过程是否有助于增进学习，以及团体的行为是否有助于实现团体目标。⑤领导团体并非仅是领导者个人的责任，团体中的每一位成员都能发挥领导作用。

四、处理成员负面情绪的技术

(一)处理成员焦虑、害怕的情绪,建立信任感

当成员面对陌生的人和团体情境时,难免会感到担忧。领导者应重视信任感的建立,通过适当的示范、引导,甚至运用催化性活动,帮助团体打破陌生感。鼓励成员表达自身感受(不论正向还是负向),并让他们适当了解其他人也有类似体验。

(二)处理防卫或抗拒

团体心理辅导初期,成员自然会出现防卫或抗拒行为,例如,将重点放在他人身上而较少谈及自己、询问别人问题、使用概括性语言如"大家都""我们""你们"、不参与或保持沉默等。领导者需敏锐察觉并尊重成员的此类行为,为他们提供表达内在情感的机会,主动带头分享自己的感受,但不责备成员。此外,直接引导成员以合适的行为方式表达自己(或直接而委婉地对质成员)也是一种有效的技术。例如,"小俊,你常常详细地叙述事情,甚至有些烦琐,让我很难集中注意力,我很想了解你是如何感受到这些事情的影响的,不知道其他人是否也有类似感觉?""你对这件事分析得很有道理,但我更想知道这件事与你有什么关联?"

每位团体领导者都期望自己成为优秀的领导者。然而,团体领导者的成长如同其他专业领域一样,不仅需要具备广博的知识,更需要拥有丰富的专业经验。团体领导者需要不断进行自我成长,才能提升团体心理辅导技巧,更好地帮助团体成员解决心理问题。团体领导者的自我概念、自我意识、人格、情绪、世界观、人生观、价值观、对人性的看法、所面临的重大事件以及自身未完成的事件等,都需要不断地进行自我探索、自我成长和自我完善。只有对自己和团体成员有比他人更深刻的认识和觉察,才能了解自身长处,不回避自身短处,从而更坦然地接纳自己。

第二节 团体过渡阶段的常用技术

在团体过渡阶段,领导者面临的主要挑战是如何以适时且敏感的态度对团体进行催化,为团体成员提供鼓励与挑战,帮助他们面对并克服冲突和消极情绪,以及因焦虑产生的抗拒心理,引导团体向成熟阶段发展。为此,领导者需要指导成员了解和处理冲突情境,了解自我防卫的行为方式,有效克服各种形式的抗拒行为,鼓励成员谈论与此时此地相关的事情。团体领导者在过渡阶段采用适当的技术主动介入、指导和组织是十分重要的。

一、处理防卫行为的技术

(一)防卫行为的表现

在团体过渡阶段,大多数团体成员都会表现出防卫行为,主要原因是他们对团体尚未建立信任,缺乏安全感。防卫行为表现为有逃避倾向、将注意力重点放在其他成员身上或

一些与自己无关的事情上、回避面对自己的感受和反应、对团体投入不足、说话不着边际、使用过度概括性的语言、总是询问别人问题、迟到或缺席、表现出自满或漠不关心的态度、表现出不信任、行为上不合作、故作姿态等，以此逃避个人探索。团体领导者可通过直接回应，提醒成员必须学会以关心和建设性的态度面对他人，并愿意以开放和非防卫的态度接受团体成员的反馈。

(二)防卫心理的应对

有经验的领导者具备识别防卫行为的能力，善于通过观察成员的言谈举止发现其防卫心理。领导者应采用直接对话或邀请他们分享在团体里真实感受的方式，而非通过批评或贴标签的方式来调整他们的防卫和抗拒情绪。例如，团体中一位成员说："在团体里，没有人愿意自我开放，说出自己的想法，也不会替别人着想，每个人都在等别人先开始。每个人面前都有一堵墙，谁会从墙后面走出来？"该成员使用了许多概括性的语言，如"没有人""每个人"等，团体里没人知道他具体指谁，也不清楚是否包括他自己。这时，领导者可采用陈述、提问和建议等技术直接与他对话，以促进防卫行为的改变。例如，"我注意到你刚才说的话，能否把'我'这个字放在每句话的开头？看看这样说与你刚才说的有什么不同。""你刚才说的话比较含糊，能否绕着团体走一圈，说说你所看到的团体中的每个人。如果你能描述出你看到的每个人的'墙'，并告诉他们，你和他们之间的墙带给你的感受是什么，也许对每个人都很有帮助。""你刚才提到每个人的面前都有一堵墙，你可不可以先说说你的墙是什么样的？"

二、处理冲突的技术

(一)冲突及其作用

在团体内部的人际互动过程中，可能会出现意见分歧、观点不一致或者情绪反应对立的情况，这便是冲突。团体内部冲突的出现似乎是难以避免的。早期对于冲突的研究常常假定冲突是不利的，因为冲突带有负面的含义，所以常被视为暴力、破坏、非理性等词汇的同义词，冲突被认为具有破坏性。诚然，冲突会导致双方对目标的认知产生差异，使双方难以采取一致的行动，无法全身心地投入既定目标，容易造成心理紧张、焦虑和不安，进而导致无法以正常的心理状态开展工作，影响工作效率。然而，冲突并非全然消极，它也具有积极作用，具体如下。

1. 激发创造力

创造力往往在自由开放、热烈讨论的氛围中孕育而生。吸纳不同的意见能够激发新奇的想法。冲突过程允许人们在一定程度上保持非理性，因此争论难以避免。在某些情形下，团体中若存在适度的冲突，反而可能激发出创新的构想。

2. 改善决策的品质

团体中不同的人具有不同的视角，正所谓"仁者见仁，智者见智"。在决策过程中，除了进行理性分析、依据客观标准外，在探寻可行性方案时，允许适度的争论，可以汇聚更多解决问题的思路,从而提升决策的品质。

3. 增强团体凝聚力

如果冲突能够得到妥善解决,冲突各方就可以重新展开合作。由于已经达成共识,各方能够更加清晰地了解自己与对方的立场,共同寻求解决之道。通过冲突使"问题"清晰呈现,并进一步加速解决,团体更能产生强大的凝聚力,推动团体合作达成目标。

4. 促使重新评价自己与他人

在冲突发生之前,每个人可能会对自己的能力做出不切实际的评估。但在冲突之后,人们能够心平气和地重新评估自己和他人的能力,促进自我认知,学会欣赏他人。

5. 提供改变的机会

冲突不仅是变革的契机,更是挖掘问题的关键,情绪宣泄的出口。冲突意味着存在矛盾,而矛盾需要通过协商来解决或改善。

(二)一般冲突的模式

1. 竞争

当一个人只考虑自己的感受,而不顾及冲突对他人的影响,仅仅追求自己的目标时,这种行为就是竞争或支配。在正式团体或组织中,非赢即输、非黑即白、非对即错的思维模式,常常使一些人为了获胜而与他人发生冲突。

2. 协作

当冲突的双方都期望满足对方的需求时,就会通过协作来寻求对双方都有利的结果。在协作的情形下,双方都专注于问题的解决,厘清彼此的异同,而非简单地顺从对方的观点。参与者会考量所有可能的方案,彼此观念的异同点也会愈加清晰。解决方案对双方都有益,所以协作被认为是一种双赢的冲突解决方式。

3. 退避

一个人可能承认冲突的存在,但采取退缩或压抑的方式,这就是退避。通常,漠不关心的态度或希望逃避明显的争论会引发退缩行为。例如,与他人保持距离、明确界限、坚守领地等,都属于退缩行为。如果无法采取退缩行为,就会选择压抑自己、避免冲突。

4. 迁就

当一个人希望满足对方时,可能会将对方的利益置于自己的利益之上。为了维持彼此的关系,某一方愿意做出自我牺牲,这种模式就是迁就。

5. 妥协

若冲突的双方都必须放弃某些利益,他们也会为了共享成果而选择妥协。在妥协时,没有明显的赢家和输家。因为妥协是对有冲突的利益结果进行定量分配或不予分配,只是由一方给予另一方部分利益作为替代。妥协的特点是双方都必须付出一定的代价,同时也会有所收获。

(三)团体内解决冲突的方法

团体内部适度的冲突对现状提出挑战，进而催生新的观念，促使对团体目标与活动进行重新评估。当冲突处于适当水平时，通过挑战与活力、质疑或反省、创新与求变，团体成员的动机得以增强。尤其在团体过渡阶段，冲突难以避免。但过多的冲突会阻碍团体的效能，降低团体成员的满意度，导致团体难以营造安全、信赖的氛围。团体中冲突的产生常常是由于团体内沟通不畅、成员间缺乏坦诚与信任，以及领导者没有针对成员的需求与期待做出恰当回应。因此，处理冲突是团体领导者必备的技能。

团体领导者要对过渡阶段冲突的出现做好充分的心理准备。当冲突出现时，领导者要去了解冲突行为的意义，以及对团体的影响。同时，要直接面对成员之间的冲突，并给予回应。比如，当成员中有人说："小张可真八卦，我实在是不喜欢这类人。"领导者可以直接回应："请说明一下你为何会有这种想法，以及在你表达不喜欢之前，你的情绪是怎样的？""假如你是小张，像他一样爱谈论是非，然后再设想一下如果你站在他的立场，会有什么样的感受和想法？"再如，当团体中一名女性成员说："我好像不属于这个团体，因为我发现我的问题不像他们那么严重。"领导者可以这样回应："你说出自己的感受很好。你说自己不属于这个团体，因为你的问题没有其他人严重。请你向团体中的每位成员说明，你与他们的不同之处在哪里。你讲完后，我也邀请他们说说对你的话有什么看法。"

一般情况下，领导者应该关注那些被批评的人的反应，而不是先对提出批评的人做出回应。同时，要引导成员认识到参加团体是为了探索自己，而不是为了改变他人。

三、应对特殊成员的技术

(一)特殊成员出现的原因

在团体过渡阶段，很有可能遇到一些让领导者颇为头疼的成员，即成员表现出特定的行为，这属于正常现象。一般而言，参加团体的成员或多或少都存在一些或轻或重的个人问题与困扰。他们将这些问题带到团体中，谋求解决之道，必然会对团体造成一定的影响。凭借领导者的经验，引导他们参与团体过程，加深自我认知，进而更妥善地处理个人问题，促使他们获得成长。然而，也有一些成员本身问题比较特殊、个性尤为突出，他们的言行会对团体造成干扰，阻碍团体凝聚力的形成，削弱团体的治理效能。对于这些人，团体领导者应有一定的了解并做好相应的准备。

(二)应对团体特殊成员

1. 应对沉默的成员

有些团体成员虽参加了团体，但并未积极参与团体活动，宛如旁观者，少言寡语，常常处于沉默状态。虽然沉默不语的人不一定存在问题，但是沉默减少了他们与其他成员的交流，结果导致他们无法从团体中充分获益。沉默也会对其他成员的情绪产生不良影响，让他们感到不适，进而影响团体活动的开展。

沉默现象的成因是多方面的。首先，是成员的性格因素。性格较为内向、被动、迟疑的人在团体过程中较少主动发言。其次，是成员的认知因素。有些成员缺乏自信，认为自己的参与和意见对他人没有价值,或者担心在他人面前暴露自己的内心世界,害怕发言离题或说错话而冒犯他人。再次是成员对团体的期望因素。有些性格开朗的人因对团体有不同的期望而变得较为沉默。比如,宁愿在团体中扮演沉默者,以便让其他成员有更多的参与学习机会。最后,沉默现象的出现与团体发展状况有关。比如,沟通出现障碍、讨论引不起兴趣等情况也会导致成员沉默。

作为团体领导者,第一,要认识到沉默现象并非都是消极的、具有破坏性的,有时也可能是积极的,是一种表示默许和支持的行为。第二,了解沉默的原因,判断是否需要加以处理。第三,选择处理及应对方法,对于性格内向的人,多鼓励他们发言;对认知存在偏差的人,可以通过个别会谈,帮助他们改变不合理的观念,引导团体其他成员关心、鼓励他们;如果是团体过程中沟通不畅引发的沉默,领导者要及时察觉,并以身作则,想方设法排除障碍和干扰。

从文化的角度来看,中国人参与团体活动通常需要经历一个过程,对个人的意见也持保留态度。所以沉默现象的出现不足为奇。团体领导者要时刻保持清醒的头脑,找出原因并因势利导。

2. 应对依赖的成员

有些团体成员在团体中表现出明显的依赖心理与行为:事事征求他人的意见,缺乏主见,处处寻求他人的保护,表现得十分无助、怯懦;特别是以团体领导者的意见为行动指南,一切服从,遇到问题自己不去想办法解决,而是依赖团体或领导者。这种依赖行为不仅阻碍了成员个人的成长,也给其他成员带来不良影响,让人感到厌烦、难以忍受。

依赖行为产生的原因也是多方面的。首先,与成员个性有关。有的人对自己缺乏信心,不敢表达、争取或做决定,时刻像个小孩般需要他人照顾。其次,与团体内相互作用的其他成员的行为有关。有的人习惯扮演领导、权威、家长的角色,喜欢别人依赖自己,他们在团体内的言行有意无意地助长了他人对自己的依赖。最后,团体领导者干预过多,事必躬亲,其权威角色也可能促使成员产生依赖行为。

在团体运行过程中,团体领导者首先要及时调整自己的角色,不必事事做主,要多让团体成员承担责任,发挥团体的整体作用,提高成员的主动性、独立性和积极性。对于出现依赖行为的成员要及时提醒他们,观察学习别人独立成熟的处世方式,并协助他们改变对自己的错误看法;对于那些乐于让别人依赖自己的成员,要协助他们探讨行为背后的原因,促使他们做出改变。

3. 应对带有攻击性行为的成员

在团体过程中,有的成员可能会表现出攻击性行为,如贬损他人、讽刺他人的意见,或对团体提出过分的要求。无论他们这么做是有意还是无意的,都会引起其他成员的不满,引发冲突或危机,破坏团体氛围,进而影响团体的发展。

成员表现出攻击性行为的原因是多方面的。有的人在生活中受过伤害,难以释怀,从而对他人失去信任,看待人和事都很消极,与人接触时心中充满敌意;有的人个性过于强势、自信过度,不善于与人相处,无法控制自己的情绪,不善解人意,固执己见,批评他人时也会给人一种带有攻击性的感觉;有的人不情愿参加团体,是因为组织要求而不得不来,也会在团体中发泄内心的不满,对团体领导者充满敌意。

在团体中出现这类成员时,领导者先要弄清楚其带有攻击性言行背后的原因,再考虑合适的处理办法。有效的方法之一是个别心理辅导,同时协调团体成员间的坦诚交流。也有学者提出,当成员的行为干扰团体正常运作时,可以将有明确攻击对象的一方转移到其他团体,以避免争执不休的情况。

4. 应对喜欢引人注意的成员

每个人或多或少都希望在群体中表现自己以引起他人的关注,这无可非议。但是,这种行为一旦过度,就会引起他人的反感。在团体心理辅导中,有的成员总是抢先发言;有的成员或者滔滔不绝,使他人没有机会表达,或者吹嘘炫耀自己,或者不断地打断别人的发言。他们的言行会对团体造成极大的破坏,如果不及时处理,会产生不良后果,轻则削弱团体的凝聚力,重则导致团体解体。

喜欢引人注意的成员可能与性格有关。例如,有的成员以自我为中心,对他人的需求与权力感知迟钝,以炫耀自己为乐,察觉不到或不在意别人的不满与反感。有的成员内心充满不安全感、焦虑感,害怕沉寂,因而总是急于发言。有的成员是为了赢得某些成员的接纳(例如,男性成员为吸引女性成员的注意)而做出夸张的表现。

团体领导者在分析原因的基础上可采取以下措施:①采用机会均等的方式,自然选定先发言者;②创造条件使团体成员之间能够相互尊重、共情、真诚相待,在安全而温暖的人际关系中可降低焦虑与防卫心理;③对以自我为中心的人可以增加与其个别接触和提醒;④对那些怀有权力目标或特殊企图的人要教会他们如何选择适当的方式与他人相处,从而获得他人的接纳。

5. 应对不投入团体的成员

有的成员对团体活动不太投入,或者经常迟到早退,出席情况不稳定;或者讨论时随意性大、偏离主题,谈话内容过于表面化;或者态度忽冷忽热;或者充当旁观者。这些缺乏投入、难以与团队融合的行为,往往是内心抗拒的外在表现。这不仅使不投入者自身无法在团体中获得帮助,而且会破坏团体的凝聚力。对此,团体领导者不能掉以轻心。

不投入行为出现的原因有多种。第一,可能是性格因素,有些人性格使然,对事物较少投入,或投入不能持久,兴趣容易转移;第二,可能是被迫参加团体,因非自愿所以产生抗拒;第三,以往不愉快的团体经验,使他触景生情,回忆过去而表现出抗拒;第四,对团体的运作不了解,心中没有明确的预期,从而产生抗拒;第五,出于内心的不安全感,这些人往往自我认知偏低,缺乏自信,害怕敞开内心世界,想方设法隐藏自己,防御心理过强;第六,对团体的期望与实际情况有些出入,不满情绪导致不投入。

对不投入成员的应对方法同样要求先分析原因。一般来说,领导者的友善与真诚,能有效地化解成员的抗拒情绪,改善不投入行为。因此,领导者要与成员建立良好的关系,使他感到被尊重、有安全感,进而会放松自我防卫,勇于表达自己。团体领导者还可以通过增强团体本身的吸引力,比如组织有趣的活动,吸引成员参与,从而改善他们的不投入态度和行为。另外,团体第一次聚会时,应明确说明团体的运作方式和可能达到的目标,帮助成员保持合理的期望,避免期望过高等情况。

第三节　团体工作阶段的常用技术

尽管各类团体心理辅导所依据的理论、活动方式以及实施方法各不相同，但在工作阶段，成员间相互影响的过程却是一致的。具体而言，成员们会彼此交流自身或他人的心理问题与成长经验，以争取他人的理解、支持和指导；借助团体内的人际互动反馈，发现自身的缺点、弱点以及存在的不足，并努力加以改正；将团体当作实验场地，尝试改善自己的心理与行为，期望能够将这些改善拓展至现实社会生活当中。

一、引导参与和介入技术

(一)引导参与的技术

在工作阶段，引导团体成员参与的技术丰富多样，会因团体的目的、问题类型以及对象的不同而有所差异。有的团体主要采用讲座、讨论、撰写体会、写日记等形式；有的团体采用自由讨论的形式；有的团体主要运用行为训练、角色扮演等方法；有的团体则采取系列活动的形式。例如，由失眠者组成的治疗团体，通常先由领导者系统地讲授有关失眠的知识，接着通过讨论来认识病情、分析原因、寻找解决办法。成员们主要通过讨论交流，相互沟通、达成共识，从他人身上洞察自身的问题，从他人的意见中获得启发，最后通过撰写体会进行深入思考和探索，树立信心，找出改进措施。团体领导者必须鼓励并为每位团体成员提供民主参与的机会，既不能让过于活跃的成员剥夺他人的机会，也不能让拘谨的成员袖手旁观，错失参与活动的机会。引导参与的技术还包括以事实为核心，避免无谓的争执，增强团体的凝聚力。

(二)解决问题的技术

团体领导者必须正确评估自身的能力以及环境的变化，引导成员积极地做出符合自己人生目标和价值观的选择与决定，减轻因在生活中遇到问题产生的心理压力，从而促进身心健康，更高效地适应社会。团体领导者可以根据团体成员个人的需求来引导他们，并提供充足的背景资料，激发成员思考、交流，选定要解决的问题并付诸行动。解决问题的过程就是运用思考和科学方法的过程，一般步骤如下。

(1) 了解问题的存在，确认有解决的必要性。
(2) 分析问题的性质，直面问题的目标，开始收集相关资料。
(3) 分析资料，列举解决问题的可能方案。
(4) 评估每个解决问题方案的可行性及预期效果。
(5) 运用观察或实验来尝试解决问题。
(6) 选定最为合适的可行方法来解决问题。

在团体心理辅导中，若领导者为成员提供较为客观且合理的解决问题的原则，将对成员处理个人问题大有裨益。团体成员若能在团体中运用这些原则，并不断学习和改进解决问题的技术，将会在多个方面受益。

(三)及时介入的技术

当团体发展到工作阶段时,其凝聚力和信任程度已达到较高水平。成员们能够体验到足够的安全感和归属感,彼此接纳、倾诉心声、开放自我,也能真诚地关心他人。在团体运行过程中,成员们从自我探索和他人的反馈中尝试改变自己的生活,并获得其他成员的支持与鼓励。然而,仍然会有一些情况需要领导者及时察觉并介入引导,以确保团体聚焦于当前议题,避免影响团体的进展。

(1) 团体中有人为另一个成员代言。
(2) 团体成员的注意力集中在团体之外的人、事、物上。
(3) 团体成员中有人在说话前后常常先寻求他人的认同。
(4) 有人表示因为不想伤害他人的感情而选择沉默。
(5) 成员中有人意识到其问题是某些人引发的。
(6) 有些成员认为自己只要等待,事情就会自行转变。
(7) 团体中出现不一致的行为。
(8) 团体进行无效率的漫谈。

(四)运用团体活动的技巧

在团体工作阶段,领导者常常会挑选一些有价值的团体活动,如自我探索、价值观探索、相互支持等活动,以及活动后的交流分享,来助力团体成员成长。自我探索常用的活动有"我是谁?""生命线""自画像""墓志铭""生命计划"等;价值观探索常用的活动有"临终遗命""火光熊熊""生存选择""姑娘与水手"等;相互支持常用的活动有"冥想""金鱼缸""戴高帽"等。团体活动是团体成员互动的媒介,也是达成目标的手段。至于团体采取何种互动方式,需要根据团体目标和成员特点来选择。例如,对于中层干部,采用一些动态的练习可能不太适宜;而对于年轻消防员,过多地使用团体讨论的形式也不合适,需要配合趣味性更强的团体活动。

二、团体讨论的技术

(一)团体讨论的功能

团体讨论指的是团体成员围绕一个共同问题,依据资料与经验,通过相互合作、深入探讨的方式展开交流。在团体讨论过程中,团体成员发表自身意见,倾听他人观点,并修正自己的看法。团体讨论是工作阶段运用最为普遍的方法,其主要目的在于沟通意见、集思广益、解决问题。在团体中,若成员能以坦诚的态度积极参与讨论,接纳不同意见,与他人切磋交流,团体便会发挥以下助人功效。

(1) 鼓励成员积极参与团体事务,激发其参与动机。
(2) 引发成员对团体过程的兴趣。
(3) 帮助成员清晰认识自己和他人的不同立场,学会尊重他人。
(4) 促使成员避免感情用事,从多个角度思考和判断问题。
(5) 培养成员积极、自觉和自主的个性,为他们提供自我表现的机会。
(6) 促进成员充分沟通,使他们更好地统筹合作,增强团体凝聚力。

(二)团体讨论的具体方法

1. 圆桌式讨论

圆桌式讨论是一种较为民主的方式，成员围坐在圆桌旁，彼此容易熟悉，便于营造和谐的气氛，从而引发讨论。

2. 分组讨论

分组讨论是将团体成员分成若干小组，分别讨论同一主题，然后综合各小组的讨论结果，由各组发言人在团体内代表发言，其他成员可进行补充。当团体人数较少时，每位成员都能有充分的发言和交流机会。

3. 陪席式讨论

陪席式讨论一般先由一位专家进行引导发言，再让团体成员针对专家的意见发表自己的见解。

4. 论坛式讨论

论坛式讨论先由几位专家进行引导发言，再让团体成员针对各专家的意见发表自己的见解。

5. 辩论式讨论

辩论式讨论是依据一个讨论话题将团体成员分成正反方，形成意见对立的两组，然后根据各自所在方的立场与对方展开辩论。

6. 脑力激荡法

脑力激荡法有助于成员了解他人的意见，拓宽思维边界，培养团体合作精神，发挥集体力量，找到多种解决问题的方法和路径。一般需要30~50分钟。讨论需遵循以下原则：暂缓批评，不立即对任何意见进行优缺点的评价；办法多多益善，数量越多越好，以量求质；越奇越好，自由联想，不怕与众不同；联合与改进，鼓励巧妙地利用并改善他人的构想；记录所有被提出的意见。

实施过程如下：全体成员分成几组，一般6~12人为一组，每组在指导者给定的时间内就某个题目发表意见。发表意见应遵守以下规则：①不评论他人意见的正确与否；②尽可能多地出主意；③争取超过其他小组。练习本身带有竞争性质。每个题目限时15~20分钟。题目可根据团体成员的特点或团体心理辅导的目标来确定，要求具体、可操作，如"怎样减轻工作生活压力""提升睡眠质量的方法""改善人际关系的方法""生活中的自信表现""紧张焦虑的消解方法"等。当指导者宣布开始后，每个小组派一人记录，其他人争先恐后地出主意，相互启发，集思广益，列举各种可能的方法。当指导者说"停"时，每个小组先把自己的意见写在纸上，再贴到墙上，然后选一位代表解释这些方法。全体成员一起评论，看哪个小组办法最多，可获"优胜奖"；哪个方法最幽默、最实用、最有想象力，可评为"幽默奖""实用奖""有趣奖""认真奖"或"好主意奖"等。通过评比，帮助成员选择在生活中最适合运用的方法，拓宽思路、群策群力，依靠集体的力量，获得解决问题的方法。

(三)团体讨论中领导者的作用

在团体讨论里，领导者的职责是营造一个友善、接纳且包容的氛围，让团体成员能够自由且充分地发表各自的见解。所以，领导者要鼓励成员积极参与讨论、认真倾听他人发言，并及时做出回应。为此，领导者自身应当具备广博的知识，能够把握问题的核心，拥有适度的幽默感，并且善于引导讨论进程。此外，为讨论做好充分准备也是十分必要的。例如，提前印发相关资料，这样就能在讨论过程中把握方向，不偏离主题；在讨论结束时能够进行简洁的总结，并解答讨论中出现的难题。

团体讨论的目的并非在于得出讨论的结论，而是要让成员通过讨论过程充分参与、积极沟通，珍惜自由发表意见的机会，学习尊重他人意见的态度以及合作的方法。

团体讨论的题目，有时是在计划中就确定好的，有时是由团体共同决定的，有时则是由活动内容来决定。例如，在"盲行"活动结束后，成员们会讨论他们扮演"盲人"的感受，以及怎样才能有效地帮助"盲人"，还有在日常生活中如何帮助有困难的人。需要注意的是，讨论的题目必须是在团体成员能力范围内能够处理的，但又要有一定的复杂性。

三、角色扮演的技术

(一)角色扮演的作用

角色扮演在各类团体心理辅导中应用极为广泛。角色扮演是指通过表演的方式，启发团体成员对人际关系及自身情况有所认识的一种方法。它包括心理剧和社会剧两种表演形式。这两种表演形式有明确的区分，一般认为，心理剧是指处理某人对他人(如消防员对干部)的态度；社会剧则是指处理某人对社会问题(如对农村进城务工人员的偏见或歧视)的态度。

通常情况下，由团体成员扮演日常生活问题情境中的角色，使成员将平时压抑的情绪通过表演得以释放和解脱，学习人际关系的技巧，获得处理问题的灵感并加以练习。具体作用如下。

(1) 角色扮演能够为成员提供宣泄情感的机会。在表演过程中，表演者的情感和想法可以自由地表达出来，尤其是那些困扰他们的消极情绪，从而起到宣泄的作用。

(2) 在包容、安全的氛围下，成员通过投入表演来了解自己内心的感受，并对他人的行为做出反应。

(3) 角色扮演可以让表演者通过活动，深入了解真实情况和他人的感受，增强对人际关系的敏感度。

(4) 角色扮演提供了在假设无须负责的情况下解决问题、应对难题，甚至犯错的机会，从而发现问题所在，学习并练习应对问题的技巧。

(二)角色扮演的程序

1. 事前沟通

领导者向团体成员阐释角色扮演的价值，让成员有所了解，激发他们参与的热情。

2. 说明情境

领导者对将要扮演的情境及其特点进行说明，给成员提供提问和提出建议的机会。

3. 自愿选择角色

领导者鼓励成员自愿扮演各个角色。如果有的角色无人愿意扮演，领导者可以暗示某些人来扮演。

4. 即兴表演

在情境确定、角色明确的前提下，领导者要帮助成员了解自己所扮演角色的特点，鼓励他们按照自己的理解，用自己的方式进行表演，台词由自己决定，即兴发挥。

5. 帮助观众作明智的观察

若剧情中的人物不多，团体其他成员可以作为观众观看表演，并分析演员的言行。表演结束后，观众可以提出个人意见。

6. 表演结束共同讨论

若所有扮演者觉得无法继续表演下去，或者领导者认为已经达到活动目的，就可以随时停止表演。领导者应鼓励每位表演者分享个人感受，并相互交流意见。最后由观众发表看法。

7. 重演

为了让团体成员对某种角色的讨论更加深入，领导者可以让表演者重新表演或者换人再演。扮演者可以参考讨论的意见，采用不同的方法进行表演。

8. 互换角色

如果某位成员对某种角色表现出强烈的否定情绪，可以劝说他扮演该角色，这样既能帮助他从不同视角看待当时的情境，又能促使他了解对方的心情和立场，增加自我反省的机会。

9. 总结

领导者组织团体成员讨论整个活动的体会和感受，相互启发、相互支持。

(三)角色扮演的情境

角色扮演的情境选择可聚焦于成员共同关心的事项，如职业压力、工作与家庭的平衡问题、休闲时光安排、交友等方面。针对消防员团体，可选取基层消防站的情境，角色涵盖消防站主官、副职、班长以及消防员代表。他们共同探讨一项关乎消防员切身利益的问题，借此展现各方不同的立场，反映指战员在沟通中存在的问题。角色扮演这一方式有助于消防员增进对其他角色的理解，提升共情能力。

角色扮演的情境也能够是某个团体成员个人特有的问题情境，由其他成员协助其进行表演。例如，若一位消防员与父亲关系紧张，时常发生冲突，那么可以设计他在日常生活中与父亲争吵的真实场景，邀请其他成员扮演他的父亲，重现争吵时的场景；随后依据不同人扮演父亲时他的不同表现，探究其内心冲突的根源。

进行角色扮演时，要尊重成员的自发性，营造自由轻松的氛围。如此一来，成员才能减轻防卫心理，认清自身的情感，培养思考能力，更好地适应现实环境。

四、团体行为训练技术

(一)行为训练的原则

行为训练是以行为学习理论为指导，通过特定程序，学习并强化适应性行为，纠正并消除不适应行为的一种心理辅导与治疗方法。行为学习理论认为，人的不适应行为是在社会环境中习得的。所以，对不适应行为的纠正与重建唯有通过学习才能达成。在团体心理辅导中，行为训练是借助领导者的示范以及团体成员之间的人际互动来实现的。行为训练不仅能够帮助那些存在心理适应问题的人，对心理健康的人同样有着积极的促进作用。在日常管理教育中，行为训练是一种有效促进消防员成长的方法，具体包括放松训练、自信训练、情绪表达训练、打招呼训练等，一般遵循以下原则。

1. 由易到难

由易到难是最为重要的原则。它是将复杂的行为分解为多个简单的行为，也就是先从容易做到的行为训练入手，然后以渐进的方式，逐步开展较困难或复杂行为的训练。

2. 提供示范

行为训练是成员练习在特定情境中做出适应性行为的基本方法。在训练过程中，成员不仅可以尝试运用适当的语句、情绪表达和自我陈述，还可以练习合适的肢体语言。为避免成员在训练时获得负面的体验，在训练过程中，团体领导者应提供示范。

3. 及时强化

每次行为训练结束后，团体领导者应对团体成员的表现进行总结，对行为训练的效果进行评价，强化积极和适应的行为。

(二)行为训练的一般步骤

1. 情境的选择与描述

由团体领导者或成员简要描述一个情境，让其他成员能够清晰地了解问题。该情境必须符合以下 3 个条件才可以进行训练：①具有互动性；②有一个明确的关键时刻；③反应结果是不愉快、令人反感且会引发焦虑不安的。

2. 确定训练目标

确定在该情境下期望达成的目标以及愿意承担的风险。

3. 团体讨论与分享

团体成员分享在这种情境下可能出现的各种反应，可以自由且富有创意地互相提供各种建议，无须评估各种建议的可行性，专注于广泛收集资料。

4. 示范

团体领导者可以指定一位成员扮演情境中的一个角色，指定另一位成员扮演遇到问题的人，使真正提出问题的人能够通过他人的表演了解别人对该情境的反应和处理方式。

5. 正式训练

团体成员两人或多人一组，公开练习自己在特定情境中的反应，然后互相评估，并提出反馈意见。

6. 综合评估

团体领导者分析情境，总结成员的训练成果，并鼓励、支持表现出合适行为的成员。

(三)自信训练实例

对于缺乏自信与行为勇气的人而言，行为训练颇具成效。在人际交往中，部分人不敢说"不"，不敢拒绝他人，也不敢坚持自己的立场。他们常常因缺乏自信，害怕拒绝或坚持立场会致使他人疏远自己。然而，这样的行为反倒会引发人际关系不佳的状况。因此，自信训练主要涵盖坚持自己的立场以及学会拒绝两方面。

1. 肯定拒绝

在现实生活的各类人际关系里，每个人都有权表达自己的真实情感，包括拒绝的权利。当你满足他人的要求确有困难时，无论处于何种情形，都切勿以被动、消极的方式回应。肯定的拒绝指的是，当你想要拒绝时，能够坦然说"不"，且不会为此感到不适。

训练方法：团体成员两人一组，借助一些假设情境或成员自身遭遇过的情境，向对方清晰地说出"不"。例如，拒绝借车给他人、拒绝别人的推销、拒绝别人的聚餐邀请、拒绝借钱给别人、拒绝别人的劝酒等。

训练肯定的拒绝时可设置以下情境。

(1) 身边的同事因工作年限已满即将离职，组织了一场小范围的送别餐。一些同事非要你喝酒，但你不想喝。

你会说：＿＿＿＿＿＿＿＿＿＿＿＿＿＿＿＿＿＿＿＿＿＿＿＿＿。

(2) 今年你已经参加了辖区血站的义务献血活动，然而外出参加训练的你碰到了血站的宣传人员，他们坚持让你再次献血。

你会说：＿＿＿＿＿＿＿＿＿＿＿＿＿＿＿＿＿＿＿＿＿＿＿＿＿。

(3) 你与朋友共进午餐时，他向你借钱，并表示发了工资就归还。你身上虽带着钱，但已规划好这笔钱的用途，也就是说，你正等着用这笔钱。

你会说：＿＿＿＿＿＿＿＿＿＿＿＿＿＿＿＿＿＿＿＿＿＿＿＿＿。

练习肯定的拒绝时，需注意先清晰、明确地说"不"，之后，若有必要，还可说明拒绝的理由，但切勿找借口。

2. 肯定请求

在各种人际关系中，每个人都有权进行自我肯定，这包括拒绝、表达正向或负向情感以及提出请求的权利。肯定的请求即向他人索要你所需的或是本就属于你的东西，清晰地说出请求，既能让你感觉舒适，又不会侵犯他人的权利。然而，生活中有些人既不会也不敢表达自己的请求；有些人认为别人理应了解自己的需求，自己无须提出；还有些人觉得频繁提出请求才能获得给予，会降低自身价值。实际上，能够运用肯定请求的人，比那些不提出请求的人收获更多。提出请求的次数越多，满足自身需求的机会也就越大。当然，肯定的请求并不能确保你一定能获得所要求的东西，因为他人也有拒绝的权利。

肯定的请求通常以询问的方式呈现，而非以叙述或命令的方式表达。比如"我周末轮休想去看电影，你愿不愿意一起去？"肯定的请求包含两种形式：请求别人给予行为的回应与请求别人给予口头回答。

训练方法：团体成员两人一组，依据个人或领导者提供的情境，进行相互对应的实践练习。例如，请求别人停止抽烟、请求别人说话声音不要太大、请求别人帮忙做某件事等。

训练肯定的请求时可设置以下情境。

(1) 你的朋友到家里做客，整个晚上大家都兴致高昂。已经 10 点多了，他们仍没有离开的意思，而你感觉很累，且明天一早你就得归队恢复战备，希望他们早点回家。

你会说：_____。

(2) 你去饭店用餐，点了一份嫩牛排，但服务员端上来的却是一份快烤焦的牛排，你很不喜欢吃这种牛排。

你会说：_____。

(3) 你借给同事 2000 元钱，他答应发了工资就还你。但发工资的日子已过了 3 天，他仍未还钱。

你会说：_____。

3. 表达个人感受

表达个人感受极为重要，它既能助力你正视内心，又能让他人深切理解你的处境。所谓"一吐为快"，就是说表达自己的感受会让人心情舒畅，还能促进人与人之间的有效沟通。个人的感觉既有负面的，也有正面的。及时表达出"我很害怕""我很难过"等负面感觉，可避免不良情绪积累导致的心理失衡；及时表达出"我很开心""我很喜欢你的开朗热情"等正面感觉，会感染他人。此外，若将对他人的欣赏与关注表达出来，更是人际关系的润滑剂，能给他人带来快乐。

表达个人感受的技术包含三个步骤：①使用带有"我"的句子；②描述你的感觉是怎样的；③描述这种感觉让你想要做什么。

训练方法：团体成员两人一组，相互交流，然后互换角色，轮流表达，最后全体进行交流讨论。表达方要清晰、具体地说出自己的真实感受，还可辅以体态动作，如拍拍肩、拉拉手等；接受表达方要认真聆听，并给予反馈。

例如，表达欣赏时，可称赞对方的发型、衣着、性格特点、工作能力等，最后表达自己的情感，如"我喜欢你这样的人"等。

第四节　团体结束阶段的常用技术

团体的开始和结束可以说是团体历程中最具决定性的时期。若团体创始阶段卓有成效，成员便能相互了解、彼此信任，为营造接纳、温暖、尊重和安全的团体氛围奠定坚实基础，使后续深入探讨问题、直面挑战成为可能。而团体结束阶段之所以重要，是因为在此时期，成员需整理和巩固团体经验，确认自身积极改变，并满怀信心地在生活中继续努力。倘若领导者对结束阶段把握失当，不仅成员的收获会大幅减少，还会给团体遗留诸多未完成的问题，影响成员的生活。因此，团体领导者需做好充分的心理准备，具备足够的训练和技术，以应对团体的结束。

一、结束的技术

(一)每次聚会结束的技术

结束的技术涵盖每次团体聚会结束时使用的技术以及团体整个历程结束时使用的技术。每次团体聚会，领导者都应预留至少 10 分钟的时间，运用一些技术顺利收尾。可通过邀请成员总结、领导者总结、安排作业、预告或强调下一次聚会的时间、内容、安排结束活动(如"大团圆"等练习)等方式。邀请成员进行个人总结，即鼓励成员阐述此次聚会对他们的意义。可采用如下引导问题："你能简要说明这次聚会你的感受吗？""到下一次聚会之前，你愿意采取哪些具体方法让你的生活有所改变？""这次聚会中，你经历到的最重要的事情是什么？""今天，别人的表现最令你感动的是什么？""你从今天的团体活动中学到了什么？"

(二)预告团体结束的技术

当整个团体即将结束时，领导者最好在结束前 1~2 次团体活动时就向成员预告，预告有助于团体成员提前做好结束和分离的心理准备，珍惜团体时光，尽早处理想解决却未完成的问题。此外，还可让成员讨论分离情绪，整理所得，制订或修改行动计划。

(三)团体历程结束技术

团体心理辅导的结束应自然顺畅，且应在领导者的预期范围内。要使团体愉快地结束，需运用一些技术。一般而言，有四种方式：①结束前，成员相互赠送小礼物、道别并祝福；②领导者在结束时对团体心理辅导进行简要回顾与总结；③团体成员反思自己在团体中所扮演的角色，是否达到期望，以及自身的切身感受；④展望未来，帮助团体成员明确后续行动的方向，确保团体辅导的成果得以持续巩固。

(四)采用团体活动的技术

通常，领导者可直接宣告团体活动结束，或带领成员开展一些团体活动，如"真情告白""留住你的心""水晶球""互送祝福卡"等，引导成员回顾团体所学，相互给予或接受最后的反馈，满怀信心地展望未来生活。同时，领导者也可带领成员进行"大团圆""茶话会""联欢会"等活动，在轻松愉悦的氛围中相互道别，互祝珍重。另外，若是自发性强的非结构团体，可让团体成员自行决定最合适的结束方式。

二、团体结束阶段的活动选择原则

团体发展至尾声，成员会产生多种情绪和感受。有经验的团体领导者通常十分重视团体心理结束阶段的活动安排,精心挑选符合成员特点、有吸引力、有新鲜感的活动形式。若结束活动安排不当或处理不妥,将直接削弱团体辅导的整体成效。领导者除运用结束阶段技术(处理分离情绪、总结团体经验、鼓励和反馈、评估和整合等)外,在最后一次团体聚会时还需采用多种形式的团体活动,如总结会、联谊会、反省会、大团圆等,使团体在轻松、温馨的氛围中结束。领导者在选择结束阶段的活动时应遵循以下原则。

(一)让成员有机会回顾团体经验

成员参与团体是一个持续学习和变化的过程。领导者在选择团体活动时,应留意让成员有机会整理自己参加团体以来不同阶段的感受、困扰、体验、变化和收获。例如,通过团体成员相互观察和关怀的"天使揭秘"活动,让观察者讲述自己观察对象从首次参加团体到现在结束所发生的变化。有些观察者不仅用文字记录观察对象每次团体聚会的言行,还以绘画的方式记录其每次参加团体活动的表情,并将这些作为珍贵的礼物和成长见证赠送给观察对象。

(二)让成员彼此给予和接受回馈

团体心理辅导的独特之处在于,每个团体成员不仅能获得团体领导者及其他成员的帮助,自身也能成为助人的力量,为他人提供帮助。特别是当那些怀有共同苦恼、有共同要解决的发展课题或心理问题的人聚集在一起时,成员往往情感共鸣、认知相通、齐心协力、彼此支持,相互建议并善意地提出个人见解。"三个臭皮匠,顶个诸葛亮",群策群力能给人更多的信心和鼓励。团体领导者可选择"真情留言""写祝福心意卡""礼物大派送"等活动,让成员充分给予回馈并接受他人的回馈,鉴定自身努力的成效。

(三)让成员自我评价和团体评估

要适应社会生活,建立良好的人际关系,前提是必须先了解自己、接纳自己,进而认识他人、接纳他人。在团体心理辅导观察中,团体成员有机会通过反思自身行为、他人的回馈、与他人比较等方式,探索和深化自我认知,增强自觉能力,这也是所有团体的主要课题。团体结束时,再次让成员对自己的成长进行反思,这不仅有助于协助团体成员更清晰地认识自己及未来发展的可能性,还能深入发掘自身内在潜能,提升对自我及他人需求的感知力,从而实现自我接纳、肯定、完善与超越。

(四)让成员相互祝福和增强激励

"天下没有不散的宴席",团体成员从一开始就知晓团体有结束的一天。通过相互分享、支持与帮助,团体每位成员都经历了焦虑、不安甚至痛苦,最终得以成长。结束时,尽管会有依依不舍之情、对失落孤独的担忧,但更多的是喜悦、自信、满足等积极反应。所以,领导者应策划一些活动,鼓励成员间表达欣赏、祝福与建议,以此增强自信,激发改变的勇气,促使他们将团体所学转化为实际行动,进而改善个人生活。

第四章　消防员团体心理辅导之职业生涯篇

第一节 消防员职业生涯研究概况

一、改制后新入职消防员职业心理情况概述

《中华人民共和国消防救援衔条例》自 2018 年 10 月 27 日起施行，标志着国家综合性消防救援队伍朝着正规化、专业化、职业化的方向发展。2019 年 1 月 25 日，国家综合性消防救援队伍面向社会公开招录消防员计划正式启动，意味着消防员招录新时代正式到来。过去，消防员队伍是通过征召新兵的方式进行补充；消防部队转制后，消防员招录则由应急管理部门统一组织。

新入职消防员作为消防救援队伍中的新生群体，大都处于成年初期，正处于生理发育的成熟期和心理发展的过渡期。新训工作具有任务重、时间紧、质量要求高等特点，他们在适应新环境的过程中，不同个性特征的人往往会出现不同程度的适应困难，甚至出现一些心理问题。江俊颖等(2021)研究了新入职消防员的人格特质与心理健康的关系，结果显示，新入职消防员心理健康状况整体较好，主要心理健康问题中阳性筛查率前 3 位的是强迫症状、焦虑和人际关系敏感，其人格特质是影响心理健康状况的重要因素。在集训期间，应把心理健康教育作为重点工作内容之一贯穿于整个集训过程，通过丰富集训内容、建立心理档案、开展心理健康教育讲座和团体心理辅导活动，特别需要关注无入伍经验且是独生子女的新入职消防员，从而有针对性地促进新消防员心理健康发展。孙恒、杨芳和李长新(2022)对新入职集训期消防员心理健康状况进行研究，结果显示，集训期消防员的心理健康整体状况属于正常水平，且心理健康状态优于现职的城市消防员与森林消防员。研究表明，退伍军人、父母身体健康状况、年龄、饮酒习惯、身体伤害情况、学历等因素对集训期消防员心理健康的影响较大。李辉、李晶晶和赵海涛(2022)研究了消防员的适应不良与应对方式、人际关系和心理控制源的关联性，结果显示，与陆军和男兵相比，新入职消防员对环境的适应感更好，较多采用积极应对的方式。与战友的关系、心理控制能力、应对方式等均可能在一定程度上影响新入职消防员的适应不良情况。为了促进新入职消防员更快地融入队伍生活，需指导其建立良好的人际关系，做好职业规划，并强化其心理自控能力。

二、改制前后消防员职业心理状态变化

张睿(2020)采用自编的《员工职业心理状态量表》，探讨消防改革对消防职业心理状态的影响，结果发现：改革前的消防员整体的职业心理状态优于改革后；工龄为 11～20 年的消防员危机感高，职业心理状态较差；高学历消防员具有较低的职业心理状态；男性消防员和已婚消防员职业心理状态良好。具体如下。

(一)消防改革前后消防员职业心理状态分析

改革前的消防员整体的职业心理状态较为稳定。改革后，通过提升消防员的培训水平和心理素质，以及优化消防服务，消防员的工作满意度和组织认同感实际上得到了提高，工作压力也得到了有效管理。但值得重视的是，消防员在改革期间职业价值观没有发生变

化，这说明消防员对消防这一职业具有较高的认同感。从长期的职业发展来看，他们普遍认为消防的职业发展会为个人提供更多的发展机会；而在个人与组织的价值观匹配上，即组织认同方面，消防员在改革后从情感上对单位组织的价值观认同度逐渐降低，说明消防员在组织中的归属感较弱，工作动机逐渐减弱，并且认为集体利益在某种程度上损害了个人利益。

(二)工龄对消防员职业心理状态的影响

消防员在职业心理状态量表上呈现较为特殊的工龄特征，其特征表现为以 20 年为分界线，呈现"U"形分布。具体而言，工龄在 10 年以内的消防员职业心理状态最好，工龄为 11~20 年的消防员状态最差，工龄为 21~30 年的消防员职业心理状态又有回升。这启示我们，如果没有及时进行职业生涯规划与辅导以及调整职业心理状态，消防员则会感到工作压力增大，并逐步丧失工作幸福感和满足感。严重时，可能会出现消极对抗组织、拒绝执行组织安排的工作任务、否认组织价值观等行为和现象。

(三)学历对消防员职业心理状态的影响

消防员的职业心理状态在学历特征上表现为：随着学历的升高，职业心理状态呈现降低的趋势。在工作满意度和组织认同两个因子的比较中，硕士研究生及以上学历的消防员与大专学历的消防员的得分具有显著差异，这表明高学历消防员在日常工作与训练中更容易产生消极情绪，对部门和单位的行为模式和组织模式认可度较低，有可能会采取抱怨、消极怠工、降低出勤率甚至离职等方式来对抗部门和单位布置的日常工作。这可能是因为我国的学历教育更重视对高学历人才的认知能力和科研能力的培养，造成学历教育与实际的消防工作脱节，进而引发高学历消防员的职业心理状态不如职业教育培养的定向消防员和中等学历的消防员。

(四)性别与婚姻状况对消防员职业心理状态的影响

男性消防员的职业心理状态优于女性消防员。另外，婚姻对工作具有一定的促进作用，能够对保持良好的职业心理状态起到积极作用。

第二节 消防员职业生涯团体心理辅导活动方案

一、团体性质与团体名称

团体性质：结构式、封闭式团体。
团体名称：赋能心动力，筑梦新起航。

二、团体目标

(一)总目标

增强队站同志们的心理健康意识，使全体指战员在轻松愉悦的氛围中有效释放压力。

引导新入职消防员认识自我、探索自我、挑战自我、突破自我，帮助他们打开心扉，缓解精神压力。

(二)具体目标

(1) 团体成员能够发现自身价值。
(2) 团体成员之间增进相互了解。
(3) 降低团体成员的压力水平。
(4) 团体成员能够准确了解岗位的职责与性质。
(5) 团体成员能够有目的地规划职业道路。

三、团体领导者

团体领导者应为熟悉团体心理辅导的基本理论，且具有一定带领团体经验的指战员。

四、团体对象与规模

(一)参加对象

参加对象为新训消防员。

(二)团体成员人数

团体预计人数为26～32人，分为4组。

五、团体活动时间及频率

团体活动分为两个单元进行，每个单元时间约为90分钟，建议集中时间开展。

六、团体设计理论依据

(一)职业健康心理学

积极情绪能够相互感染和传递，进而激励组织中员工的工作绩效，提升组织的效能；而消极情绪不仅会影响员工的身体健康，还会大幅降低其工作效率。职业健康心理学能够为人们的工作和成长营造健康的环境，为从业者创造一个安全健康的职场氛围，从而提高其工作绩效和主观满意度，实现促进个体和组织发展的双赢目标。

(二)职业自我效能

职业自我效能在个体的职业选择过程中起着至关重要的作用。在某种意义上，职业效能感比实际从事某一职业的能力更为关键。职业自我效能感的高低直接或间接地影响着个体的职业选择范围和对职业的态度。

(三)积极心理健康教育

积极心理健康教育以人的向善性为价值取向,通过运用积极的内容、方法和手段,从正面引导和培养个体的积极心理品质,有效防治各种心理问题,旨在促进个体身心的全面和谐发展。

七、团体活动场地

团体活动场地为足球场、操场(空地)、会议室。

八、团体评估方法

在团体辅导活动开展时,使用"积极心理资本问卷"(PPQ)进行前测、后测,问卷详见附表4-1。

九、团体活动辅导方案

(一)团体过程规划(见表4-1)

表4-1 团体过程规划

次 序	活动主题	活动目的	活动内容及时间
第一单元	人生初识,探索思悟	通过游戏活动,帮助消防员初步了解职业内涵,初步感受消防员职责使命	(1)兵王大作战(10分钟) (2)布置水枪阵地(5分钟) (3)名字动操(15分钟) (4)团队全值契约——组建战斗班(25分钟) (5)职业联想(15分钟) (6)消防员是谁(15分钟) (7)领导者总结(5分钟)
第二单元	人生绘画,指尖点睛	通过绘画的方式,引导新入职消防员厘清职业思路,制定职业规划,思考未来前景、方向以及人生愿景展望	(1)流动人生绘画(85分钟) (2)领导者总结(5分钟)

(二)单元执行计划

在第一单元开始之前,组织队员们填写积极心理资本问卷,并在活动结束后回收。

第一单元 人生初识,探索思悟

导入语:大家好!欢迎加入消防救援队伍这个大家庭,共同开启心理团体辅导的"第一课"。今天团体辅导活动的主题是"赋能心动力,筑梦新起航"。随着现代文明的发展,人类逐渐脱离其自然属性。生活节奏快、工作繁杂紧张、信息量巨大、社会关系复杂等因素，使得心理疾病日益增多且不断恶化。《中国国民心理健康发展报告(2021—2022)》显示，抑郁风险检出率为10.6%，焦虑风险检出率为15.8%。消防指战员作为在火灾、事故和紧急情况下保护公众安全的重要力量，常常面临高压、紧张的工作环境，需要在紧急时刻做出正确决策。由于工作性质特殊，我们面临着更大的心理压力和挑战。读懂指战员的"心世界"，是做好心理危机干预工作的关键一步，也是开展心理服务的"金钥匙"。在接下来的时间里，我将带领大家共同体验丰富多彩的团体心理辅导活动，帮助大家有效缓解近期工作中积累的压力和紧张情绪。通过这些精心设计的活动，为大家搭建一个放松身心、释放压力的平台，让大家在轻松愉快的氛围中提升对工作的热情和动力。

此外，我们还将在活动过程中穿插讲解部分关于消防职业的介绍和指导内容，帮助大家更好地规划职业生涯，明确未来发展方向。我们希望通过这些信息的分享，让大家对消防工作有更全面、更深入的了解，从而在未来的消防生涯中更加从容自信、游刃有余。

1) 热身活动：兵王大作战

活动目的：通过活动形式，让大家提前了解衔级知识，知晓晋升难度。

活动时间：10分钟。

导入语：现在，我们首先开展一项名为"兵王大作战"的热身活动。在欢乐的氛围中，帮助大家了解消防员级别晋升的衔级知识，助力指战员进行人生规划。这里先为大家科普一下晋级阶段：预备消防士—四级消防士—三级消防士—二级消防士—一级消防士—三级消防长—二级消防长—一级消防长(兵王)。

场地要求：足球场、操场(空地)。

具体操作如下。

(1) 大家要完成从预备消防士到一级消防长(兵王)的晋级。所有人初始都是预备消防士，活动开始后，你可以找同层次的人猜拳，赢的升一级，晋升到上一级；输的则保持原级别。晋级成功后，可以找同级别的指战员猜拳，赢了晋升更高级别，输了则降为低一级别。以此类推，直至一名成员成为一级消防长(兵王)。

(2) 只能是同级别的人进行对决。例如，四级消防士与四级消防士对决，赢的晋级为三级消防士，输的则退为预备消防士。

(3) 活动时间结束后，胜利的一级消防长(兵王)为活动最终赢家，由其分享活动体会(如胜利感想、晋级不易等感想均可)。

(4) 最后剩下的预备消防士、四级消防士、三级消防士这3个级别中的队员进行活动感悟分享(如失败不气馁、胜利需要坚持等感想均可)，或接受惩罚热身活动：分别进行15次、10次、5次波比跳(burpee)的惩罚。

【讨论要点】

对于衔级有了哪些新的认识。

2) 分组活动：布置水枪阵地

活动目的：以未来实际工作的场景为依托，开展拉近彼此距离、提升职业紧张感的活动，并以此进行分组。

活动时间：5分钟。

导入语：刚刚我们通过简单的热身活动拉近了彼此之间的距离，让大家初步了解了消防员衔级的名称和晋级路线，大家发表的感言都非常接地气，生动地表达了对消防员晋升的憧憬和想法。接下来，我们将开展一项与消防员出动灭火相关的活动，调动一下大家的积极性。这个活动叫作"布置水枪阵地"，从名字就能看出，这是一项既紧张又有趣的活动。

场地要求：足球场、健身房(空地)。

具体操作如下。

(1) 全体指战员围成一个圈，向左或向右转动。

(2) 当领导者说"布置水枪阵地"时，指战员集体问："出几支枪？"领导者回答："出n支枪"，指战员需按照回答的数字"n"迅速抱团。(为使活动不那么单调，喊口令前可适当加入一些前奏，如按摩操、简单的装备器材名称、对联和口令等)

(3) 未能参与抱团或者抱团数目不正确的指战员，将成为"幸运"玩家，接受"大礼包"。(活动结束后的"大礼包"是活动开展的正向催化剂，"大礼包"可由领导者决定，也可由团队共同决定，如请"幸运"嘉宾进行自我介绍、表演才艺或进行简单的基础体能运动，如俯卧撑、仰卧起坐、平板支撑等)

(4) 最后一次"布置水枪阵地"活动，领导者按照预定的分组人数下达口令，指挥指战员进行分组。

(5) 活动结束后，请各组成员按指定方式落座。

3) 相识活动：名字动动操

活动目的：促进彼此之间的相互了解，利用无厘头、反差的效果，加深彼此印象，让大家在欢声笑语中拉近距离，为接下来的心理团辅活动营造温馨活跃的氛围。

活动时间：15分钟。

导入语：在刚刚的活动中，大家都收获了许多乐趣，特别是在时间倒数阶段，紧张又刺激，就像咱们消防员接到出动命令赶赴火场时，行动十分迅速。当然，仅有速度是不够的，作战时还需充分了解身边的战友。接下来，我们要进行名为"名字动动操"的活动。这个名字新颖且充满趣味性，它不仅是一个简单的热身活动，更是促进队伍成员相互了解、增强团队凝聚力的纽带。

场地要求：无特殊要求。

准备工具：无。

具体操作如下。

(1) 在这个活动中，每位队员都要围绕自己的名字设计一系列创意动作，然后进行展示。

(2) 团队成员发挥集体智慧，帮助每一名组内成员通过动作将名字表现出来，动作越让人印象深刻越好。

(3) 每个人在展示自己独特动作时，要向大家简要进行自我介绍，说明为什么这个动作可以代表自己。

(4) 大家都设计好自己的专属动作后，团队所有成员将共同展示，同时报出带有专属动作的成员名字。

4) 主题活动1：团队全值契约——组建战斗班

活动目的：增强团队意识，遵守契约精神，提升沟通交流能力。

活动时间：25分钟。

导入语： 通过刚刚的活动，大家身心都得到了放松和愉悦，彼此之间也更加了解和熟悉。接下来，我们要着手组建自己的战斗班组。在灭火救援作战中，班组行动是最基础的救援力量，每个人承担不同的任务，需要默契配合、亲密无间，这样才能达到事半功倍的效果。在接下来的讨论中，大家要畅所欲言，充分表达自己的意见和建议。同时，也要倾听他人的观点，尊重团队的决定。通过民主讨论，做出最合理的安排。但在活动开始前，需要大家共同签署《心理团体活动保密协议》，并宣誓对活动中他人的隐私进行保密。在心理团体辅导中，大家都会敞开心扉谈论很多自己的隐私话题，所以我们要相互信任，为其他队友保守秘密。

场地要求： 足球场、健身房(空地)。

准备工具： 彩色水彩笔，A4 空白纸张，《心理团体活动保密协议》(见附件 4-1)。

具体操作如下。

(1) 大家共同签署《心理团体活动保密协议》，并宣誓，承诺对活动中他人的隐私进行严格保密，将战斗班其他成员当作最亲密的战友。

(2) 大家在组内讨论并推选本组组长，共同创作战斗班名、口号、班组标志(Logo)等。

(3) 分组讨论结束后，每个小组按顺序向全体成员汇报讨论结果和组长人选。

(4) 战斗班展示。战斗班所有成员一起上台分享战斗班名、口号、班组 Logo 等，并分享 Logo 的设计思路。

【讨论要点】

(1) 组内讨论时，你认为哪一项最难达成共识？

(2) 大家组成战斗班后，今后在作战遇到突发状况时，该如何快速达成共识？

5) 主题活动 2：职业联想

活动目的： 思考职业的"关键词"，通过讨论明确对这个职业的期望值。

活动时间： 15 分钟。

导入语： 通过刚才的四项活动，相信大家对"消防员"这一职业有了更深入的了解，也掌握了一些基础的职业知识。这些活动旨在增进成员间的默契程度，促进彼此间的沟通交流。只有这样，我们才能为未来的工作奠定坚实的基础。团队协作固然重要，但我们也需要对自己所从事的职业有清晰的认知，这对个人未来的职业发展大有裨益。下面，我们将开展"职业联想"活动。相信大家经过几个月的训练，对"消防员"这个职业有了初步认识。那么，我们以"消防员"为关键词进行词汇联想，提到消防员，你会有哪些感受和想法，请把它们写下来。小组成员依次在纸上书写，每人限时 1 分钟。写完后进行讨论：你们都写下了哪些与"消防员"相关的词汇。每个人分享自己为什么要写这些词语，以及对"消防员"职业的理解。

场地要求： 无特殊要求。

准备工具： 中性笔、A4 空白纸张。

具体操作如下。

(1) 以"消防员"为关键词，进行词汇联想。提到消防员，你会有哪些感受和想法，请把它们写下来。

(2) 小组成员依次在纸上书写，每人限时 1 分钟。

(3) 写完后，组内进行讨论：你们都写下了哪些与"消防员"相关的词汇。

(4) 每个人分享自己为什么要写这些词语，以及对"消防员"职业的理解。

(5) 每组分享完毕后，各推选一名成员进行分享。

6) 主题活动3：消防员是谁

活动目的： 交流消防员的职业特点，探索职业发展道路上的趣事，帮助消防员思考和成长。

活动时间： 15分钟。

导入语： 刚才大家都分享了自己对"消防员"职业的理解和看法，让人眼前一亮。接下来，进入"消防员是谁"活动，我们继续探讨消防员在日常生活中的苦与乐。

场地要求： 无特殊要求。

准备工具： 中性笔，"消防员职业的苦与乐"练习表(见附表4-2)。

具体操作如下。

(1) 现在请大家每人拿一张"消防员职业的苦与乐"练习表和一支笔。在表格的两栏里，分别写下你感受到的"消防员"职业生涯中比较辛苦的方面和让你感到快乐的方面。

(2) 我看到大家都已填写好表格，那么请大家在小组内分享一下你认为消防员的"苦"和"乐"分别有哪些。

(3) 组内分享完毕后，按顺序，每组挑选1名成员进行分享。

【讨论要点】

(1) 这些"苦"与"乐"在未入职时是否想过？

(2) 这些"苦"是否会让你得到锻炼与成长？

(3) 你认为如何将"苦"转化为"甜"？

7) 领导者总结

刚才的六项活动，均围绕基层消防救援工作展开。大家从与同伴相识，到组建战斗班，再到分享作为"消防员"这个职业所感受到的苦与乐。有人提到对消防军事化管理和令行禁止的不适应，也有人提到为群众排忧解难的成就感。其实，无论从事什么职业、什么工作，都有其两面性。我刚才听到有的同志分享得很好，他说每当写下一个"苦"字，就会对应地写下一个"乐"字。从技不如人的自卑，到如今大显身手的自信；从不知所措的彷徨，到勇往直前的坚定……这些尝遍酸甜苦辣的经历都会促使我们成长。学会调节自己的心态，才能在成长过程中遇见更好的自己。

第二单元 人生绘画，指尖点睛

1) 主题活动：流动人生绘画

活动目的： 增强自信，塑造阳光心态，思考未来的职业蓝图，展望未来的人生方向。

人生绘画，
指尖点睛

活动时间： 85分钟。

导入语： 尽管大家入队时间不长，但已从日常的工作学习中体会到"消防员"这一职业的使命与担当。如何在刚刚开启的消防生涯或未来的人生旅途中找准方向，是我们需要共同思考的问题。接下来，我们将通过"流动人生绘画"这一主题活动，以手绘的形式探寻我们的目标与方向，看看能否从他人的作品中为自己的人生道路、职业道路获取灵感。现在，到了大家展示绘画技艺的时候了。

场地要求： 无特殊要求。

准备工具：彩色水彩笔、空白 A4 纸张。

具体操作如下。

第一章节：人生绘画。(20 分钟)

(1) 大家需在一张 A4 纸上描绘出自己的人生愿景，可以是线条、图形、图像，也可以是一幅画像。

(2) 在另一张 A4 纸上用一行文字描述你的画："我愿我的人生像……"大家有 10 分钟时间完成作品，现在开始。

(3) 完成后，请在组内分享自己画作想要表达的含义。

(4) 组内分享结束后，每组推选一名代表进行分享。

【讨论要点】

(1) 是否认真规划过未来？

(2) 加入消防队伍后，如何为自己的未来绘制蓝图？

第二章节：爱的馈赠。(15 分钟)

(1) 每个人都完成了自己的作品，接下来按顺时针顺序在小组内交换作品，当别人的画作经过自己手中时，都要为其添上几笔充满爱意的画，直到自己的画回到手中。

(2) 先进行组内分享，此时每个人的画作都因其他朋友添上的爱之笔而焕然一新，那么请大家分享一下，看到别人在自己的画上添上爱之笔后的感受。

(3) 组内分享结束后，每组推选一名代表进行分享。

(4) 大家分享了看到别人在自己画上添上爱之笔后的感受，这就如同我们人生中得到亲友的鼓励与支持，会给我们带来力量，鼓舞我们前进。

【讨论要点】

为别人的画作添上最友爱的几笔后，你心情如何？

第三章节：掌握人生。(15 分钟)

导入语：人生中我们会遇到许多陌生人，他们对我们可能有善意，也可能有恶意。接下来，让我们进入下一章节：掌握人生。

(1) 重复上一环节，在小组内按顺时针方向传递画。每幅画经过你手中时，都可随意添加几笔，这些笔可以让画面更美好，也可按自己心意涂改，直到你的画再次回到手中。

(2) 如果别人添上的几笔，无论出于爱意还是好奇，让你的画布愿景发生了改变，甚至是巨大变化，你有勇气和信心修复这幅画，掌控自己的人生吗？现在，请独自面对自己的画进行修复。

第四章节：波折人生。(10 分钟)

导入语：刚才大家开动脑筋，用各种方法将自己的画作尽量修复成想要表达的内容，就像人生经历挫折后尽力回到正轨。然而，人生路上的挫折可能不止一次，让我们进入下一章节：波折人生。

(1) 继续按顺时针方向传递画，别人的画作经过你手中时，请选择一些你不喜欢的颜色在画作上画上几笔。

(2) 直到自己的画回到手中，就如同人生再次经历风雨，遭受苦难和挫折。

【讨论要点】

别人对你的未来蓝图画作进行不好的涂鸦时，你心情如何？

第五章节：修复人生。(10 分钟)

导入语：大家看到手中的画是否已面目全非？现在，我们要开始修复我们的"人生"。

(1) 请在另一张空白纸上花两分钟写下："我坚信我可以……""我能够……""我可以做到……"，这三句话是我们应对挫折、重拾信心的关键，请大家对着这几句话读几遍，牢记在心，可以默念也可诵读。

(2) 反复读纸上的几句话，直至记住。

(3) 回忆曾经有过的愉快感受，做蝴蝶拍(双手胸前交叉慢拍肩膀)，边拍边默念上述几句话，重复 3~5 次。

(4) 现在是否重新充满信心？要相信困难和挫折只是一时的，强大的内心是无法被打倒的。下面，让我们拿起画笔，重新修复人生画布。

【讨论要点】

(1) 你是否因这些涂鸦产生其他情绪？如何调节情绪并转化为能量？

(2) 你的画被涂鸦得与原本样子大相径庭，你采取了哪些补救措施？

(3) 这些补救措施实施后，你的目标是否发生变化？

第六章节：改变生活的力量。(15 分钟)

(1) 回答问题并分享：我的职业理想是什么？我有哪些资源可以实现这样的理想？

(2) 大家积极分享，了解了自己的优势，明晰了自我价值。现在，请其他组员说一说，你认为分享人有哪些优势能够实现他的理想？

(3) 大家分享了对其他组员的鼓励，实际上，人生道路既需要自我的信念、勇气和灵感，也需要外界的支持与建议来帮助我们重新振作。家人和朋友会不断鼓励我们，激发我们的潜力，让我们更自信、勇敢地面对挑战。当我们陷入困境时，家人会为我们提供信任与理解的通道，因为他们了解我们的过去和现在，能帮我们找到解决问题的方法。

(4) 现在，请大家站起来，手握同心圆，每个人用一句话总结今天参加团体心理辅导的体会和收获。

2) 领导者总结

刚才大家的分享都非常精彩。下面请组长带领成员互相道谢、道别，并重申团体规范的重要性，承诺遵守《心理团体活动保密协议》。

亲爱的"新蓝"们，今天的团体辅导活动即将结束。希望这段短暂的时光，能让我们更坚定、乐观地面对生活中的问题，对大家有所帮助。首先，我们要始终相信自己的内心，相信自己是一种内在的力量，是我们在逆境中保持勇气的源泉。其次，我们要学会化解压力和焦虑，学会有效地释放压力和焦虑，拥抱健康与幸福，这是每个人都应重视的重要课题。最后，我们要培养积极的心态，乐观能激发我们的无限潜能，豁达能让我们的心灵更加宽广。总之，要永远相信自己，永不否定自己，这是一种积极向上的生活态度，是我们在人生道路上不断前进的动力。

消防工作充满挑战，但也是个人能力与责任感快速成长的舞台。我们鼓励大家利用业余时间学习新知识、新技能，为未来的职业发展奠定坚实基础。同时，良好的人际关系和健康的心理状态对我们的团队至关重要。通过这次深入交流，我相信大家不仅加深了彼此的了解，也更加坚定了团结协作、共同守护家园的决心。展望未来，无论面临何种挑战，我们都将心连心、肩并肩，共同创造属于我们的辉煌篇章。让我们怀揣这份信念，勇敢地面对生活中的每一个挑战，开启属于我们自己的精彩"红门"篇章。

附表 4-1

积极心理资本问卷

指导语：下列的一些题目用来考查你自己日常生活方面的一些情况，答案没有对错之分，无须花费太多时间考虑，凭第一感觉回答即可。请判断每一句陈述和您自身情况的符合程度，并在该句话后面相应的数字上打"√"。

附表 4-1　积极心理资本问卷

序号	项目	完全不符合	不符合	有点不符合	说不清	有点符合	比较符合	完全符合	得分
1	很多人欣赏我的才干	1	2	3	4	5	6	7	
2	我不爱生气	1	2	3	4	5	6	7	
3	我的见解和能力超过一般人	1	2	3	4	5	6	7	
4	遇到挫折时，我能很快地恢复过来	1	2	3	4	5	6	7	
5	我对自己的能力很有信心	1	2	3	4	5	6	7	
6	生活中的不愉快，我很少在意	1	2	3	4	5	6	7	
7	我总是能出色地完成任务	1	2	3	4	5	6	7	
8	糟糕的经历会让我郁闷很久	1	2	3	4	5	6	7	
9	面对困难时，我会很冷静地寻求解决的方法	1	2	3	4	5	6	7	
10	我觉得自己活得很累	1	2	3	4	5	6	7	
11	我乐于承担困难和有挑战性的工作	1	2	3	4	5	6	7	
12	不顺心的时候，我容易垂头丧气	1	2	3	4	5	6	7	
13	身处逆境时，我会积极尝试不同的策略	1	2	3	4	5	6	7	
14	压力大的时候，我会吃不好、睡不香	1	2	3	4	5	6	7	
15	我积极地学习和工作，以实现自己的理想	1	2	3	4	5	6	7	
16	情况不确定时，我总是预计会有很好的结果	1	2	3	4	5	6	7	
17	情况不确定时，我总是期望会有很棒的结果	1	2	3	4	5	6	7	
18	我总是看到事物好的一面	1	2	3	4	5	6	7	
19	我充满信心地追求自己的目标	1	2	3	4	5	6	7	
20	我觉得社会上好人还是占绝大多数	1	2	3	4	5	6	7	
21	对自己的学习和生活，我有一定的规划	1	2	3	4	5	6	7	
22	大多数的时候，我都是意气风发的	1	2	3	4	5	6	7	
23	我很清楚自己想要什么样的生活	1	2	3	4	5	6	7	
24	我觉得生活是美好的	1	2	3	4	5	6	7	
25	我也不知道自己的生活目标是什么	1	2	3	4	5	6	7	
26	我觉得前途充满希望	1	2	3	4	5	6	7	

张阔等(2008)编制了积极心理资本问卷,用于评估并反映个体的心理资本状况。其共分为4个维度:自我效能(7个条目:1、3、5、7、9、11、13)、韧性(7个条目:2、4、6、8、10、12、14)、希望(6个条目:15、17、19、21、23、25)和乐观(6个条目:16、18、20、22、24、26)。自我效能主要反映个体能否有效地控制动机、认知资源和行动完成特定任务的自信程度;韧性又称复原力,指个体在逆境和挫折中恢复和成长的能力;希望指个体积极的动机状态,指个体将自己的行动目标指向未来,积极策划等能力;乐观指个体对事物的归因方式。量表采用李克特(Likert)七级评分,1代表完全不符合,7代表完全符合,条目8、10、12、14、25为悲观计分条目。

附件 4-1

心理团体活动保密协议

　　心理团体活动是一种集体心理辅导形式，通过小组互动、支持和分享来促进成员之间的互动和成长。在心理团体活动中，保密是非常重要的，因为涉及每个成员的隐私和敏感信息。为了确保心理团体活动的顺利进行，我们制定了以下保密协议。

一、保密责任

　　1.1 活动组织者、领导者及所有参与心理团体活动的成员都有保密责任，不得将涉及他人的个人信息、情感问题和故事泄露给第三方。

　　1.2 任何组织者、辅导师或成员均不得在私下讨论或透露他人在心理团体中分享的内容，即使活动已经结束亦不得例外。

二、信息保密

　　2.1 在心理团体活动中，组织者和领导者须对参与者的个人信息、故事和其他敏感信息进行保密，除非得到参与者本人的书面允许。

　　2.2 参与者也须尊重其他成员的隐私，不得将他人在活动中分享的内容外传。

三、记录保密

　　在心理团体活动过程中，可能需要记录一些信息以便辅导和跟进。所有记录必须妥善保存，仅限组织者和领导者查看，不得对外公开，以确保成员隐私和敏感信息的安全。

四、保密措施

　　4.1 参与者应确保个人设备(如电脑、手机、平板等)处于安全状态，以防止未经授权访问或窃取团体资料的风险。

　　4.2 在参与心理团体心理辅导过程中，所有与团体相关的电子邮件、信息或文件，应加密或以其他安全措施进行保护。

签署人：

日期：　　　年　　　月　　　日

附表 4-2

附表 4-2　消防员职业的苦与乐

在职业生涯中有哪些"苦"的事？	在职业生涯中有哪些"乐"的事？

第五章 消防员团体心理辅导之情绪篇

第一节 消防员情绪研究概况

一、消防员情绪特征概述

作为应急救援的主力军和国家队，消防员的情绪具有其自身特征，这些特征与消防员的职业特点及其工作环境密切相关。李琰琰和夏国锋(2013)对消防员的测量研究指出，消防员总体心理状态良好，他们比较外向和热情，善于与人交往，精力充沛且喜欢活动，人际信任度较高，具有合作精神。他们遵守社会规范，具有现实性，具备良好的自我控制能力，决策比较果断。不过，他们有时候也容易冲动和急躁，想象力相对有限，比较关注身体健康，部分人员有时会借助身体或心理的不适作为逃避困难和责任的借口。何锋和朱迎(2018)分析指出，一线消防员应具备的情绪意志品质包括英勇顽强、沉着冷静、情绪稳定、承受压力的能力素质。廖曙江(2017)则通过分析突发情况下消防员的心理行为特性，详细阐述了消防员在灭火救援前、中、后的心理及情绪变化状态。他指出，灭火救援前绝大部分消防员表现冷静，做好了准备，有些许兴奋感，少数消防员会感到紧张；灭火救援中大多数消防员情绪稳定，思维敏捷，积极寻求上级帮助，注重自我防护以及关爱战友；灭火救援工作结束后，虽然建筑已被烧毁或有被困人员伤亡，多数消防员能够保持心情平静，但也有部分消防员觉得自己没有完成任务，感到沮丧，缺乏自信，心情久久不能平静。参加完灭火救援后的一段时间内，绝大多数消防员的心情会逐渐自行恢复，而还有极少数消防员感到难以恢复，需要心理治疗。

二、消防员负性情绪及成因

焦虑、紧张、愤怒、沮丧、悲伤、痛苦等负性情绪是不利于心理健康的，这不仅会导致身体不适，还可能影响工作和生活的顺利进行，甚至可能引发身心伤害。

(一)消防员常见负性情绪及原因分析

袁学明(2012)的有关研究表明，消防员常见的负性情绪表现为紧张的工作、训练、学习和生活导致的焦虑；对消防员角色、任务转换的认知冲突导致的失落；面对严格管理、人际关系、训练成绩问题等困扰产生的抑郁；在不同生活环境下消防员之间极端攀比、赶超产生的自卑。戚喜根(2015)指出，消防员的负性情绪还包括对于重复性训练活动感到的厌烦和枯燥，以及面对突如其来的异常情况出现的紧张害怕、惊慌失措，等等。

有关研究结果表明，造成消防员负性情绪主要原因有两个方面：一方面是内在因素，包括年龄、性别、体质、个人经历和智力等因素，基层消防员年龄较轻，处于成长阶段，心理状态相对不稳定，一旦遇到刺激性事件，容易出现剧烈的情绪波动；另一方面是外在因素，与消防员的职业及环境的特殊性有关，主要受生活环境、高危训练以及任务等因素的影响。

(二)承担灭火救援任务时消防员的负性情绪及刺激因素

马春鹏、刘德全和冯跃民(2007)指出,在重大火场危机事件的刺激下,消防员通常会伴有明显的情绪变化,出现焦虑、恐惧、忧虑、激动、惶惶不安,或消沉、失望、抑郁、沮丧及习得性无助等情绪反应。火场事件的极大震撼性、突发性和危害性,不仅干扰或破坏消防员习以为常的生活模式和社会秩序,而且使其产生对环境的失控感和不确定感,从而破坏个体心理的安宁,引发心理危机。

灭火救援任务中,消防员产生负性情绪除个体生理因素外,王永定(1999)指出,作为从事危险职业的消防员,火场环境的复杂程度及危险性大小,对消防员的情绪产生直接影响,主要表现在以下几个方面。①高温。消防员在作战运动状态下,体温超过40℃,当吸入的热气温度达37℃以上时,人体的生理热积蓄就会增大,使人产生幻觉、烦躁、厌战、怯战等不良心理反应。②燃烧产物。物质燃烧时产生的烟雾对人体都有危害。当烟雾刺激和威胁人的生命时,就会使人心理紧张、反应迟钝、不知所措,特别是有毒烟雾,更容易使人产生心理恐惧。③噪声。火场上的噪声如燃烧声、车声、喊话声、作业声等,会使人的生理机能发生变化,导致听觉障碍,造成心理疲劳、烦躁易怒等。④登高。登高作业对消防员的心率、呼吸有直接影响,容易造成心慌意乱。随着攀登高度的增加,超过人的生理极限,消防员便会从心理上产生紧张和厌倦情绪,抑制人的行为活动范围。⑤突发险情。火场上突发的险情,使消防员感到高度紧张、束手无策,或者犹豫迟疑、贻误战机。⑥装备因素。装备产生的湿热效应会增加消防员的生理负担,使人心理不稳定、烦躁;装备重量的增加会使消防员心理产生不堪重负的抵触情绪。⑦群体行为。消防队员个体在群体中与多数成员意见不一致时,就会感到群体压力。

第二节 消防员情绪调节团体心理辅导活动方案

一、团体性质与团体名称

团体性质:结构式、封闭式团体。
团体名称:烈火试炼中的情绪阳光房。

二、团体目标

(一)总目标

引导基层指战员正确认识情绪,通过活动营造轻松愉快的氛围,帮助指战员掌握调节情绪的方法,从而更好地面对日常工作和执勤备战。

(二)具体目标

(1) 团体成员能够了解情绪,体验情绪。
(2) 团体成员能够感知情绪,调整情绪。
(3) 团体成员能够应对情绪,疏泄情绪。

三、团体领导者

团体领导者应为熟悉团体心理辅导的基本理论，具有一定团体领导经验的指战员。

四、团体对象与规模

(一)参加对象

参加对象为单一基层队站的消防员。

(二)团体成员人数

团体成员为队站在位消防员，人数为 12～15 人，分为 2～3 组。

五、团体活动时间及频率

团体活动分为 3 个单元，每个单元时间约为 60 分钟。

六、团体设计理论依据

(一)情绪管理理论

情绪管理理论认为，情绪的管理并非要消除或压制情绪，而是在觉察情绪后，调整情绪的表达方式。通过一定的策略和机制，使情绪在生理活动、主观体验、表情行为等方面发生一定变化，从而让人学会在适当的情境中以适当的方式表达适当的情绪。

(二)情绪 ABC 理论

情绪 ABC 理论是由美国心理学家阿尔伯特·埃利斯(Albert Ellis)创建的。他认为，激发事件 A 只是引发情绪和行为后果 C 的间接原因，而引起 C 的直接原因是个体对激发事件 A 的认知和评价而产生的信念 B，即人的消极情绪和行为障碍结果 C 并非某一激发事件 A 直接引发的，而是经受这一事件的个体对它不正确的认识和评价所产生的错误信念 B 直接引起的。这种错误信念也称为"非理性信念"。

(三)积极心理学理论

积极心理学理论是心理学的一个分支，专注于研究人类的积极品质、幸福感和潜能，而不是传统心理学主要关注的心理问题和疾病。

七、团体活动场地

团体活动场地为封闭、空旷、安静的活动室或操场。

八、团体评估方法

在团体辅导活动开展时使用"正性负性情绪量表"(PANAS)进行前测、后测,量表详见附表 5-1。

九、团体活动辅导方案

(一)团体过程规划(见表 5-1)

表 5-1　团体过程规划

次　序	活动主题	活动目的	活动内容及时间
第一单元	了解情绪,体验情绪	通过游戏活动,帮助消防员初步了解情绪,体验情绪	(1)消防岗位大风吹(20 分钟) (2)烈焰中的情绪灯塔(40 分钟) (3)领导者总结(5 分钟)
第二单元	感知情绪,调整情绪	通过游戏活动,让消防员感知自己的信念与情绪的关系,学会放松心情,进一步调整情绪	(1)救援被困者(10 分钟) (2)情绪救援互助站(30 分钟) (3)救援中的心态驾驭法(20 分钟) (4)领导者总结(5 分钟)
第三单元	应对情绪,疏泄情绪	通过游戏活动,让消防员能够用正确的方式应对情绪并通过情绪肢体动作训练,帮助消防员疏泄情绪	(1)火焰外的情绪浪潮(10 分钟) (2)情绪健身房(30 分钟) (3)救援后的心灵相拥(20 分钟) (4)领导者总结(5 分钟)

(二)单元执行计划

在第一单元开始之前,让所有参与者填写正性负性情绪量表,并在活动结束后回收。

第一单元　了解情绪,体验情绪

导入语:大家好!很高兴与大家共同参与此次"烈火试炼中的情绪阳光房"主题活动!只有拥有健康的心灵,才能拥有健康的人生。此次我们的团体辅导活动一共有三个单元,分别是了解情绪,体验情绪;感知情绪,调整情绪;应对情绪,疏泄情绪。今天,我们将开展第一单元,初步了解并体验情绪。

在活动开始之前,首先我想强调:希望大家严格遵守我们共同制定的规则。这不仅是对自己的尊重,也是对他人的尊重,更是对每个人隐私和体验的重视。相信只要大家都能做到这一点,我们的团体心理辅导活动一定会非常顺利。

1) 热身活动:消防岗位大风吹

活动目的:热身、暖场并通过游戏活动体验情绪。

活动时间:20 分钟。

导入语:下面,我们进入第一个环节,共同完成一个具有消防特色的

消防岗位大风吹

热身活动——"消防岗位大风吹",希望大家在游戏过程中体验情绪,享受快乐。

场地要求: 无特殊要求。

准备工具: 无。

具体操作如下。

(1) 全体队员围坐一圈。主持人站在中间,演示活动规则。

主持人说:"大风吹。"

队员们问:"吹什么?"

主持人说:"吹——战斗员。"战斗员岗位的队员立即起身离开自己的座位,迅速找到另一个空的座位坐下(不能回到原位)。

同时,主持人也找准一个空位坐下,只剩下最后一位没有座位的人,成为新一轮的主持人。

(2) 以此类推,新主持人根据现场人员的特点,可以说"吹——驾驶员"或"吹——安全员"等。

(3) 每一位没找到座位的人,在成为新主持人之前要表演一个节目。节目自选,可以是唱歌、俯卧撑、特殊的个人才艺等,请大方展示,无须担心出错,重要的是大家能开心快乐。

(4) 特别强调:游戏开始前,身兼数职的队员要特别标注,被叫到自己兼职的岗位时也同样要起身。在游戏中大家一定要注意安全,安全第一,比赛第二。

(5) 游戏结束完成分组,按5~6人为一组。如果分为两组,按淘汰顺序1、2,1、2分组;如果分为三组,按淘汰顺序1、2、3,1、2、3分组。

【讨论要点】

今天的"消防岗位大风吹"活动,你体验到了哪些情绪?

领导者小结: 好了,以上是我们的热身活动。经历了刚才"激烈"的竞争游戏,还观看了咱们队友精彩的才艺表演,我想大家在此过程中一定有着各种各样的情绪,包括担心抢不到位置的慌张、抢到位置的雀跃、没抢到位置要进行表演的紧张等。这些慌张感、雀跃感、紧张感等情绪都是我们在日常生活中经常会遇到的,正如《我爱饭米粒》里说的那样:"生活就是油盐酱醋再加一点糖!"生活中各种情绪一直以潜移默化的方式影响着我们的心情。我们要注意各种情绪对我们的影响,要意识到自己的观念与情绪之间的关系。下面就正式进入主题活动。

2) 主题活动:烈焰中的情绪灯塔

活动目的: 帮助队员了解情绪的内涵,进行情绪的自我探索,了解自己情绪的反应模式。

烈焰中的情绪灯塔

活动时间: 40分钟。

导入语: 上一个活动让我们认识到,情绪在我们的生活中无处不在。这些情绪,无论是积极的还是消极的,都很容易影响我们的行为。很多时候,消极的情绪会给我们带来很多困扰。正如现在的人很容易"内耗",被负面情绪折磨,如坠深渊。那么,情绪到底是什么?我们又该如何对待情绪呢?

通过刚才的热身活动,相信大家都感受到了强烈的情绪。但是现在让大家用语言表达出来可能有些困难,所以我们通过另一个活动来帮助大家回忆刚才出现的情绪。

场地要求: 无特殊要求。

准备工具：中性笔、A4 纸。

具体操作如下。

(1) 请消防员回忆并记录上一周给自己留下印象深刻的情绪事件，写下心情日记，并详细记录自己应对这些情绪事件的方式。

(2) 请消防员相互分享心情日记，然后总结本周频繁出现的情绪类型。

(3) 角色扮演。情境包括：①遭受挫折时；②感到非常生气时；③被人误会时；④无故被责骂时。

(4) 在每个情境，请两名消防员上台表演，分别展示合理与不合理的情绪宣泄方式。

(5) 分享活动体会。

【讨论要点】

(1) 上周的主导情绪是什么，自己是如何处理负性情绪事件的(如压抑、发泄等)？

(2) 在角色扮演环节，大家有什么感想？哪些不当的情绪宣泄方法是自己之前经常使用的？

3) 领导者总结

情绪管理能力与心理健康具有相关性。良好的情绪管理不仅有助于预测和维护个人的心理健康，还能在日常生活中促进与他人的和谐交往。因此，掌握情绪管理的技巧，学会有效控制和表达情绪，对于每个人来说是一项至关重要的技能。它不仅有助于减轻压力和焦虑，还能提高情商、改善人际关系、增强自尊和自信，以及提升应对困难的能力和幸福感。这不仅仅是为了维护个人的心理健康，也是为了促进与他人的良好互动。掌握情绪管理的技巧，可以帮助我们在面对压力和挑战时保持冷静，做出理性的决策。例如，情绪管理对决策质量有着重要的影响。当管理者处于情绪稳定、平和的状态时，他们更能够做出理性、客观的决策。相反，当管理者处于情绪激动、焦虑或愤怒的状态时，他们可能会受到情绪的影响而做出冲动、错误的决策。同时，合理地表达情绪，如适时地分享自己的喜悦或悲伤，可以增进与他人的共鸣，加深彼此之间的理解和信任。

第二单元　感知情绪，调整情绪

1) 热身活动：救援被困者

活动目的：热身、活跃气氛、放松身心，提高感知能力，感受集体游戏的快乐。

活动时间：10 分钟。

导入语：经过上一单元的活动，我们初步体验并了解了情绪。心理学家认为，情绪是人对客观事物的态度体验及其相应的行为反应。举例来说，当看到老虎(客观刺激)时，我们感到紧张(心理感受)并心跳加速、呼吸急促(身体感受)。我们可能认为老虎很危险(对客观刺激的主观评价)，并马上想要逃跑(行为反应)。情绪是一个连续的动态过程，它包含心理感受、身体感受、认知评价和行为反应四个部分，这四个部分是有机整合的一个整体。

作为消防救援人员，大家对火场不乏敬畏之情。火场无情，人有情，不少消防员在目睹火龙无情吞噬生命的惨状后，出现情绪崩溃，甚至无法正常工作和生活的现象。作为应急救援的主力军和国家队，我们要学会调节情绪和控制情绪，保持乐观的心态和冷静的思维。这需要我们正确地认识这些情绪，选择正确的方法调节和控制好自己的情绪，从而能够冷静、科学、专业、高效地处置各项救援任务。今天，我们进入第二单元"感知情绪，调整情绪"，希望大家通过活动能够正确感知情绪，积极调整情绪。

场地要求：选择符合活动人数范围的安静活动室或操场。

准备工具：无。

具体操作如下。

(1) 选择两位队员，一位扮演"搜救人员"，另一位扮演"被困人员"。

(2) 其他队员面向相同方向围成圆圈，将朝外的手搭在两侧队员的肩膀上，形成"扶手"。

(3) 用眼罩蒙上"搜救人员"和"被困人员"的眼睛，然后将他们带到圆圈外相距较远的位置。

(4) 游戏开始后，两人沿着"扶手"轻轻地走动，尽量不发出声音，以免被对方发现位置。

(5) 当"搜救人员"搜救到"被困人员"后，"被困人员"需要表演一个小节目。

(6) 如果一分钟内"搜救人员"没能搜救到"被困人员"，则由"搜救人员"表演小节目。

(7) 两位队员游戏结束后，接着再换两人上场继续游戏。

注意事项：要求"搜救人员"和"被困人员"在游戏中都只能轻轻地摸着"扶手"走，而不能跑；"被困人员"只要被"搜救人员"摸到就算被抓到了；"扶手"中所有人不能提醒或暗示。

【讨论要点】

在游戏过程中，你的心情如何？是否能在游戏中放松自我，感受快乐呢？

领导者小结：情绪是生命体验的重要部分，也是我们沟通交流的媒介和工具。情绪本身不是问题，有问题的是我们应对情绪的方式。

在接下来的讨论中，我们将深入探讨如何有效地管理和调节自己的情绪。我们会分享一些实用的技巧和策略，帮助大家在面对挑战和压力时，能够保持冷静和理智。同时，我们也会讨论情绪对个人健康和人际关系的影响，以及如何通过积极的情绪管理来提升生活质量。让我们一起探索情绪的奥秘，学习如何让它成为我们生活中的积极力量。

2) 主题活动1：情绪救援互助站

活动目的：消防员写出自己真实的烦恼，队员们群策群力，集思广益，一起面对生活及工作中的种种烦恼，改变能改变的，接纳不能改变的，积极调整自己的情绪状态。

活动时间：30分钟。

导入语：情绪是一个恪尽职守的使者。为了让我们变得更好、更强大，它锲而不舍地与我们进行沟通对话，如同《愚公移山》中愚公所展现的坚毅精神，秉持着不达目标誓不罢休的坚定信念。那么，当你产生情绪时，是选择接受情绪，更新认知，还是拒绝情绪，调整外界的刺激？

现在，让我们通过活动"情绪救援互助站"来写出自己最近的烦恼。准备好了吗？让我们开始吧！

场地要求：选择符合活动人数范围的安静活动室或操场。

准备工具：中性笔、A4纸。

具体操作如下。

(1) 先要求大家在各自的纸条上写下"我最近烦恼的事情是……"。

(2) 大家围坐成一圈。把写好的纸条叠好，放在圈中央的纸盒里。

(3) 按顺序，每人抽取一张他人写的纸条，思考后即兴分析、回答纸条上那位队员所烦恼的事。

(4) 当一轮分析结束后，按照顺序被分析的队员可以选择公开或者不公开。若选择公开，则分享一下自己的真实经历和想法，从而开启第二轮的分析和讨论。

【讨论要点】

在今天的活动中，你有什么感受？对于别人针对自己的问题给出的建议，你是否满意？你接下来将会怎么做？

领导者小结： 回答问题的队员可能自己也有同样的困惑，大家的回答当然不能解决所有问题。但是通过这个活动，每个人至少体会到一点：既然这些烦恼大家都有，我还怕什么呢！宝剑锋从磨砺出，梅花香自苦寒来，温室里的花朵注定脆弱，生活本就是酸甜苦辣、百味杂陈！我们要直面问题，解决问题，战胜问题。做情绪的主人，学会掌控情绪；做情绪的主人，是人生前行的关键。只有调整好情绪，才能尽情地拥抱好运气；只有控制好情绪，才能开心享受好人生。在工作中，有的人遇到不顺心的事，便会肆意宣泄情绪。可越是这样，事情越难处理，最终形成恶性循环。发脾气谁都会，但能收得住情绪才是一个人的真本事。真正优秀的人，往往都具备较好的情绪管理能力。我们每个人都经历过各种各样的情绪起伏，有时我们会被情绪掌控，失去平静和理智。而做情绪的主人，意味着我们需要学会控制和管理自己的情绪，让情绪成为我们生活的调味剂，而非负担。

3) 主题活动2：救援中的心态驾驭法

活动目的： 引导消防员探索不同情绪应对方式的差别，进一步改变自己不正确的应对方式，学会合理控制及宣泄情绪。

活动时间： 20分钟。

导入语： 刚才我们在活动中分享情绪，并集思广益，相互帮助、相互鼓励。下面，我们通过今天最后一个活动来加强我们对情绪的调节，做情绪的主人。

场地要求： 选择符合活动人数范围的安静活动室或操场。

准备工具： 中性笔、A4纸。

具体操作如下。

(1) 用主力手与非主力手在纸上写下"我会以积极的情绪来面对救援"。

(2) 完成后大家相互传阅，分享自己的"杰作"。

【讨论要点】

我们的非主力手可以代表消极情绪，若用它来应对问题，只会让情况变得更糟糕。而我们的主力手则可以用来代表积极情绪，利用积极情绪来应对问题，不仅更容易，而且效果也远胜于消极情绪。

4) 领导者总结

前面我们通过第一个单元初步地了解和体验了情绪，又通过第二个单元更加清晰地感知情绪，并大概知道如何调整情绪。下次，我们将进入最后一个单元，即帮助大家应对和疏解不良情绪。希望此次活动能让大家重视情绪疏导，保持良好的心理素质。

第三单元　应对情绪，疏泄情绪

1) 热身活动：火焰外的情绪浪潮

活动目的： 热身、活跃气氛，引导队员理解情绪在人际交往中的传播，帮助队员了解负性情绪对人的行为、身心的影响。

活动时间：10 分钟。

导入语：今天是我们情绪调节主题团体心理辅导活动的最后一个单元。今天的主题是"应对情绪，疏泄情绪"，下面我们还是先从热身活动开始，开启今天的团体辅导活动。

场地要求：选择符合活动人数范围的安静活动室或操场。

准备工具：无。

具体操作如下。

(1) 主持人邀请全体队员围成一个圈，面向圈内，主持人也参与其中。我们每个人都如同一层火焰，能把前一位队员传递的信息传达给下一位队员。

(2) 随着时间推移，火焰会变得越来越凶猛。我们会把前一位队员的信息明显放大后，再传递给下一位队员。

(3) 现在，让我们看看当信息在全队传递一圈后会出现什么问题。记住，我们是扩张的情绪浪潮。

游戏开始时，主持人可以进行简单动作的示范。例如，主持人微笑，下一位队员可能出声笑，再下一位队员就可能大笑……允许队员在传递过程中大胆发挥，如果有人表现出色，应鼓掌给予鼓励。

游戏的规则可以逐渐变得复杂。开始时可以选择微笑、惊讶、愤怒、跺脚等单一动作；等队员们熟悉游戏规则后，可将题目设定为一连串带有情绪色彩的动作。也可以邀请队员作为出题者，做出第一个表情或动作，并传递给下一个人。

【讨论要点】

通过热身活动，我们重新体验了情绪对我们的行为和身心的影响。大家可以回忆一下，我们平时的一些情绪对我们的行为及身心还有哪些其他影响？当出现情绪时，我们又该如何正确应对？

2) 主题活动 1：情绪健身房

活动目的：引导团体成员练习理性情绪管理技术。通过持续应用"三栏目技术"我们能够逐渐培养更健康、更积极的思维习惯，从而更有效地应对生活中的压力和挑战。

活动时间：30 分钟。

导入语：欢迎大家来到今天的主题活动"情绪健身房"。在这里我向大家介绍一下"三栏目技术"。"三栏目技术"是认知行为疗法中常用的一种自我分析工具，用于帮助个体识别和改变负面的自动思维。我们将让队员通过填写"三栏目技术"，并进行分享总结。

场地要求：选择符合活动人数范围的安静活动室或操场。

准备工具：中性笔、自动思维监控表(见附表 5-2)。

具体操作如下。

(1) 将"自动思维监控表"发给每位队员，介绍表的基本思路以及具体内容。主持人先进行示范，再让队员们填写表格。

(2) 每名成员按以下要求进行填写：①记录自己的情绪体验(用一个词或几个词描述自己的情绪)。②填写时间和情境：周围发生了什么，注意到什么，或者意识到什么。③觉察自动思维内容，询问自己：在体验到这种情绪时，自己在想什么。④对自动思维和情绪进行评估(0～100%)。

(3) 组内每名成员分享自己的体验感受。

【讨论要点】

在记录自己的情绪体验时，大家觉察到了哪些自动思维内容？这些思维模式是否健康、理性？是否有更好的方式来应对和调控我们的情绪？

领导者小结：队员们通过"三栏目技术"，可以更清晰地认识到自己的思维模式存在的问题，并学会以更健康、理性的方式思考，进而改善情绪，调整应对方式。下面，我们进入本次情绪主题的最后一项活动："救援后的心灵相拥"。

3）主题活动2：救援后的心灵相拥

活动目的：让队员在安静温馨的环境中宣泄心中的浊气。

活动时间：20分钟。

导入语：不良情绪来袭，我们需要为其找一个恰当的出口，释放积累的情绪压力。1924年，哈佛大学的心理学教授梅奥在西方电气公司所属的霍桑工厂主持了一项实验，得出了著名的"霍桑效应"。霍桑效应告诉我们：从旁人的角度看，善意的谎言和夸奖真的可以成就一个人；从自我的角度看，你认为自己是什么样的人，你就能成为什么样的人。当负面情绪高涨时，一是不要迁怒他人，把怒气发泄在别人身上；二是不要自我伤害，例如，自己打自己耳光，甚至做出更严重的自我伤害行为；三是不要在别人面前大叫、大闹、摔东西，因为这样虽能发泄情绪，但会将坏情绪传染给其他人，造成"情绪污染"，损害个人形象，还会使事态进一步恶化，给自己带来更大的伤害。

在人的一生中，会产生无数的意愿和情绪，但最终能够实现、得到满足的却少之又少。对于那些未能实现的意愿和未能满足的情绪，我们不能将其压抑，而应积极寻找方法让它们得到宣泄，这对人的身心和工作效率都非常有益。

场地要求：选择符合活动人数范围的安静活动室或操场。

准备工具：眼罩。

具体操作如下。

(1) 全体成员围成一个大圈。每人发一个眼罩，戴上，闭上眼睛，短暂沉默，可配以温馨的背景音乐，音量调小。

(2) 1号队员摘下眼罩，向右开始拥抱身边的2号队员，并轻轻地说："祝你……"被拥抱的2号队员轻声回答："谢谢！"。

(3) 1号队员拥抱3号队员，此时其他人保持不动。

(4) 1号拥抱4号队员时，2号队员启动，开始向右拥抱3号队员并轻声说祝福语，被拥抱者回答"谢谢！"……以此类推。

(5) 1号队员回到原处后，戴好眼罩，等待每个队员按顺序拥抱和祝福自己……以此类推。

(6) 直至最后一名队员拥抱完所有队员并返回原位，活动结束。

【讨论要点】

中国人不善于用口头表达爱，也羞于用肢体表达情感。遇到人际矛盾时，记得"少说一句"；等到时机合适，无须多言，一个拥抱便能表达爱与包容，化解许多人与人之间的矛盾。

4) 领导者总结

今天，我们一起度过了难忘的时光，对情绪有了更深刻的认识。情绪本身并没有好坏之分，每种情绪背后都隐藏着未被满足的需求。我们应该做的是应对情绪背后的需求，而非简单地消除情绪。

情绪与身体健康有着密切的关系。保持规律的作息时间、良好的饮食习惯和适量的锻炼，可以帮助我们维持良好的身心健康状态。而一个健康的身心状态，会增强我们面对情绪波动的抵抗力和调节能力。

当前，各项工作任务日益繁重，情绪管理能力对于我们每位指战员而言，已经成为一项不可或缺的重要技能。希望大家都能够做情绪的主人，提升个人品质和幸福感，帮助我们更好地与他人沟通、合作和共事，为我们的职业发展和生活带来更多的快乐与成功。

附表 5-1

附表 5-1 正性负性情绪量表

序号	项目	几乎没有	比较少	中等程度	比较多	极其多	得分
1	感兴趣的	1	2	3	4	5	
2	心烦的	1	2	3	4	5	
3	精神活力高的	1	2	3	4	5	
4	心神不宁的	1	2	3	4	5	
5	劲头足的	1	2	3	4	5	
6	内疚的	1	2	3	4	5	
7	恐惧的	1	2	3	4	5	
8	敌意的	1	2	3	4	5	
9	热情的	1	2	3	4	5	
10	自豪的	1	2	3	4	5	
11	易怒的	1	2	3	4	5	
12	警觉性高的	1	2	3	4	5	
13	害羞的	1	2	3	4	5	
14	备受鼓舞的	1	2	3	4	5	
15	紧张的	1	2	3	4	5	
16	意志坚定的	1	2	3	4	5	
17	注意力集中的	1	2	3	4	5	
18	坐立不安的	1	2	3	4	5	
19	有活力的	1	2	3	4	5	
20	害怕的	1	2	3	4	5	

美国心理学家沃森(Watson)、克拉克(Clark)和泰利根(Tellegen)(1988)编制了正性负性情绪量表，它是评定个体正性、负性情绪状态常用的量表之一。中文版正性负性情绪量表由黄丽等人于2003年修订，由20个条目组成，包含正性情绪和负性情绪两个因子。正性情绪(PA)因子由描述正性情绪的10个形容词组成；负性情绪(NA)因子由描述负性情绪的10个形容词组成。

每个形容词后有5个选项，分别计1~5分。将量表的两类指标进行汇总，从而得出测试者两种情绪的得分情况。

计分原则如下。

正性情绪条目：1、3、5、9、10、12、14、16、17、19。

负性情绪条目：2、4、6、7、8、11、13、15、18、20。

计分方法："几乎没有""比较少""中等程度""比较多""极其多"五个等级指标分别计为1分、2分、3分、4分、5分，分正性情绪和负性情绪两个因子统计分数。

附表 5-2

附表 5-2　自动思维监控表

项　目	自动思维栏(随想)	认知歪曲栏(认知失真)	理性反应栏(合理思想)
释义	记录在特定情境下产生的负面想法或自动思维	分析这些自动思维中存在的认知歪曲类型,如过度概括、灾难化、非黑即白等	针对自动思维,写出更合理、积极和客观的想法来替代
情绪体验			
时间			
情境			

第六章 消防员团体心理辅导之凝聚力篇

第一节　消防员凝聚力研究概况

一、消防员团队凝聚力概述

团队凝聚力是指一个具有特定结构的团队对其成员产生的吸引力和聚集力，它反映了团队成员之间相互吸引的程度。研究表明，团队凝聚力作为重要的团队过程变量，与团队绩效呈较高的正相关关系。团队的凝聚力水平越高，团队绩效越好，团队成员的满意度和团队承诺也越高。

消防救援队伍由于其职业特殊性，比其他团队更需要合作配合来完成任务。消防救援队伍与其他一般团队的不同主要表现在以下几方面。一是成员间相互依赖性强。例如，1号、2号水枪手在前方灭火，3号、4号队员在后面铺设水带干线，指挥员为队友提供现场信息，每个人分工明确又紧密配合。二是时间压力大。为了切实保障人民群众的生命财产安全，消防员需要做到"打早、打小、打了"，经常处于高度紧张的时间压力下。三是面临的情境瞬息万变，现代灭火救援任务日益复杂化、多元化、危险化。这些特点决定了团队成员间的及时沟通和信息共享是成功开展灭火救援的关键。

郑剑珠(2010)研究发现，消防员团队凝聚力中的社会凝聚力的均值高于任务凝聚力。任务凝聚力表示团队成员共同努力达成共同目标的程度，而社会凝聚力则表示团队成员之间相互吸引的程度。消防员社会凝聚力高，可能与队伍管理沿用部队管理性质有关。任务凝聚力的得分低于平均水平，这反映出消防员对于自己执行任务的热情还有待进一步激发。

二、消防员共享心智模型、团队凝聚力对团队效能的影响

黄爱玲等(2011)研究了团队凝聚力和共享心智模型对消防员团队效能的影响。结果显示，团队凝聚力可以直接影响团队效能，同时通过共享心智模型对团队效能产生间接影响。郑剑珠(2010)考察了消防队共享心智模型、团队凝聚力和团队效能的现状及差异。结果表明：是否为独生子女对团队凝聚力和任务凝聚力子维度存在显著差异，非独生子女在团队凝聚力和任务凝聚力的得分上高于独生子女；消防队员不同的救援次数在团队效能感维度存在显著差异，无救援经验的消防员和有30次救援经验的消防员在团队效能感维度上存在显著差异，有30次救援经验的消防员的团队效能感维度的平均分高于无救援经验以及有1～15次和16～30次救援经验的消防员；不同团队规模在共享信念维度上存在差异，10人以内的消防站的共享信念得分高于10～20人的消防站，且达到显著差异水平；不同团队经验在共享心智模型和专业技能维度存在显著差异。出警次数在30次以内的消防站与出警次数在30～60次出警的消防站在共享心智模型上存在显著差异；且出警次数在30次以内的中队与出警次数60次以上的消防站在共享心智模型、专业技能上均表现出显著差异，且出警次数在30次以内的消防站的得分高于30～60次及60次以上的消防站。

第二节　消防员凝聚力团体心理辅导活动方案

一、团体性质与团体名称

团体性质：结构式、封闭式团体。
团体名称：凝聚力量，共铸辉煌：消防团队凝聚力深度探索与强化之旅

二、团体目标

(一)总目标

通过增强队站指战员之间的信任与合作，可以提升指战员在面对紧急任务时的协同作战能力，促进指战员之间的情感交流，增强队站归属感和荣誉感，并激发他们为集体荣誉而努力的积极性。

(二)具体目标

(1) 增强团队成员之间的信任与理解：通过一系列的活动和交流，让消防员更加深入地了解彼此，减少误解和猜疑，从而建立起坚实的信任基础。

(2) 提升团队协作能力：设计针对性的任务和挑战，让消防员在实践中学会分工合作、相互支持，提高共同解决问题的能力。

(3) 提升自我认知：引导消防员认识自己在团队中的角色定位和优势所在，以及如何更好地发挥个人特长为团队服务。

(4) 促进有效沟通：培养消防员清晰、准确地表达自己的想法和感受，同时积极倾听他人的意见，改善团队内部的沟通效率和质量。

(5) 增强团队归属感和认同感：通过分享团队的成就和价值，激发消防员对团队的热爱和自豪，使其更加认同自己作为团队一员的身份。

三、团体领导者

团体领导者是具备户外活动组织经验、能够活跃气氛的心理团体辅导指战员。

四、团体对象与规模

参加对象：队站所有在队消防员。
团体成员人数：预计10～14人，分为2组。

五、团体活动时间及频率

团体活动分为3个单元，每个单元时间约为60分钟。

六、团体设计理论依据

(一)共享心智模型

共享心智模型是在心智模型的基础上提出的。每个人都有自己的心智模型，不同的人看待同一事物会有不同的看法，即使同一个人在不同的时期对同一事物的看法也不一样。当具有不同心智模型的人组织在一起共同工作时，各种各样的问题就会出现。美国坎农·鲍尔斯(Cannon Bowers)和萨拉斯(Salas)(1993)最早提出共享心智模型的概念，将心智模型的概念从个体扩展到团队水平。他们认为，共享心智模型是团队成员共享的知识结构，这种知识结构使团队成员形成对任务的准确理解和期望，从而协调各成员的行为，并适应任务和其他成员的需求。美国理查德·克利莫斯基(Richard Klimoski)和苏珊·穆罕默德(Susan Mohammed)(1994)进一步完善了共享心智模型的概念，指出共享心智模型是指团队成员共享的、对团队相关情境中的关键要素知识(包括有关任务、设备、工作关系和情境等方面的知识)有组织地理解和心理表征。共享心智模型可以帮助团队应对困难情境，即变化的任务条件。

(二)团队凝聚力模型

美国卡伦(Carron)提出团队凝聚力模型，将那些促进凝聚力发展的因素假定为凝聚力的前因变量，受凝聚力影响的变量假定为凝聚力的结果变量。

团队凝聚力的前因变量具体包括以下因素。①团队规范的性质。积极的团队规范对团队凝聚力的形成起着决定性作用。②团队领导方式。勒温的研究表明，民主型领导风格下的团队凝聚力更高。③团队成员的个性特征。成员的兴趣、爱好、性格、气质、能力等个性特征及他们的思想水平、价值观念等，都会影响团队凝聚力。④团队的组成。不同的民族、文化背景会对团队凝聚力的形成产生影响，而相同的民族和文化背景则更容易形成凝聚力。⑤信息沟通状况。团队内部成员之间信息沟通良好，内部畅通，公平公正，则凝聚力强，反之则弱。

团队凝聚力的结果变量主要包括：团队绩效、团队满意度和离职率等。美国奥利弗(Oliver)等人进行的元分析研究表明，团队凝聚力与工作满意度、保持力和福利呈正相关关系，与违纪行为呈负相关关系。

七、团体活动场地

团体活动场地以户外操场为主。

八、团体评估方法

在团体辅导活动开展时使用"团队凝聚力问卷"进行前测、后测，问卷详见附表6-1。

九、团体活动辅导方案

(一)团体过程规划(见表 6-1)

表 6-1 团体过程规划

次 序	活动主题	活动目的	活动内容及时间
第一单元	增强信任与理解,提升团队协作能力	(1)建立团体意识,营造和谐的团体氛围 (2)澄清团体活动目标 (3)激发团体成员参与兴趣 (4)制定团体规范,签订团体契约	(1)团结起立之旅(10 分钟) (2)联合灭火大作战(10 分钟) (3)消防同心风火轮挑战(30 分钟) (4)领导者总结(10 分钟)
第二单元	提升自我认识,在团队中发挥特长优势	(1)让每名参与者都乐在其中 (2)引导参与者找准自己的角色定位和特长	(1)火焰之环快速穿越(10 分钟) (2)消防齐心气球攻坚战(25 分钟) (3)消防勇士椅桥渡河(20 分钟) (4)领导者总结(5 分钟)
第三单元	提高沟通能力,增强归属感和认同感	(1)加入沟通元素,让团队成员间有更多交流 (2)增强团队内部凝聚力	(1)织网捕鱼(10 分钟) (2)救援现场信号传递(20 分钟) (3)生日大排序(20 分钟) (4)领导者总结(10 分钟)

(二)单元执行计划

每周一次,按单元内容实施,时间尽量控制在 60 分钟以内。

第一单元 增强信任与理解,提升团队协作能力

导入语: 大家好,在当今竞争激烈的时代,团队的力量越发凸显。团队犹如一艘航行在浩瀚海洋中的巨轮,而团队凝聚力则是驱动这艘巨轮勇往直前的强大引擎。当我们踏上探索团队凝聚力的征程时,首要任务便是建立起清晰而坚定的团队意识,深化对团队凝聚力的认知。这不仅是我们走向成功的基石,更是开启辉煌未来之门的关键一步。此刻,让我们一同开启这扇通往团队凝聚力核心的大门。

1) 热身活动:团结起立之旅

活动目的: 在团体活动前活跃气氛,放松指战员的情绪,同时让指战员明白团体合作的重要性。

活动时间: 10 分钟。

导入语: 接下来,我们开启一场名为"团结起立之旅"的团体辅导小游戏。大家都知道,在消防工作中,团结是战胜一切困难的力量源泉。每一次成功的救援,每一次危险的解除,都离不开团队成员之间紧密协作和相互支持。而今天的小游戏,正是为了进一步强化团结协作精神,让我们更加深刻地体会到彼此的重要性。在游戏中,我们将共同面对挑战,携手攻克难关。

场地要求：选择符合活动人数范围的安静活动室或操场。

准备工具：无。

具体操作如下。

(1) 首先安排 2 个人，背对背坐在地上，要求臀部贴地(正常来说，一个人坐在地上，手不着物是无法站起来的)。

(2) 随后要求他们一同站起来，每次成功后都要增加一人，直到所有人都参与进来并一同站起来。

【讨论要点】

(1) 为什么人多了以后就不容易站起来了呢?

(2) 有什么办法可以让大家站得又快又稳?

2) 分组活动：联合灭火大作战

活动目的：将人员进行随机分组，按小组开展团体辅导活动。

活动时间：10 分钟。

导入语：每当我们执行灭火救援任务，消防车驶离车库随行出动时，指战员们都将承担起不同的使命和职责，与其他战友开展分工合作。下面，通过此活动对大家进行分组。

场地要求：选择符合活动人数范围的安静活动室或操场。

准备工具：无。

具体操作如下。

(1) 准备好 14 张卡片，其中指挥员卡 2 张，通信员卡 2 张，驾驶员卡 2 张，供水员卡 2 张，战斗员卡 6 张。这是一组基础卡片，可以根据实际机组进行准备(水枪手可以自行增加)。

(2) 在操场或空地上划定各岗位位置，如图 6-1 所示。

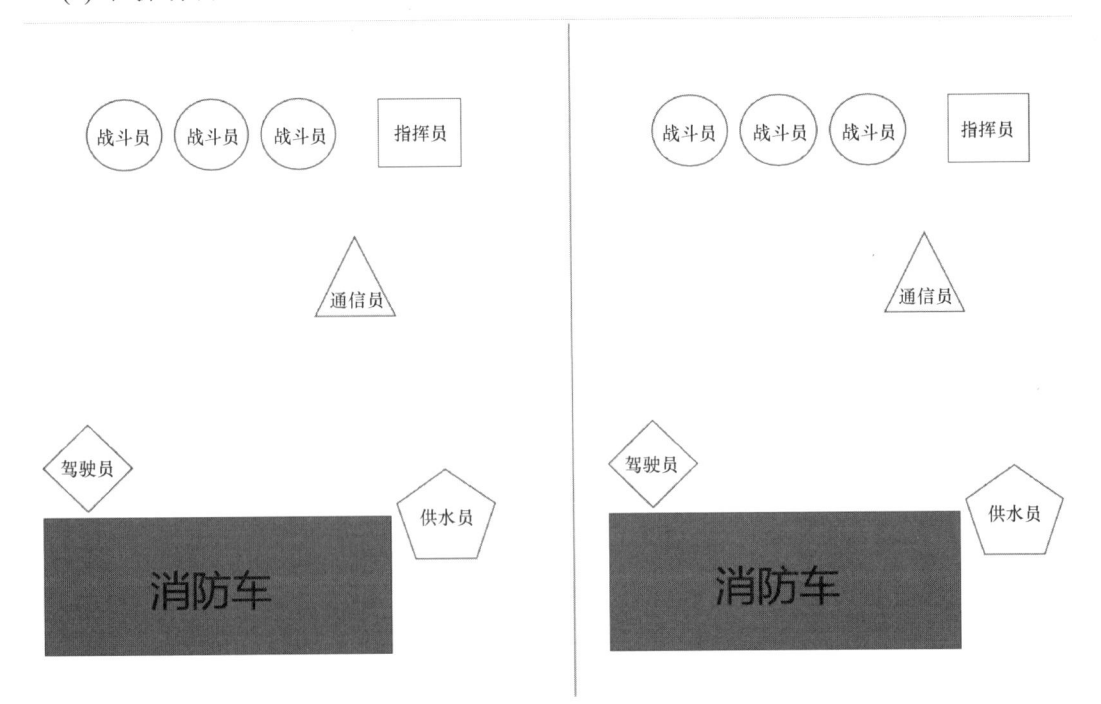

图 6-1 岗位位置

(3) 每人抽取岗位卡片，并按照以下顺序分组站队：第一行战斗员和指挥员，第二行通信员，第三行驾驶员和供水员，每组的角色一旦达到上限，则无须人员补充。

(4) 分好组后，自行推选组长，同时确定好组名、口号。

(5) 每组走到最前面，由组长带头，大声喊出自己的组名和口号。

(6) 签订《心理团体活动保密协议》。

3) 主题活动：消防同心风火轮挑战

活动目的：培养指战员团结一致、密切合作、克服困难的团队精神；培养指战员计划、组织、协调的能力；培养指战员服从指挥、一丝不苟的工作态度；增强指战员之间的相互信任和理解。

活动时间：30分钟。

导入语：亲爱的战友们，在我们的职业生涯中，每一次出警、每一次救援，都离不开团队的紧密协作。今天，我们即将进行的"消防同心风火轮挑战"活动，就是对我们团队协作能力的一次锻炼和考验。

大家想象一下，这张小小的报纸就如同我们在火灾现场的立足之地，虽然空间有限，但我们的力量无限。我们要紧紧相依，如同在浓烟烈火中相互支撑，共同坚守阵地。

通过这个活动，我们将更深刻地体会到彼此信任、相互依靠的重要性。让我们放下平日训练的疲惫，全身心投入其中，在这个小小的同心圆里，凝聚更大的团队力量，为我们伟大的消防救援事业铸就更坚实的基石。

场地要求：选择符合活动人数范围的安静活动室或操场。

准备工具：50张报纸，胶带。

具体操作如下。

(1) 为分好组的指战员分发报纸和胶带，并给予他们5分钟讨论如何制作封闭式大圆环。

(2) 给每组5~10分钟制作封闭圆环。

(3) 将圆环竖立起来，每组队员须站在圆环内部，边走边滚动大圆环，向前行进10米，最先到达终点的组别即为胜者。

【注意事项】

(1) 如果过程中出现小组挑战失败，则鼓励他们继续挑战。

(2) 在行进过程中提醒队员注意安全。

(3) 提前设置惩罚机制，激发整个组的好胜心。

4) 领导者总结

今天带大家一起玩了一些小游戏。大家有没有发现，在这些小游戏中，每个人的作用都是不可替代的，但是每个人能否100%地发挥自己的优势和能力，关键在于团队能否在最短的时间内形成团队凝聚力。同时，我们也要注意在面对挑战时不要轻易放弃，要坚持努力，直到成功。

第二单元 提升自我认识，在团队中发挥特长优势

导入语：大家好，在日复一日与火魔搏斗、守护人民生命财产安全的征程中，我们逐渐锤炼成一个紧密相连、并肩作战的团队。我们都深知，每一次成功的救援行动，都离不开团队中每个人的付出与努

力。但你是否真正了解自己在这个团队中的独特价值，是否清晰地认识到自己的特长与优势呢？

今天的活动，就是要帮助我们深入探索自我，发现那些隐藏在我们身上，可能被我们忽视的闪光点。让我们更加明确自己在团队中的角色，以便在未来的战斗中，能够更加自信、更加从容地发挥出最大的潜力。

1) 热身活动：火焰之环快速穿越

活动目的：通过热身，调动指战员的参与积极性。

活动时间：10分钟。

导入语：即将进行的是一项充满活力与挑战的团体辅导小游戏——火焰之环快速穿越。大家在平日的工作中，面对的是无情的火海和艰巨的任务，凭借着顽强的意志和出色的团队协作，一次次守护了人民的生命财产安全。而此刻，这个小小的呼啦圈就如同我们在任务中遇到的种种障碍，需要我们齐心协力，以最快的速度穿越它。这不仅是一场速度的较量，更是对我们团队默契和协作能力的考验。希望大家协同配合，以最快的速度完成。

场地要求：选择符合活动人数范围的安静活动室或操场。

准备工具：呼啦圈1个。

具体操作如下。

(1) 根据上次分组(人员可结合实际情况微调)情况，让每组成员手牵手站成一条直线。

(2) 将呼啦圈放置在最左边队员的手臂上，要求在"开始"信号发出后，从左到右依次穿过呼啦圈。其间团队成员不能松开彼此的手。

(3) 两个小组可以分开进行。第一轮为试验，以总结经验为主，小组成员可以进行内部讨论，如何快速完成穿越。间隔1分钟进行第二轮试验比赛，检验自己组内讨论的方法是否有效。间隔1分钟后进行第三轮正式比赛，用时最短的组别将被判定为优胜组。

【讨论要点】

(1) 当小组成员在穿越过程中受阻时，其他成员是怎么处理的？

(2) 小组中身材高大的成员是如何顺利通过呼啦圈的？

(3) 在游戏结束后，大家有什么感悟？

2) 主题活动1：消防齐心气球攻坚战

活动目的：通过活动，让每名指战员明白自己在团队里是不可或缺的一部分。

活动时间：25分钟。

导入语：在消防工作中，团队协作、有效沟通和灵活思考是至关重要的。接下来的活动，就是为了锻炼大家这几个方面的能力。

首先，我们要进行的活动是"消防齐心气球攻坚战"。在这个活动中，我们将学会沟通、思考及团队协作的方法。大家可以看到，我们准备了气球和写有不同角色的卡片。抽到"嘴巴"角色的同志，你将负责吹气，但需要依靠"手"角色同志的协助扎紧气球，这需要"手"角色同志的细心和敏捷；"脚"角色的同志，你们要负责抬起"臀部"角色的同志，这考验着你们的力量和配合；"臀部"角色的同志，你将承担坐破气球的重任，相信你的果断和勇敢。

在这个过程中，每位成员可能会遇到各种问题和困难，但请记住，我们是一个团队，需要相互沟通、互相支持。只有通过我们的共同努力，才能顺利完成任务，赢得这场攻坚战的胜利。让我们现在就开始，展现我们消防队伍的团结和力量！

场地要求：选择符合活动人数范围的安静活动室或操场。

准备工具：气球若干，写有"嘴巴"1张、"臀部"1张、"手"和"脚"各2张的粘贴式卡片(共6张)。

具体操作如下。

(1) 抽到"嘴巴"的人必须借助抽到"手"的人(可能是一人或两人，具体根据规则而定)的帮助来吹起气球，但抽到"嘴巴"的人自己不能用手去触碰气球。

(2) 气球吹起后，由抽到"手"的人(或其中一人)用透明胶将气球扎紧。

(3) 随后，两个抽到"脚"的人需要抬起抽到"臀部"的人，将气球放在抽到"臀部"的人的臀部下方。

(4) 最后，抽到"臀部"的人需要坐下，将气球坐破。

【讨论要点】

(1) 你认为在一个团队中，沟通是否重要？

(2) 如果你是团队领导者，你有什么办法能更快地完成吹气球？

3) 主题活动2：消防勇士椅桥渡河

活动目的：让每名指战员都能参与其中，在团队中发挥自己的作用。

活动时间：20分钟。

导入语：亲爱的战友们，在我们消防救援的征程中，面对的困难就如同滔滔江河，而我们的团结协作就是跨越险阻的桥梁。现在，我们即将进行的"消防勇士倚桥渡河"活动，就如同我们在实战中面临的各种艰难险阻。这个活动考验的不仅是我们的个人能力，更是对团队成员之间的默契、沟通与协作能力的深度检验。

想象一下，我们身处湍急的河流边，必须依靠彼此搭建起坚固的桥梁，才能安全抵达彼岸。这就如同在救援现场，我们要相互依靠，紧密配合，才能完成艰巨的任务，拯救更多的生命。

让我们全身心投入到这次活动中，去感受团队的力量，去提升我们的协作能力，为今后的救援行动积累更多的经验和信心。现在，让我们一同迎接挑战，用团结和智慧成功"渡河"！

场地要求：选择符合活动人数范围的安静活动室或操场。

准备工具：椅子若干。

具体操作：用N+1张椅子轮流传送成员来渡河。

(1) 若每组5人，则准备6张椅子，大家成纵队站在出发线前，每次由最后一人往前传递椅子，第一个人拿到椅子放好后，集体向前挪动一个位置，随后依次进行。

(2) 两组都有一次机会进行试玩，比赛以15米距离为准，最后一名通过终点线时结束计时。

(3) 如果脚着地，则全部队员都要回到起点线重新开始。

(4) 最快渡河的一队获胜。

【讨论要点】

(1) 在活动中你们小组是如何配合的？

(2) 你对活动感受最深的是什么？

4) 领导者总结

通过本单元的活动，我们不仅掌握了沟通、思考及团队协作的方法，还增强了团队凝聚力，活跃了团队气氛。在这个过程中，我们遇到了各种挑战，但我们始终坚持不懈，互相配合，共同完成了任务。希望我们能够将这种团队精神融入工作中，共同为消防事业贡献力量。

第三单元　提高沟通能力，增强归属感和认同感

导入语： 大家好！今天，我们将开展以团队凝聚力为主题的最后一次团体辅导活动。这并非一场简单的游戏，而是一个让我们相互倾听、理解与支持，共同提升沟通技巧、深化彼此联系的重要契机。

提高沟通能力，增强归属感和认同感

众所周知，良好的沟通能力是我们协同作战、高效执行任务的关键，更是让团队拥有强烈归属感和认同感的秘诀。

1) 热身活动：织网捕鱼

活动目的： 通过热身，调动成员的参与积极性。

活动时间： 10分钟。

导入语： 接下来，要开展的是充满趣味与挑战的"织网捕鱼"热身小游戏。在消防工作中，团队协作就如同一张紧密的网，只有每一个节点都坚固可靠，我们才能成功应对各种复杂的火情和救援任务。"织网捕鱼"就像我们在战场上的一次模拟演练。我们要织起一张坚固的消防救援网，齐心协力，相互配合，精准捕获目标。让我们全身心投入游戏中，在欢乐中感受团队协作的力量，为今后的工作积累更多的默契与信任！

场地要求： 选择符合活动人数范围的安静活动室或操场。

准备工具： 无。

具体操作如下。

(1) 分组与上次基本一致。指战员分为两组，一组充当"渔网"，另一组扮演"小鱼"。在半个篮球场区域内开展游戏。

(2) 团体辅导领导者发出"预备"口令后，"渔网"成员手拉手准备捕鱼；发出"开始"口令后，游戏正式启动。当所有"小鱼"被捕获，或者所有"小鱼"被网住后，更换人员充当"渔网"，重新开始一局。

(3) "小鱼"只能在规定区域内跑动，如果被"渔网"围困或跑出界外即算被捕获。被捕获的"小鱼"应自觉加入"渔网"，一同捕鱼。

(4) 共进行两轮，两组分别担任"渔网"和"小鱼"。

【讨论要点】

(1) 如何成为最后一条被抓的"小鱼"？

(2) 游戏结束后，大家有何感悟？

2) 主题活动1：救援现场信号传递

活动目的： 通过语言沟通，让每名成员掌握与人沟通的技巧，即抓住重点进行交流。

活动时间： 20分钟。

导入语： 接下来，我们要进行"救援现场信号传递"活动。大家都有出警经历，救援现场各不相同。其中的号员沟通，每位指战员都曾遇到过。那么，在错综复杂的救援现场，

如何有效传递信息呢？这就要求我们每个人都能准确无误地传达自己所知内容，以确保最终结果的准确无误。那么，接下来，活动正式开始。

场地要求：选择符合活动人数范围的安静活动室或操场。

准备工具：准备火灾扑救和抢险救援两套卡片，每套卡片各三张，分别是接警出动、任务分工和救援现场卡片，卡片内容可以替换，这里提供两套供参考。

一是火灾扑救卡片组。

(1) 接警出动卡片(内容：现在着火处为一处<u>仓库</u>，内存放<u>20 公斤环氧乙烷</u>和<u>100 公斤乙醇胺</u>)。

(2) 任务分工卡片(内容：下车后，<u>4 号队员铺设 2 盘 80 毫米水带干线</u>，<u>3 号队员携带 2 盘 65 毫米水带和 65 毫米水带接头</u>，<u>1 号队员携带两把多功能水枪跟我走</u>)；

(3) 救援现场卡片(内容：安全员称有<u>爆炸风险</u>，大家随我转移至<u>仓库西边 100 米处的混凝土房子后面</u>)。

二是抢险救援卡片组。

(1) 接警出动卡片(内容：<u>在沪武高速槐林收费口向东 2 公里处</u>，有一辆<u>货车追尾了一辆小轿车</u>，<u>货车司机和轿车后排人员被困</u>)；

(2) 任务分工卡片(内容：下车后，<u>4 号队员携带荷马特液压泵和液压管</u>，<u>3 号队员带剪扩钳和扩张钳</u>，<u>1 号队员带液压顶杆和绝缘剪跟我走</u>)；

(3) 救援现场卡片(内容：当前天气寒冷，将<u>副驾驶第二个器材箱里</u>的<u>保暖内衣</u>取出，给<u>被困者穿上</u>)。

具体操作如下。

(1) 由"织网捕鱼游戏中"最后被抓的两只"小鱼"进行石头剪刀布游戏，胜者可优先选择火灾扑救或抢险救援卡片组。

(2) 本场活动采取积分制，卡片中画线部分为得分点，每组成纵队站好，同组组员之间间隔 3 米，每次只进行一张卡片(卡片顺序可以颠倒)内容的传递，且只能由站在最后排的成员看到卡片后依次向前口语传递卡片内容，最后由第一名同志口述得到的信息，每张卡片限时 2 分钟传递完毕，由助教根据卡片中的信息点进行得分统计，每对一处加 1 分。

(3) 裁判做好计时，每张卡片传递用时相加，时间最短的小组加 3 分，最后计算总成绩。

【讨论要点】

(1) 日常工作中，沟通是否重要？请举例说明。

(2) 日常生活中，能不能通过合理的沟通，让自己的人际关系变得更加融洽？

3) 主题活动 2：生日大排序

活动目的：通过游戏，增进指战员之间的了解，增强团队凝聚力。

活动时间：20 分钟。

导入语：大家好，今天我们要进行的活动是"生日大排序"。相信大家都参加过队里的集体生日。现在，大家看看自己身边的队友，你们能一口说出每个人的生日吗？恐怕没有人能做到。因此，今天的"生日大排序"活动就是让大家更了解身边的战友。下面我们一起进行排序游戏。

场地要求：选择符合活动人数范围的安静活动室或操场。

准备工具：无。

具体操作如下。

(1) 分组与上次基本一致，第一轮各组围成一个圈。

(2) 活动时禁止说话，每个人只能通过手势、动作表达自己的生日。每组从一月开始，十二月结束，从前到后成纵队站好，助教做好计时和最终确认，用时最短且没有错误的组别获胜。

(3) 第二轮两个小组互相向对方派出两名"间谍"，"间谍"禁止使用手势和动作，只能通过点头或摇头的方式，真实表达自己的排列是否正确，助教做好计时和最终确认，用时最短且没有错误的组别获胜。

【讨论要点】

(1) 你能不能记住同组成员的生日？

(2) 合理有效的沟通能不能让整个活动变得更加简单？

(3) 你会不会将今天的沟通应用到日常生活中呢？

4) 领导者总结

团队凝聚力是团队成功的关键因素之一。在本次团体心理辅导中，我们主要针对团队凝聚力的认识、团队凝聚力的形成和团队凝聚力的增强进行了探讨和实践。首先，我们了解了团队凝聚力，认识到只有具备团队凝聚力，才能有效地完成任务和实现目标。随后，我们又共同探讨了团队凝聚力的形成。团队凝聚力的形成需要团队成员之间有良好的沟通和信任，以及共同的目标和价值观。在团队中，每个成员都有自己的优点和缺点，只有相互包容和理解，才能形成强大的团队凝聚力。总之，团队凝聚力是团队成功的关键因素之一。通过本次团体心理辅导，希望大家能够将这种团队精神融入我们的工作中，共同为团队的成功做出贡献。

附表 6-1

团队凝聚力问卷

指导语：请选择最符合您情况的答案，并在您所选的分值上打"√"。

附表 6-1　团队凝聚力问卷

序号	项　目	非常不同意	比较不同意	不确定	比较同意	非常同意	得分
1	在这个消防站里我有一种归属感	1	2	3	4	5	
2	我为我所在的消防站感到自豪	1	2	3	4	5	
3	我认为消防站中的每个人都希望有良好的表现	1	2	3	4	5	
4	我觉得我是这个消防站的一员	1	2	3	4	5	
5	我认为消防站中的每个人都团结一致，努力达成目标	1	2	3	4	5	
6	我很高兴成为消防站的一员	1	2	3	4	5	
7	我把自己当成消防站的一部分	1	2	3	4	5	

团队凝聚力问卷共有 9 道题，分为社会凝聚力、任务凝聚力和自豪凝聚力三个维度，该问卷具有较好的信效度，社会凝聚力和任务凝聚力的信度分别为 0.95 和 0.91，因此节选了这两个维度的 4 道题。同时参考国内体育运动群体研究广泛使用的群体环境问卷，增加了 3 道题，用以考查消防站凝聚力。采用李克特五点问卷，对每个题项用"非常不同意""比较不同意""不确定""比较同意""非常同意"进行得分评价。

得分为 0～21 分的，说明对队站的凝聚力认识有待加强；得分为 21～28 分的，说明对队站的凝聚力有一定的认识；得分为 28 分以上的，说明对队站非常认同。

第七章　消防员团体心理辅导之压力篇

第一节 消防员压力研究概况

一、消防员职业压力概述

职业压力(occupational stress)也称"工作压力"。综合既往研究者的定义，可将职业压力的定义归纳为三类具有代表性的观点：第一类认为职业压力是一种刺激；第二类认为职业压力是个人对来源于环境中的压力源所产生的心理或生理的反应；第三类则认为职业压力是环境刺激与个人特殊反应相互作用的结果。

消防工作具有突发性、应激性、紧张性、高危性和高负荷性等特点，这使消防员比普通人面临着更多的职业压力，进而产生心理障碍。这不仅影响消防员的生活质量，还影响其个人能力的正常发挥，进而导致工作效率下降和工作失误频发，直接影响消防救援队伍战斗力的发挥以及消防救援事业的发展。消防员职业压力是指在消防救援工作中，使消防员感到威胁与压迫的压力源持续且长期地作用于消防员，从而产生的一系列生理、心理和行为反应的过程。它能够预测心理健康水平，已成为严重影响个体心理健康、工作绩效和生活质量的"隐形杀手"。

苟晓梅和杜旭东(2024)对消防员心理健康状况开展调研，结果显示，消防员反映较为突出的问题为压力水平、躯体化、抑郁、焦虑等。其中，中等以上压力的人数占比为42.52%。王世嫘、赵洁和孔凡华(2024)探究了人格特质在消防员工作压力和心理症状之间的中介作用。研究结果显示，39.7%的消防员工作压力处于较高水平，其中来自消防工作本身的压力最为明显，验证了消防工作的特殊性和消防员这一特殊群体的工作压力是不可回避及必然存在的问题。且消防员工作压力会影响心理症状，即心理健康水平，工作压力越大，心理症状越明显，心理健康水平也随之下降。林晨辰等(2023)调查了消防救援人员的心理健康状况，探讨了生活事件、应对方式对心理健康状况的影响，结果表明，具有不同程度心理压力的消防员之间心理健康状况差异显著，并且在自我感觉心理压力程度在一半以上的消防员中，心理压力越大，心理健康水平越低。值得注意的是，有42%(94/226)的消防员感觉压力很大或较大，这说明当前消防员的心理健康依然存在风险。

二、消防员职业压力总体状况

宋航和李洋(2023)编制了基层消防救援人员职业压力量表，并对职业压力现状进行了分析。结果证实，国内基层消防救援人员整体压力水平较为稳定。其中，个人发展压力得分最高，工作自身压力和职业特点压力得分较高，人际关系压力和外部支持压力次之。具体如下。

(一)个人发展维度得分最高

个人发展维度得分最高，这表明基层消防救援人员在自身业务水平和能力素质提升方面感受到的压力较大。随着消防救援队伍改革转制，救援任务已向综合化、复合型方向发展，对救援能力的要求也更高。国家消防救援队伍职能大幅拓展，专业救援能力稳步提升。救援人员需具备更专业的技术，同时，队伍中专业力量建设得到加强，组建了多支专业救援队，以应对包括高层建筑、地下场所、大跨度大空间、危险化学品等在内的各类灾害事故。

(二)工作自身维度和职业特点维度得分相对较高

工作自身维度和职业特点维度得分相对较高，这说明基层消防救援人员在日常工作、执勤战备、体能训练等方面承受的压力较大。基层消防救援人员在执行高危险性的灭火救援任务时，长期处于高度紧张和紧绷状态，这不仅可能导致他们产生紧张、焦虑、抑郁等心理问题，还可能对他们的健康造成迟发性损伤。例如，四川省消防部队基层官兵的心理健康状况调研显示，存在焦虑、抑郁等心理问题，这些问题的出现与他们长期处于高压工作环境和面对不可预测的火灾现场情况有关。基层消防救援人员还须具备优秀的身体素质，进行高强度、高频次、高标准的体能训练来维持身体状态，但是高负荷的训练模式不仅会对人员心理和生理造成负面影响，产生焦虑、烦躁的心态以及抵触训练的情绪，还会造成身体上的疲劳，给肌肉、骨骼和关节造成更大的压力，增加人员在训练中受伤的风险。

(三)人际关系维度和外部支持维度得分低于平均水平

人际关系维度和外部支持维度得分低于平均水平，这说明在这两个维度上压力相对较小。在人际关系压力方面，大部分基层消防救援人员能够与他人建立和谐的人际关系且具备合理的人际交往技能或手段，同事之间也能够相互关心和理解。在外部支持压力方面，绝大多数基层消防救援人员能够处理好工作与家庭之间的矛盾，且家属对其从事的工作也比较支持。

三、消防员职业压力与团体心理辅导研究

针对消防员群体特有的工作群体性、生活集中性、压力特殊性等特点，采用团体心理辅导的干预方式，对消防员的职业压力水平进行干预，为他们提供心理支持，具有重要的现实意义。陈研(2010)采用准实验的方法，探索团体心理辅导对消防员职业压力的干预情况。结果表明，团体心理辅导有效降低了消防员职业压力及其各个维度的压力水平，进而提高了消防员的心理健康水平，是一种非常有效降低消防员职业压力的方法。曹雅梦(2020)采用类实验性研究探索了基于框架模型的团体心理辅导方案对消防员心理弹性的影响，结果证实，基于美国心理学家库普弗(Kupffer)的心理弹性框架模型的团体心理辅导方案可以提升消防员的心理弹性水平，并具有即时性和持续性的效果，从而提高消防员应对压力的能力，促进心理健康。

第二节　消防员压力与应对团体心理辅导活动方案

一、团体性质与团体名称

团体性质：结构式、封闭式团体。
团体名称：烈火中的宁静——消防员的压力释放营。

二、团体目标

(一)总目标

助力消防员缓解工作压力,提高心理健康水平。

(二)具体目标

(1) 增强消防员之间的团队凝聚力,提高他们的沟通协作能力。

(2) 提供放松和愉悦的体验,促进消防员的身心恢复。

(3) 帮助参与者准确识别和认识自身所承受的压力源,增强自我觉察能力。

(4) 为参与者提供多样化且有效的压力释放方法和技巧,使他们能够在日常生活中自主应对压力。

(5) 促进参与者之间的交流与互动,增强社会支持,减轻孤独感和压力感。

(6) 提升参与者的心理韧性和情绪调节能力,让他们更积极地面对压力和挑战。

(7) 引导参与者改变对压力的负面认知,培养积极乐观的心态。

(8) 通过身体活动和放松练习,降低参与者的生理紧张水平,如心率、血压等。

(9) 激发参与者的内在创造力与积极性,帮助他们从压力中汲取动力与灵感。

(10) 增强参与者的自我关爱意识,鼓励他们更加关注自身的身心健康。

三、团体领导者

团体领导者为熟悉团体心理辅导的基本理论,且具有一定团体领导经验的指战员。

四、团体对象与规模

(一)参加对象

参加对象为单一基层队站的消防员。

(二)团体成员人数

团体成员为队站在位的消防员,人数为25~35人,分为4~5组。

五、团体活动时间及频率

团体活动分为5个单元,每个单元时间为60分钟。

六、团体设计理论依据

(一)心理学基础

1. 压力理论

一是谢尔耶的压力模型。加拿大心理学家谢尔耶(Selye)最早系统研究了压力,他认为压力是个体应对"外在需求"的一种非特异性的生理反应过程。当个体自身无能力、无条件、无资源满足这种"外在需求"时，该需求就会成为一个压力源。这一理论强调了压力与个体资源之间的关系，为理解压力产生的机制提供了基础。

二是坎伯斯、波瑞斯等关于压力来源的研究。他们指出，客观存在的压力源相同，但对于不同的人而言，主观的压力感受是不同的。这强调了个体差异在压力感知中的重要性，提示辅导时应关注个体的主观体验。

2. 认知行为疗法

美国心理学家艾利斯提出 ABC 理论，即信念或看法(B)才会引起情绪或行为方面的后果，而诱发事件本身(A)并不会直接引起情绪或行为方面的后果(C)。认知行为疗法(CBT)认为，不合理的信念(如绝对化的要求、过分概括化、糟糕至极的定式思维)是负面情绪和行为产生的主要原因。通过调整这些不合理的信念，能够优化个体的情绪反应和行为模式。

(二)社会心理学基础

1. 团体动力学

团体动力学不仅关注团体内部成员之间的相互作用和影响，还特别强调团体对成员个体的影响。在压力应对团体心理辅导中，通过构建积极、支持的团体氛围，可以增强成员的归属感和安全感，从而减轻压力感。

2. 社会支持理论

社会支持理论认为，来自家人、朋友、同事等的社会支持是缓解压力的重要因素。在团体心理辅导中，通过促进成员之间的相互支持和经验分享，可以帮助成员更好地应对压力。

(三)实践指导原则

1. 正向心理学

正向心理学强调关注个体的积极品质、优势和潜能，通过培养乐观、希望、韧性等积极心理品质来应对压力。在团体心理辅导中，可以引导成员发现并强化自己的积极面，提升应对压力的能力。

2. 情绪调节策略

领导者教授成员有效的情绪调节策略，如深呼吸、放松训练、正念冥想等，有助于他们在压力情境下保持冷静和理智，从而有效减少负面情绪的影响。

七、团体活动场地

团体活动场地应选择开阔宽敞的足球场或设施齐全的健身房等空旷场地。

八、团体评估方法

在团体辅导活动开展时使用"PSTRI 压力测试量表"进行前测、后测，量表详见附表 7-1。

九、团体活动辅导方案

(一)团体过程规划(见表7-1)

表7-1 团体过程规划

次 序	活动主题	活动目的	活动内容及时间
第一单元	火线轻舞 释压启程	(1)建立团体,营造和谐的团体气氛,制定团体规范,签订团体契约 (2)进行团体辅导主题方案中释放压力的主题活动 (3)进行压力问卷调查	(1)蓝韵律动——乐海探险(10分钟) (2)蓝天巧解——斯芬克斯之谜(20分钟) (3)组建最酷战斗班(30分钟) (4)领导者总结(5分钟)
第二单元	烈焰明镜照心海	(1)组织热身,活跃现场氛围 (2)开展主题活动,引导大家觉察自身的压力来源	(1)蓝焰智行——心领神会(10分钟) (2)消防压力大逃亡(25分钟) (3)绘制压力地图(25分钟) (4)领导者总结(5分钟)
第三单元	火线守护者:压力应对工作坊	(1)组织热身活动,活跃现场氛围 (2)开展主题活动,引导大家理解压力情境下的社会支持,改善应对压力的心态	(1)火线传递(15分钟) (2)压力防火墙(35分钟) (3)"合影与分享"(10分钟) (4)领导者总结(5分钟)
第四单元	光影疗愈:从电影中学习压力管理与自我成长	(1)组织热身活动,活跃现场氛围 (2)开展观影活动 (3)收集并分享参与者的感悟	(1)压力气球(10分钟) (2)光影疗愈(45分钟) (3)领导者总结(5分钟)
第五单元	铸盾强心御压力	(1)组织热身活动,活跃现场氛围 (2)开展主题活动,引导大家积极应对自身的压力来源 (3)总结归纳此次活动的收获与感动,提升本次活动开展的质量	(1)卡牌连连看(15分钟) (2)蓝朋友紧急救援接力赛(35分钟) (3)活动回溯(10分钟) (4)领导者总结(5分钟)

(二)单元执行计划

在第一单元开始之前,让队员们填写PSTRI压力测试量表并在活动结束后回收。

第一单元 火线轻舞 释压启程

导入语:亲爱的战友们,大家好!在这紧张而崇高的岗位上,每一天都充满了挑战与奉献。我们肩负的责任重如泰山,每一次出警都是对身心的极限考验。但请记住,在守护他人安全的同时,我们也需要关注自己的心灵健康。今天,我们相聚在这里,正式开启一场特别的旅程:"烈火中的宁静——消防员的压力释放营"。首先,让我们进入第一单元:

释放压力环节。在这一单元里,没有复杂的任务和严格的时间限制,只有轻松愉悦的氛围和一系列精心设计的活动。我们希望通过这些活动,帮助大家暂时放下心中的重担,让紧绷的神经得到放松,为后续的觉察与应对压力环节奠定良好的基础。请大家跟随我的引导,全身心地投入接下来的活动中。让我们用笑声驱散疲惫,用汗水释放压力,共同迎接一个更加轻松、更具活力的自己!

1)热身活动:蓝韵律动——乐海探险

活动目的: 通过欢快有趣的传球活动,营造轻松愉快、充满活力的氛围,使参与者能够迅速融入其中,消除彼此之间的陌生感和拘谨感,打破人际隔阂,为后续活动的顺利开展奠定坚实基础。同时,激发参与者的积极性和主动性,让他们以更加开放和热情的心态参与到整个团体活动中。

活动时间: 10分钟。

导入语: 首先,让我们从一场简单却充满乐趣的热身游戏开始!想象一下,手中的这颗小球如同我们日常工作中传递的紧急信号,它在我们之间轻盈跳跃,连接着每一位战友的心。当欢快的音乐响起,它便是我们默契与速度的见证者;而当音乐停止的瞬间,持球的队员就将获得表演才艺的机会。

现在,就让我们随着音乐的节奏,让这颗小球在我们之间欢快地飞舞起来吧!准备好了吗?三、二、一,游戏开始!

场地要求: 选择符合活动人数范围的安静活动室或操场。

准备工具: 富有弹性的篮球,旋律欢快、节奏强烈的乐曲。

具体操作如下。

(1)活动组织者召集所有参与者到预先选定的场地,以自然轻松的状态围成一个紧密的圆圈,并有序坐下。

(2)组织者提前做好准备,挑选一个富有弹性的篮球,并筛选出一首旋律欢快、节奏强烈的乐曲。

(3)组织者播放音乐后,随机将篮球交给一位队员。接球队员可以随时传球且必须接球,拒绝接球将视为失败。

(4)当音乐突然停止时,手中持球者即被判定为失败。

(5)失败者需按照事先大家共同约定的方式接受惩罚,惩罚方式,可以通过抽签决定,签上可能写着唱歌、跳舞、讲笑话、模仿动物等内容。

【讨论要点】

(1)如何确保自己最后不持球?

(2)怎样快速递出篮球?

2)分组活动:蓝天巧解——斯芬克斯之谜

活动目的: 以独特且充满趣味的方式实现快速有效的分组,通过参与者之间的互动与探索,激发大家的积极性和主动性,增进彼此的初步了解,为后续活动的顺利开展构建良好的团队基础。

活动时间: 20分钟。

导入语: 欢迎来到我们精心策划的团体辅导活动新天地。在这里,我们不仅要挑战身体的极限,还要探索心灵的默契与团队的无限可能。接下来的分组环节,将是一场别开生面的"数字寻友记",让我们在欢声笑语中开启这段奇妙旅程。

请注意,这场游戏的小秘密在于:你无法直接看到自己的数字,只能通过观察、询问,甚至巧妙的猜测,去寻找与你数字相匹配的伙伴。

这不仅是一个简单的配对游戏,它考验的是我们的沟通能力、观察力和团队协作精神。在寻找的过程中,你们会发现,即使面对未知和挑战,只要我们携手共进,就没有克服不了的困难。每一次成功配对,都是团队力量的完美展现,也是我们之间深厚情谊的又一次升华。

请大家放松心情,带着笑容和好奇心,勇敢地迈出步伐,与身边的战友交流。记住,无论结果如何,最重要的是享受这个过程,感受团队带来的温暖与力量。那么,现在就让我们一起踏上这场充满乐趣与挑战的"数字寻友记",期待你们的精彩表现!

场地要求:选择符合活动人数范围的安静活动室或操场。

准备工具:数字卡片(可粘贴)。

具体操作如下。

(1) 活动开始前,准备 6 套从 1 到 5 的数字卡片,共 30 张。将卡片打乱顺序,分别贴在每位参与者的背后,确保参与者无法看到自己背后的数字。

(2) 参与者在指定场地内自由走动,在此过程中,他们可以互相观察他人背后的数字,但要注意保持良好的秩序和适度的互动,避免出现混乱或不文明行为。

(3) 当主持人宣布活动正式开始后,参与者需要在规定的时间内(如 5 分钟),找到与自己数字相同的另外 4 个人。

(4) 一旦一组 5 人成功找到彼此,需要向主持人示意分组顺利完成。

(5) 如果规定的时间结束后,仍有部分参与者没有完成分组,那么就由主持人根据剩余人员背后的数字进行合理调配和安排,确保所有人都能顺利完成分组。

【讨论要点】

(1) 怎么迅速掌握其他人的数字?

(2) 如何快速知道自己背后的数字?

3) 主题活动:组建最酷战斗班

活动目的:通过一系列精心设计的团队建设环节,深度增进团队成员之间的相互信任与紧密协作,全面强化团队意识,构建坚实的团队精神基石。同时,通过签订保密契约,为活动中的隐私安全提供可靠保障,营造一个安全、开放且充满信任的交流环境。

活动时间:30 分钟。

导入语:在这个充满活力与挑战的时刻,我们正式迎来"组建最酷战斗班"的团队建设活动。想象一下,此刻的你们,已不再是单一的个体,而是即将携手并肩,共同构筑守护城市安宁的坚固防线——我们的战斗班!

在这个特别的环节中,每一支队伍都将化身为充满特色的战斗班,承载着智慧、勇气与团结的力量。首先,让我们以热烈的掌声,欢迎各位组长候选人勇敢站出来,他们将成为引领我们战斗班勇往直前的领航者。请记住,组长的角色不仅是一份荣誉,更是一份责任,承载着团队的信任与期待。

接下来,是展现你们创意才华的时候了!设计组名,这并非只是简单的命名,而是我们战斗班精神的凝练,是团队文化的初步呈现。无论是"烈焰勇士队""闪电救援班",

还是"智勇双全团",都让它成为你们独特身份的象征,让每一次呼喊都充满力量与自豪。而小组 Logo 的设计,将是你们战斗班独一无二的标志,无论是简洁明快的线条,还是寓意深远的图案,都让它承载起你们对消防事业的热爱与执着,成为联结每一位成员心灵的纽带。

在此,衷心希望每一位战友都能全身心投入这个环节中,用你们的智慧和热情,共同打造出既具特色又充满凝聚力的战斗班。那么,现在就让我们携手共进,开启这场充满创意与激情的团队建设之旅!

场地要求:选择符合活动人数范围的安静活动室或操场。

准备工具:水彩笔、A4 纸、《心理团体活动保密协议》。

具体操作如下。

(1) 依据之前活动完成的分组情况,每个小组进行投票,选出一位大家一致认可的战斗小组班长。

(2) 参与者全员共同签署《心理团体活动保密协议》。签署前,由主持人为大家深入解读协议的每一项内容及其重要性,确保每位成员都能清楚了解协议条款,并严格遵守。

(3) 战斗小组成员进行头脑风暴,共同为小组构思班名和小组 Logo。

(4) 每个战斗小组的全体成员排成一排,展示他们共同创作的班组 Logo。同时,由一位经过小组内部推选的代表,为大家分享小组 Logo、组名以及每名小组成员的姓名与基本信息。

4) 领导者总结

随着最后一个活动的圆满结束,我们第一单元的释放压力环节也即将画上句号。看着大家脸上洋溢的笑容和放松的神情,我倍感欣慰。在这一单元里,我们通过一系列简单有趣的活动,不仅锻炼了身体,更重要的是,我们组建了自己的战斗班组。我相信,这样的体验将对我们接下来的活动产生深远影响。在接下来的第二单元中,我们将进一步深入探索自己的内心世界,觉察那些潜藏在心底的压力与情绪。有了今天的热身基础,我们将更加从容地面对接下来的挑战。最后,感谢每一位战友的积极参与和真诚分享。是你们的热情与投入,让这次活动如此精彩且有意义。让我们带着这份轻松愉悦的心情,期待第二单元的精彩继续!

第二单元 烈焰明镜照心海

导入语:欢迎大家!经过第一单元的热身活动,我们已成功为心灵松了绑,让压力有了释放的出口。现在,我们即将开启第二单元的旅程——深入觉察压力环节。在这一单元,我们不再只是简单地释放压力,而是要更深入地探索自己的内心世界,觉察那些在日常工作与生活中悄然累积的压力与情绪。这不仅是一个自我认知的过程,更是一次心灵的成长之旅。想象一下,如果我们能像一位勇敢的探险家,手持明灯,深入自己内心的密林,去发现那些隐藏在暗处的压力源,了解它们的来源、影响以及我们自身的应对模式,那么我们将更有力量应对未来的挑战。因此,请大家保持开放和好奇的心态,跟随我一起踏上这场觉察之旅。

1) 热身活动:蓝焰智行——心领神会

活动目的:通过生动有趣的互动方式,加快参与者之间的相互了解,加深彼此的熟悉程度，打破初识的陌生感，营造轻松愉快的交流氛围，为建立更深厚的友谊和良好的团队合作关系奠定基础。

活动时间：10分钟。

导入语：在接下来的活动中，我们将通过小组讨论、案例分析、角色扮演等多种方式，帮助大家更清晰地认识自己，觉察并理解自己的压力与情绪。让我们携手前行，在觉察中成长，在相互理解中释怀前行，共同迈向更加健康、坚韧的消防员生涯！

想象一下，平日里，我们是火场上的英雄，无畏前行。但今天，我们要展现的不仅是速度与力量，更是难能可贵的团队合作与心有灵犀。在这个环节里，没有火焰的考验，只有欢笑与默契的碰撞。

准备好了吗？让我们把平日里训练有素的肢体语言和敏锐的观察力，都融入这轻松愉快的游戏中。不论是夸张的手势，还是机智的猜测，都将成为我们加深了解、增进友谊的珍贵瞬间。

场地要求：选择符合活动人数范围的安静活动室或操场。

准备工具：词库(见附表7-2)。

具体操作如下。

(1) 所有小组从预先准备的词库中抽取若干题目。每个小组设置一名"表演者"，在规定时间内(通常为1分钟)，通过动作展现词语。

(2) 在整个表演过程中，其他人必须严格遵守活动规则，不能使用任何文字、数字、符号或直接说出与题目相关的词语进行提示。

(3) 小组成员根据所看到的内容进行猜测，如果成功猜对了答案，那么该组将获得相应分数，猜测失败则不得分，并轮到下一组进行比画和猜测游戏。

(4) 经过若干轮活动后，积分最高的小组为优胜组。

【讨论要点】

(1) 在游戏过程中如何快速联想？

(2) 如何更好地利用肢体语言描述文字？

2) 主题活动1：消防压力大逃亡

活动目的：通过充满趣味和挑战的独特活动形式，为参与者提供一个释放和缓解压力的有效途径，显著提升其心理上的舒适度和轻松感。参与者通过积极参与活动，不仅能暂时忘却烦恼，还能在应对活动中的各种挑战时，锻炼和强化自身应对各类压力的能力和技巧，从而在今后的生活和工作中，无论面对何种艰难险阻和重重压力，都能以更加积极、乐观、健康的心态勇敢迎接挑战，坚定前行。

活动时间：25分钟。

导入语：我们聚集在这里，不仅是为了参加各种有趣的心理活动，更是为了磨砺心志，共同面对生活中不可避免的一部分——压力。在这个特别设计的"压力大逃亡"主题活动中，我们将以一种全新的方式，进行一场关于压力的智慧与勇气的较量。沿途，更有我们精心安排的NPC扮演的压力阻碍者，他们将化身为各种挑战与难题，考验我们的应变能力与创造力。但请记住，消防员们，我们从未在困难面前退缩过。在这里，每一次智慧的碰撞，每一次默契的展现，都将是我们战胜压力、勇往直前的见证。让我们携手同行，以智慧破解谜题，用勇气跨越障碍，共同铸就"压力大逃亡"的辉煌篇章。现在，就让我们整装待发,以最佳的状态投入这场充满挑战与乐趣的冒险中!

场地要求:选择符合活动人数范围的安静活动室或操场。

准备工具:压力标志(见图7-1)。

图7-1 压力标志

具体操作如下。

(1) 在经过精心策划和布置的篮球场地内,均匀分散放置各种各样代表压力的标志。这些标志由嵌套式卡块组成,压力标志为灭火器、水枪、身体伤病等具象化卡片,减压区域则对应这些嵌套式卡块的卡套。当一组压力标志被放入相同形状的卡套中时,代表一组压力标志被消解,小组得1分。

(2) 在主持人示意活动开始后,在规定的有限时间内(如10分钟),每个小组需尽可能多地收集代表压力的标志物,并将其运送到与形状相对应的"减压区域"。

(3) "压力阻碍者"(由工作人员扮演)会不时出现在参与者的行进道路上,阻止他们的运输行动。这些"压力阻碍者"会给参与者带来阻碍,参与者需要完成特定任务才能继续前进。例如,回答一个问题:"如果你能拥有一种超能力,你希望是什么以及为什么?"或者完成一个挑战,如剪刀石头布游戏等;或者完成一个动作,如站立体前屈、扩胸运动等。

(4) 规定时间结束后,由工作人员进行统计。消解压力标志数量最多的小组将被视为优胜组,并获得相应奖励或荣誉。

【讨论要点】

(1) 怎样迅速收集压力道具?

(2) 如何规划路线才能让自己的压力道具更快地被消解?

3) 主题活动2:绘制压力地图

活动目的:帮助消防员识别并理解自己在工作与个人生活中面临的压力源,增强自我觉察能力,学会在高压环境下保持内心的平静与自我调节,促进团队成员之间的相互理解和支持,构建更健康的应对压力的社会支持系统。

活动时间:25分钟。

导入语：各位勇敢的消防员们，我们今天相聚在一起，不仅是为了日常的训练与交流，更是为了探索一个我们每个人都可能面临，却又往往难以言表的领域——压力。为此，我们特别策划了这场"绘制压力地图"的主题活动。在我们的职业生涯中，每一次出警都是对身心极限的挑战，每一次救援都是对意志与勇气的考验。而在这个过程中，压力，这个无形的伙伴，始终陪伴在我们左右。它或许来自任务的紧迫，或许源于对家人安全的担忧，又或许是对自我能力的不断审视与要求。但今天，我们既不打算逃避，也不打算忽视这份压力。相反，我们要勇敢地面对它，用我们的双手和智慧，共同绘制一张属于我们的"压力地图"。这张地图，不仅是我们个人压力点的记录，更是我们团队间相互理解、支持与鼓励的桥梁。在接下来的时间里，请大家拿起画笔，用色彩描绘出你心中的压力景象，无论是沉重的黑色，还是希望的绿色，都是你真实感受的展现。同时，请敞开心扉，与身旁的战友分享你的压力故事，让我们在倾听与分享中找到共鸣，获得力量。记住，绘制压力地图的过程，就是一次自我认知与成长的过程。让我们不仅在火场的硝烟中并肩作战，更要在生活的每一个角落，共同面对压力，共同成长。

场地要求：选择符合活动人数范围的安静活动室或操场。

准备工具：中性笔、A4纸。

具体操作如下。

(1) 个人环节：每位成员独自在A4纸上绘制自己的"压力地图"。地图的中心代表自己，从中心向外延伸的线条代表不同的压力源(如工作强度、家庭责任、身体健康、情感波动等)，每条线上用不同颜色或符号标记出该压力源的影响程度和频率。

(2) 小组分享：轮流分享自己的"压力地图"，其他成员倾听并给予非评判性的反馈。

(3) 小组共创：小组内共同讨论，基于成员们的"压力地图"，绘制一张代表整个小组的"共同压力地图"，并尝试找出共性问题和可能的解决策略。

(4) 压力应对策略集锦：鼓励每位成员至少提出一项个人认为有效的压力应对策略，记录在小组共享的白板上，形成"压力应对策略集锦"。

4) 领导者总结

随着最后一项活动的结束，我们第二单元的觉察压力环节也圆满结束了。回顾这一单元的点点滴滴，我深感每一位战友都付出了极大的努力与真诚。在这一单元里，我们不再是孤立无援的个体，而是彼此支持、共同成长的团队。我们勇敢地面对自己的内心世界，去觉察那些曾经被忽视或逃避的压力与情绪。这些宝贵的经历不仅让我们更加深入地了解自己，也让我们学会了如何以更加积极、健康的态度去面对生活中的压力与挑战。我相信，在未来的日子里，当我们再次遇到困难与挫折时，我们能够更加从容地应对，因为我们已经拥有了觉察与理解自己的力量。在此，我要向每一位战友表示最诚挚的感谢与敬意。是你们的勇敢与坚持，让这次觉察之旅变得如此深刻而有意义。让我们带着这份成长与收获，继续在消防员的道路上前行，守护平安，传递温暖！

第三单元　火线守护者：压力应对工作坊

导入语：亲爱的战友们，在这个充满挑战与荣耀的旅程中，我们已携手走过了两个精彩纷呈的单元。每一次的相聚都让我们更加紧密，每一次的交流都让我们的心灵得到滋养。今天，我们迎来了这个系列活动的第三单元——"火线守护者：压力应对工作坊"，旨在为大家提供一个开放、包容的空间，让我们共同探讨如何有效管理压力，如何在高压环境下依然保持坚韧与乐观。通过一系列精心策划的活动与互动，我们将一起构建属于每位消防员的"心理防火墙"，让这份力量成为我们前行的坚实后盾。我相信，通过今天的活动，我们不仅能够加深对彼此的理解与支持，还能在未来的工作中更加从容不迫地面对各种挑战。现在，就让我们以满腔的热情和坚定的信念，开启这场关于压力管理与应对的心灵之旅吧！

1) 热身活动：火线传递

活动目的：通过团队合作游戏，让消防员在轻松愉快的氛围中快速融入集体，同时初步感受压力下的沟通与协作，为接下来的主题活动做好心理铺垫。

活动时间：15分钟。

导入语：首先来到"火线传递"主题活动。想象一下，在日常的救援任务中，我们传递的不仅是沉重的装备，更是生命的希望与责任。但今天，这条"火线"上传递的，将是一种更为微妙而强大的能量——它不仅是物体的移动，更是智慧、信任与协作的火花在每位队员之间的跳跃。"火线传递"不只是一个游戏，更是一次对我们团队协作能力的极限挑战。在这里，没有固定的套路，没有一成不变的解决方案，每一次传递都是对创新的呼唤，每一次成功都是对默契的颂歌。我们需要在速度与精准之间找到完美的平衡，在挑战与乐趣中深化我们的团队情谊。此刻，让我们忘却日常的疲惫，忘却外界的喧嚣，全身心地投入到这场别具一格的竞赛中来。

场地要求：选择符合活动人数范围的安静活动室或操场。

准备工具：一根长绳或若干软质管道(模拟"火线")，若干小球或软质物品(代表"救援物资")。

具体操作如下。

(1) 在场地中用长绳围成一个圆圈，在圆圈正中央设置一个救援点，放置小球代表"被困人员"，其余空白处代表火场。在长绳上挂置若干风铃，风铃响则代表碰到绳子，救援失败。每个小组需要在不触碰绳子和火场的前提下，将"被困人员"救出，即拿出小球，用时最短的一组获胜。

(2) 增加难度，设定时间限制，如3分钟内完成救援任务，增加紧迫感，模拟压力环境。

【讨论要点】

(1) 怎样确保队员的肢体不接触火场？

(2) 如何迅速调整自己的游戏策略？

(3) 是否更晚挑战更好？

2) 主题活动1：压力防火墙

活动目的：通过模拟构建"压力防火墙"的过程，引导消防员识别和理解面对压力时的社会支持系统与积极应对策略，增强自我调适能力。

活动时间：35分钟。

导入语：在这个庄严而特殊的时刻，我们齐聚一堂，共同踏上一场心灵与意志的探险之旅——"压力防火墙"团体辅导活动。在接下来的时间里，我们将通过一系列精心设计的活动，引导大家深入识别那些潜藏在日常生活与工作任务中的压力源，如同在茂密的森林中点亮一盏明灯，照亮前行的道路。更重要的是，我们将携手构建一张强大的社会支持网络，这张网由理解、尊重与互助编织而成，它将在您最需要的时候，成为最坚实的后盾。另外，我们还将学习并实践积极的应对策略，就像是为心灵装备上先进的灭火装备，让每一次面对压力的时刻，都能转化为成长的契机，让挑战成为铸就更加坚韧自我的磨刀石。

场地要求：选择符合活动人数范围的安静活动室或操场。

准备工具：A4 纸，水彩笔，关于社会支持(如家庭理解、同事互助、专业辅导)和积极应对策略(如运动释放、正念冥想、时间管理等)的卡片(见附表 7-3)和压力防火墙(见图 7-2)。

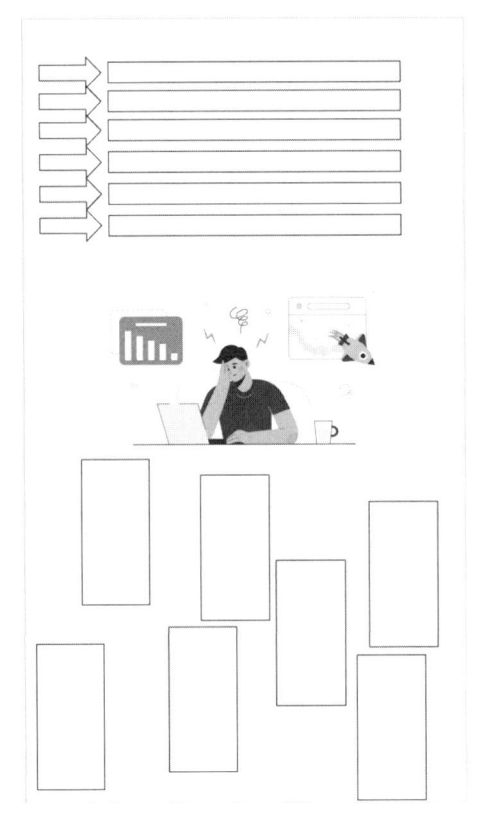

图 7-2 压力防火墙

具体操作如下。

(1) 引入概念：简要介绍"压力防火墙"的概念，即个人在面对压力时，通过建立有效的社会支持网络和采用积极的应对策略来构建的心理防线。

(2) 分组绘图：每组分配一张白纸和一支水彩笔，以及社会支持和积极应对策略的卡片。引导消防员讨论并列出他们认为在高压工作环境中，社会支持的重要来源(如家人理解、同事互助、导师指引等)，并选取卡片贴在白纸上。接着，讨论并列举出他们在面对压力时可以采取的积极应对策略，同样将相关卡片贴在白纸上，形成个性化的"压力防火墙"蓝图。

(3) 展示与分享：每组派代表展示他们的"压力防火墙"蓝图，并分享构建过程中的思考和感悟。鼓励大家相互学习，认识到各种应对策略的独特价值与有效性。

【讨论要点】

(1) 如何正确认知自己压力应对的支持来源？

(2) 是否你所有的支持者也被你支持？

3) 主题活动2："合影与分享"

活动目的：通过不同的方式分享自己所能体会到的力量支撑，强大自我的同时，找到适合自己的承压模式。

活动时间：10分钟。

导入语：压力是生活中不可避免的一部分，每个人承受的压力会因事情的大小、时间的长短、分工的不同而有不同程度的压力值。下面，我们将刚刚思考后写下的压力支持网络进行梳理，分享给予你支持力量的人。

场地要求：选择符合活动人数范围的安静活动室或操场。

准备工具：无。

具体操作：拍摄自己与组内创作的"压力防火墙"的合影照片，通过电话或者微信等方式，向那些你写在防火墙上的社会支持力量分享你的活动感受，无论是家人还是同事，让他们也感受到你对他们的支持和信赖，切实体会到社会支持系统对于个人压力承载的重要性。

4) 领导者总结

随着今天最后一个环节的结束，我们第三单元的团体辅导活动也圆满结束了。从"火线传递"热身游戏到"压力防火墙"构建工作坊，我们共同经历了一场关于压力管理与社会支持的深刻探索。在"火线传递"中，我们看到了团队合作的力量，感受到了在压力下保持冷静与沟通的重要性。那一刻，我们不仅仅是同事，更是并肩作战的战友，彼此之间的信任与支持让我们克服了一个又一个的难关。紧接着的"压力防火墙"构建工作坊，则让我们更加深入地思考了如何构建自己的心理防线。我们分享了各自在面对压力时的应对策略，学习了如何高效整合家庭、同事以及专业辅导等社会支持资源。在这个过程中，我们不仅增进了彼此的了解，还收获了宝贵的经验和知识。请允许我对每一位积极参与、真诚分享的消防员表示最诚挚的感谢。是你们的热情与投入，让这次团体辅导活动充满了活力与意义。我相信，通过今天的活动，大家已经掌握了更多应对压力的有效方法，也找到了属于自己的"压力防火墙"。未来，无论面对怎样的挑战与压力，愿你们都能保持这份坚韧与乐观，继续前行。记住，你们永远不是孤单一人，家人、同事以及整个社会都是你们最坚实的后盾。

第四单元　光影疗愈：从电影中学习压力管理与自我成长

导入语：今天，我们将共同参与一场特别的团体辅导活动——"光影疗愈：从电影中学习压力管理与自我成长"。消防工作，不仅是对体力与技能的考验，更是心理与意志的磨砺。面对突如其来的灾难、高强度的救援任务以及生死一线的抉择，消防员需要具备强大的心理素质和应对能力。今天，我们希望通过这场与电影结合的活动，为大家搭建一个放松身心、交流感悟的平台。

1) 热身活动：压力气球。

活动目的：通过"压力气球"活动，引导消防员以轻松幽默的方式正视并表达自身压力，增强团队成员间的相互理解与支持，同时为后续的压力管理讨论营造轻松的氛围。

活动时间：10分钟。

导入语：想象一下，此刻我们手中的每一个气球，不再只是轻盈的彩色泡泡，它们化身成我们日常工作中可能遭遇的各种压力与挑战——突如其来的火情、紧急救援的召唤、长时间的高强度作业，还有对家人那无声的牵挂与愧疚。这些压力，如同即将被吹胀的气球，充满了未知与力量。但请记住，正是这些压力，塑造了更加坚韧不拔的我们。今天，在这"压力气球"的热身活动中，我们将以一种全新的方式，去感受、面对并释放这些压力。我们会通过吹气、传递、甚至轻轻拍打这些气球，来模拟我们在工作中如何与压力共舞，如何在紧张与挑战中寻找平衡与释放。

场地要求：选择符合活动人数范围的安静活动室或操场。

准备工具：气球。

具体操作如下。

(1) 分享压力：队员轮流或自愿上前，用语言描述自己近期的压力点，每描述一点就向气球中吹入一口气，直至自己认为气球"满载"或选择停止。

(2) 展示与分享：完成吹气后，参与者可选择是否展示自己的气球并简要说明压力来源，鼓励但不强求具体细节。

(3) "压力"计划：要求每位队员用手捏住"压力气球"，禁止打结或借助外物，然后继续开展后续活动。

领导者小结：这并非一个简单的游戏，而是一次心灵的预热。它让我们在欢笑与互动中，学会将沉重的压力转化为前进的动力，在团队中找到共鸣与支持。当我们放飞这些满载压力的气球，就如同卸下心中的重担，让清新的空气和团队的温暖重新填满我们的心房。

2) 主题活动：光影疗愈

活动目的：打造一场心灵的盛宴，让消防员在光影的世界里找到共鸣与慰藉。通过精心挑选的电影片段，让指战员释放压力、舒缓情绪，汲取宝贵的启示与力量。

活动时间：45分钟。

导入语：各位勇敢的伙伴们，此刻，我们即将开启一场不同寻常的心灵之旅。在这个特殊时刻，我们放下手中的水枪和救援工具，用双眼作为探索的窗口，心灵作为感知的媒介，共同走进一部精心挑选的心理影片节选之中。这不仅是一段影像的播放，更是一次心灵的触碰，一次对人性深处情感与挑战的深刻洞察。在这部影片中，我们将看到或许与我们日常经历截然不同的故事，但正是这些故事，能够映照出我们内心深处共有的光芒与阴影——勇气、恐惧、牺牲、坚持、孤独与连接。通过这些影片的片段，希望激发大家对自我情感的反思与共鸣。让我们在光影交错间，思考如何在高压的工作环境中保持内心的坚韧与柔软，如何在面对生死考验时依然能够坚守信念与人性的光辉。同时，这也是一个相互学习与支持的机会。在观看的过程中，我们鼓励大家分享自己的感受与见解，让彼此的心灵在交流中更加贴近，共同构建一道更加坚固的心理防线。现在，就让我们静下心来，迎接这场心灵的盛宴。让影片的每一帧画面，每一句台词，都成为我们心灵成长的养分，激励我们在未来的日子里，以更加饱满的热情和更加坚定的步伐，继续守护这片土地与人民的安全。

场地要求：观影室。

准备工具：《烈火英雄》《中国机长》《我和我的祖国》影片。

具体操作如下。

(1) 观看节选片段。
(2) 领导者引导成员针对讨论要点进行思考。

电影节选一：《烈火英雄》

推荐片段： 从大约 1 小时 30 分开始，至 1 小时 45 分结束。

情节概括： 在这一段剧情中，江立伟(虚构角色，代表一位英勇的消防队长)刚刚经历了一场极其艰难的化工厂火灾救援，虽然成功控制了火势，但多名战友在救援过程中牺牲，且他的决策在事后受到了一定质疑。这段时间里，江立伟开始出现严重的心理压力和创伤后应激反应，他频繁出现"看到"战友牺牲的幻象，特别是在夜深人静时尤为明显，严重干扰了他的休息和正常生活。同时，在家庭方面，由于长期忙于工作，他与妻子和孩子的关系也出现了裂痕，家庭矛盾加剧。

【讨论要点】

(1) 探讨江立伟在完成极端救援任务后所面临的心理压力和创伤后应激反应，分析这些压力如何逐渐显现并影响他的生活。

(2) 深入分析江立伟的幻象如何具体反映了他内心的自责、恐惧和对战友的怀念，以及这些幻象如何加剧了他的心理困境。

(3) 讨论江立伟在家庭和职业之间的两难选择，以及这种冲突如何进一步加剧了他的心理压力。

电影节选二：《中国机长》

推荐片段： 从大约 70 分钟开始，至 85 分钟结束。

情节概括： 在这一段剧情中，机长刘长健面临驾驶舱风挡玻璃爆裂脱落的极端危机，他不仅要承受身体上的极限挑战(如低温、强风等)，还要应对巨大的心理压力，包括确保乘客安全、稳定机组情绪以及做出正确的飞行决策。

【讨论要点】

(1) 极端压力下的决策制定与责任感。

(2) 如何在高压环境中保持专业与冷静。

电影节选三：《我和我的祖国》

推荐片段： 从大约 20 分钟开始，至 35 分钟结束。

情节概括： 小男孩冬冬在弄堂里为邻居们调整电视天线，以便邻居观看中国女排比赛时，得知青梅竹马小美即将离开。他面临着两难选择：是继续帮助大家观看比赛，还是追出去与小美告别。这一过程中，他感受到了来自个人情感与集体责任的双重压力。

【讨论要点】

(1) 个人情感与集体责任之间的压力冲突。

(2) 成长过程中的压力体验与心理变化。

3) 领导者总结

随着影片缓缓落幕，我们不仅共同经历了一段触动心灵的旅程，还在彼此的眼神交流中找到了共鸣与支持。今晚，我们不只是在观影，更是在心灵的田野上共同播下了理解与关怀的种子。

回想起观影前那场充满欢声笑语的"压力气球"活动，每一个色彩斑斓的气球都承载着我们的压力与烦恼。现在大家再举起自己手中的"压力气球"，观察它有没有变化。在观影过程中，有人忘记了自己的气球，不知不觉间气球里的气已经跑光了；有人一直拿在手中没有放松，气球也和原来一样没什么太大变化。这就是大家关注压力的方式不同所带来的影响和变化。当你忘记压力的时候，压力可能也会随之而去。当你时刻把它放在心上时，你会发现自己多了一份牵挂，变得越来越累。让我们一起松开手中的气球，让心中的压力，随着气球的变小而烟消云散吧！再次感谢大家的参与，期待下一单元更加精彩的团体辅导活动，让我们继续并肩作战，共同成长！

第五单元　铸盾强心御压力

导入语：亲爱的战友们，经过前几个单元的深入探索与自我觉察，我们对自身的压力有了更为清晰的认知。现在，我们即将迈入最为关键的第五单元：强力应对压力环节。在这一单元，我们不再局限于对压力的觉察与理解，而是要学习并掌握一系列科学有效的应对策略，从而在面对压力时能够更加从容淡定、得心应手。无论是调整心态、优化时间管理，还是寻求支持、培养兴趣爱好等，我们都能找到适合自己的应对之法。请大家保持高度专注与热情，因为接下来的活动，正是我们将理论知识转化为实际行动的关键时刻。我们将通过实战演练、技巧分享、经验交流等多种形式，帮助大家掌握应对压力的具体方法与技巧。让我们携手同行，在挑战中展现消防员的坚韧与智慧，共同迎接更加美好的明天！

1) 热身活动：卡牌连连看

活动目的：通过分组对抗的互动形式，促进身体放松。融入折返跑等对抗环节，可促进参与者的血液循环，缓解长时间积累的身体紧张与僵硬，达到身心放松的效果，为参与者搭建一个独特的减压平台。

活动时间：15分钟。

导入语：首先，大家面临的是"卡牌连连看"的挑战！想象一下，手中的每张扑克牌都代表着救援任务中的一个关键线索，我们的目标是在最短时间内，通过折返跑的体力考验和小组内的智慧碰撞，将这些线索一一连接，构建通往成功的道路。但要记住，成功之路从不平坦。在连连看的征程中，你们还将遭遇我们精心设置的"守关人"——他们将成为你们智慧与勇气的试金石，只有战胜他们，才能赢得继续前行的资格。这不仅是对个人能力的考验，更是对团队凝聚力和不屈精神的磨砺。所以，战友们，让我们携手前行，用汗水浇灌希望之花，用智慧照亮前行的道路。在这片充满挑战与机遇的战场上，展现我们消防战士的风采与力量！现在，就让我们以饱满的热情和坚定的信念，开启这场"卡牌连连看"的冒险之旅吧！

场地要求：选择符合活动人数范围的安静活动室或操场。

准备工具：扑克牌。

具体操作如下。

(1) "蓝朋友"按照预先分组站成若干列，在每列对面放置12张背面朝上的扑克牌(六组数字相同的扑克牌)。

(2) 听到主持人"开始"的口令后，每列第一名队员跑至卡牌处选择两张卡牌并翻开。如果两张卡牌数字相同，则连连看成功，两张卡牌被拿出；如果两张卡牌的数字不同则连连看失败，两张卡牌需要继续被覆盖。

(3) 第一名队员完成一次翻牌后，折返跑回起点线，与下一名队员进行接力，队员之间可以交流卡牌位置，合理安排战术。第一个完成所有"卡牌连连看"的小组获胜。

(4) 难度升级，每副卡牌旁边设置一名守关人，每个小组对应的守关人须由其他小组自行推选人员担任。每次翻牌前，需要用"石头剪刀布"战胜守关人，如果失败则失去此次翻牌机会，继续返回起点线进行接力。第一个完成"卡牌连连看"的小组获胜。

【讨论要点】
(1) 怎么确保不重复翻牌？
(2) 人数少的接力是否比人数多的接力更有优势？

2) 主题活动1：蓝朋友紧急救援接力赛

活动目的：通过充满活力且富有团队协作的有趣竞赛形式，帮助消防员释放压力，增强团队凝聚力与协作精神，锻炼消防员在压力环境下保持冷静、思维清晰以及迅速做出准确反应的关键能力，为实际工作中可能面临的各种紧急情况和高压力场景做好充分准备，从而能够更加从容、高效地应对各类突发状况，保障人民群众的生命财产安全。

活动时间：35分钟。

导入语：此刻，我们齐聚一堂，不是为了寻常的竞技比拼，而是为了模拟生死时速的紧急救援，铭记火光中闪耀的蓝色使命！欢迎来到"蓝朋友紧急救援接力赛"，这是一场集力量、智慧、速度与团队精神于一体的终极挑战！在这个充满挑战与未知的赛场上，每一道关卡都是对真实救援场景的重现，每一次传递都承载着生命的重量。在这里，英雄主义让位于团队精神，使我们无坚不摧，勇往直前。让我们在汗水中凝聚信念，在挑战中铸就辉煌，共同书写属于消防战士的荣耀篇章！现在，号角已经吹响，战鼓已经擂动。蓝朋友们，是时候展现你们真正的实力了！让我们以雷霆万钧之势，向着"紧急救援"的终点，发起最猛烈的冲锋！加油，蓝朋友，你们是这座城市的骄傲，是人民心中的守护神！

场地要求：选择符合活动人数范围的安静活动室或操场。

准备工具：地笼、两个灭火器、一根杆子和若干水带。

具体操作如下。

(1) 场地设置：在地笼前放置两个灭火器，在地笼另一侧安排三名人员扮演"火点"(人员须由其他小组人员担任)。在另一处场地设置一根杆子和若干水带。每个小组内部分为三个比赛组进行接力挑战，分为"初战"队员和接力队员，初战队员完成第一阶段活动后到接力队员处进行接力，每个比赛组单独计时，最后小组成绩为该小组三个参赛组的总和。

(2) 灭火大接力：一名"初战"队员听到计时开始的口令后，手提两个灭火器穿越地笼，随机选取一个"火点"进行"剪刀石头布"切磋，胜利则代表扑灭"火点"，可继续扑灭下一个"火点"；如果失败则所有"火点"复燃，须重新扑灭所有"火点"，扑灭所有"火点"后将灭火器带到水带起点线处进行下一阶段。

(3) 火场突击：一名"接力"队员自己戴上眼罩，手提两盘水带向提前设置的杆子处前进，其间全场保持安静。接力队员到达杆子处后将水带缠绕一圈，随后返回。接触到灭火器时计时停止。用时最少的小组获胜。

【讨论要点】
(1) 怎么确保压力不影响自己的心态？
(2) 行动最迅速的，是否成绩就好？
(3) 戴着眼罩前进时，你有什么样的体验？

3) 主题活动 2：活动回溯

活动目的：通过简洁有力的表达，让每个人都能清晰回顾自己在活动中的收获与感受。同时，从同伴的分享中获得新的启发与思考。

活动时间：10 分钟。

导入语：在活动即将结束的重要时刻，我们进入小组内积极反馈与总结的环节，这对每位参与者都具有深远的意义和价值。

场地要求：选择符合活动人数范围的安静活动室或操场。

准备工具：无。

具体操作如下。

(1) 团队的每位成员用一句话总结今天参加团体心理辅导的独特体验和宝贵收获。这既是对个人成长历程的深入梳理，也是与小组成员分享内心感悟的重要契机。组长在此过程中发挥着引领者和组织者的核心作用。

(2) 组长要以积极热情的态度带领成员们相互道谢、亲切道别。在此温馨和感人的过程中，组长还要再次强调团体规范的重要性，提醒大家牢记并切实遵守《心理团体活动保密协议》。这不仅是对活动规则的尊重，更是对每一位成员权益和团队信任的坚定维护。

4) 领导者总结

随着第五单元的圆满结束，我们这场关于消防员压力释放与应对的团体心理辅导活动也即将画上句号。回顾整个活动历程，从最初的热身放松，到深入的自我觉察，再到最终的强力应对，每一步都凝聚着大家的汗水与努力，也见证了我们共同的成长与蜕变。在这场活动中，我们不仅学会了有效释放内心压力，更重要的是，学会了以更加积极、健康的态度面对生活中的挑战与困难，学会了觉察自己的内心世界，理解自己的情绪与需求，学会了运用科学的方法与技巧去应对压力，让自己在逆境中保持坚韧与乐观。但请记住，活动的结束并非终点，而是我们新旅程的开始。在未来的日子里，无论身处何地、面临何种挑战，我们都要保持这份成长与收获的力量，继续在消防员的道路上奋勇前行。让我们以更加坚定的步伐、更加饱满的热情守护每一份安宁与幸福，让爱与勇气成为我们永恒的信念与追求。最后，我要向每一位参与活动的战友表示最衷心的感谢与祝福。感谢你们的信任与支持，让这次活动得以顺利开展；祝福你们在未来的日子里能够勇往直前、成就非凡！让我们共同期待下一次的相聚与成长！

附表 7-1

附表 7-1 PSTRI 压力测试量表

序号	项 目	选 项					得分
		总是	经常	有时	很少	从未	
1	我受悲痛之苦	4	3	2	1	0	
2	我的睡眠不足且睡不安稳	4	3	2	1	0	
3	我头疼	4	3	2	1	0	
4	我颚部疼痛	4	3	2	1	0	
5	若需要等待，我会不安	4	3	2	1	0	
6	我的后颈感到疼痛	4	3	2	1	0	
7	我比多数人更神经紧张	4	3	2	1	0	
8	我很难入睡	4	3	2	1	0	
9	我的头感到发紧或疼痛	4	3	2	1	0	
10	我的胃有毛病	4	3	2	1	0	
11	我对自己没有信心	4	3	2	1	0	
12	我会自言自语	4	3	2	1	0	
13	我忧虑财务问题	4	3	2	1	0	
14	与人见面时，我会胆怯	4	3	2	1	0	
15	我怕发生可怕的事	4	3	2	1	0	
16	白天我觉得很累	4	3	2	1	0	
17	下午感到喉咙痛，但并非由于染上感冒	4	3	2	1	0	
18	我心情不安，无法静坐	4	3	2	1	0	
19	我感到非常口渴	4	3	2	1	0	
20	我的心脏有毛病	4	3	2	1	0	
21	我觉得自己不是很有用	4	3	2	1	0	
22	我吸烟	4	3	2	1	0	
23	我肚子不舒服	4	3	2	1	0	
24	我觉得不快乐	4	3	2	1	0	
25	我流汗	4	3	2	1	0	
26	我喝酒	4	3	2	1	0	
27	我很敏感	4	3	2	1	0	
28	我觉得自己像被四分五裂了似的	4	3	2	1	0	
29	我的眼睛又酸又累	4	3	2	1	0	
30	我的腿或脚抽筋	4	3	2	1	0	
31	我的心跳很快	4	3	2	1	0	
32	我怕结识新人	4	3	2	1	0	

续表

序号	项　目	总是	经常	有时	很少	从未	得分
33	我的手脚冰冷	4	3	2	1	0	
34	我便秘	4	3	2	1	0	
35	我未经医师的指示就使用各种药物	4	3	2	1	0	
36	我发现自己很容易哭	4	3	2	1	0	
37	我消化不良	4	3	2	1	0	
38	我咬指甲	4	3	2	1	0	
39	我耳中有嗡嗡声	4	3	2	1	0	
40	我小便频繁	4	3	2	1	0	
41	我有胃溃疡的毛病	4	3	2	1	0	
42	我有皮肤方面的毛病	4	3	2	1	0	
43	我的咽喉很紧	4	3	2	1	0	
44	我有十二指肠溃疡的毛病	4	3	2	1	0	
45	我担心我的工作	4	3	2	1	0	
46	我有口腔溃疡	4	3	2	1	0	
47	我为琐事忧虑	4	3	2	1	0	
48	我觉得胸部紧迫	4	3	2	1	0	
49	我呼吸浅促	4	3	2	1	0	
50	我发现很难做决定	4	3	2	1	0	

评定标准如下。

43~65 分：压力适中；低于 43 分：表示压力过小，需要适度增加压力；高于 65 分：表示压力过大，需要适当降低。

具体标准如下。

93 分以上：消防员处于高度应激的反应状态中，身心遭受压力伤害，这需要专业心理治疗师的帮助。

82~92 分：正在经历太大的压力，身心健康正在受到损害，并可能影响人际关系，建议学习控制压力并寻求专业帮助。

71~81 分：压力程度中等，可能正开始对健康不利，应学习在压力下控制自己的肌肉紧张，以消除生理应激反应。

60~70 分：生活中的兴奋与压力适中，有能力承受压力并快速恢复身心平衡。

49~59 分：能够控制自己的压力反应，是一个相当放松的人。

38~48 分：对压力不敏感，可能缺乏适度的兴奋感。

27~37 分：生活可能相当沉闷，对刺激或有趣的事物反应较少。

附表 7-2

附表 7-2　蓝焰智行——心领神会词库

1	猴子捞月	11	守株待兔
2	螳螂捕蝉	12	闻鸡起舞
3	鹦鹉学舌	13	亡羊补牢
4	鹬蚌相争	14	掩耳盗铃
5	盲人摸象	15	杯弓蛇影
6	鹤立鸡群	16	井底之蛙
7	夸父逐日	17	狐假虎威
8	画龙点睛	18	黔驴技穷
9	愚公移山	19	纸上谈兵
10	刻舟求剑	20	画饼充饥

附表 7-3

附表 7-3　社会支持和积极应对策略

1	**深呼吸**：提醒通过深呼吸来平静情绪	10	**放松技巧**：如渐进性肌肉松弛，缓解身体紧张	19	**亲情纽带**：家庭成员间深厚的情感联系，是情感支持的重要来源
2	**正念冥想**：鼓励专注当下，减少思绪纷扰	11	**乐观规划**：对未来抱有希望，制订切实可行的计划	20	**同事互助**：强调在工作环境中，同事间的相互帮助与支持
3	**时间管理**：有效规划时间，减少因忙碌产生的压力	12	**小步前进**：将大目标分解为小步骤，减少压力感	21	**导师指引**：在工作或生活中，有经验丰富的导师提供指导和建议
4	**优先级排序**：区分任务重要性，先完成紧急且重要的	13	**情绪识别**：提高自我情绪觉察能力，理解自身感受	22	**专业辅导**：涉及寻求心理咨询师、职业导师等专业人士的帮助
5	**运动释放**：通过体育锻炼来释放压力，促进身心健康	14	**幽默感**：用幽默化解尴尬和压力，保持轻松心态	23	**社群归属**：加入兴趣小组、社团等，获得群体认同感和支持
6	**兴趣爱好**：投入于喜欢的活动中，转移注意力，放松心情	15	**自然接触**：走近自然，感受大自然的宁静与美好	24	**朋友倾听**：真挚的朋友愿意倾听你的心声，给予理解和安慰
7	**积极思维**：培养乐观态度，看待问题多角度思考	16	**艺术疗愈**：通过绘画、音乐等艺术形式表达情绪	25	**网络社群**：利用社交媒体和在线论坛，找到志同道合的人，获得情感共鸣
8	**感恩日记**：记录每日感恩之事，提升幸福感	17	**睡眠优化**：保证充足的睡眠，恢复精力，减少压力累积	26	**伴侣支持**：伴侣间的相互理解和支持，在压力大时尤为重要
9	**边界设定**：学会说"不"，保护个人空间和精力	18	**自我反思**：定期回顾，调整策略，不断进步	27	**家庭理解**：家庭成员之间的理解和包容，减少家庭内部的压力源

第八章　消防员团体心理辅导之人际信任篇

第一节　消防员人际信任研究概况

一、信任的概念和维度

"信任"问题自 20 世纪 70 年代以来便得到了充分的研究。通过梳理国内外相关文献可知,学者们大多依据个人的研究方向来定义人际信任,然而学界尚未形成一个广泛认可的概念界定。美国学者麦肯特(Mcknight)、卡明斯(Cummings)等(1998)提出,信任是指个体愿意相信并依赖他人。迪尔克(Dirks)(2000)对麦肯特等人的观点进行了总结与补充,指出信任是一种期望或信念,它让个体认为对方对自己怀有善意,且对方的言行值得依赖。总体而言,信任是个体特质的重要组成部分,而人际信任更多地代表一种心理状态,是指个体积极看待周围关系亲密者的动机和行为,并相信他人的行为与动机(郑也夫,2021)。

在对国内外学者关于信任维度划分的文献梳理中发现,信任的维度可从以下两个方面进行划分:从信任者(trustor)的角度研究信任产生的原因;从被信任者(trustee)的可信性(trustworthiness)角度探究影响信任的因素。美国学者迈耶(Mayer)和舒尔曼(Schoorman)(1995)对以往学者的研究进行总结,并提出了适用于组织间信任的模型。他们从被信任者与信任者双方提出了产生信任必须具备的四个前提条件,包括被信任者的善意(benevolence)、正直(integrity)和能力(ability),以及信任者本身的信任倾向性(propensity),并开发了基于该模型的组织间信任量表。美国学者麦卡利斯特(McAllister)(1995)指出,组织中的信任包括基于认知的信任以及基于情感的信任。认知信任基于个体对他人信息的了解程度,这里的了解主要是指对他人能力(competence)、责任心(responsibility)以及可靠性(reliability)的了解。情感信任主要基于社会交换过程中双方产生的情感交流,主要是指他人对自己的真诚(genuineness)和关心(concern)。麦卡利斯特在之前学者研究的基础上开发了 11 个条目的测量组织中信任的量表,其中认知信任包含 6 个条目,情感信任包含 5 个条目。

二、消防员信任研究

国内关于消防员信任的研究相对较少。仅有蒋珠慧(2018)研究了消防人员的信任、职业使命感与工作投入之间的关系。研究发现,消防人员在工作中获得的信任以及对他人的信任总体状况良好,处于中上水平。消防人员认为,在工作中,他们能够从并肩作战的团队成员那里获得较高的信任。同时,消防员的信任与工作投入呈显著正相关,加入控制变量之后,信任与工作投入在 0.001 水平上显著正相关,并且信任可以作为工作投入的正向预测指标,二者之间存在因果关系。由此可以推测,消防人员之间的信任感越高,工作投入程度就会越高。

第二节 消防员人际信任团体心理辅导活动方案

一、团体性质与团体名称

团体性质：结构式、封闭式团体。
团体名称：烈焰同心——消防员信任共融体验。

二、团体目标

(一)总目标

让队员们在活动中真切地体验和感悟信任与互助在人际关系中的重要作用，尽情享受同伴间爱与被爱的幸福感和认同感，进一步拉近消防员彼此之间的距离，营造和谐、友爱、奋进的队站氛围。

(二)具体目标

(1) 让团体成员学会信任他人。
(2) 让团体成员掌握获取他人信任的方法。
(3) 让团体成员认识到彼此信任的重要性。

三、团体领导者

团体领导者应为熟悉团体心理辅导基本理论，且具有一定带领团体经验的指战员。

四、团体对象规模

(一)参加对象

参加对象为队站所有在岗消防员。

(二)团体成员人数

团体成员人数为20~30人，每个小组为5~6人，预计分为4~5组。

五、团体活动时间及频率

团体活动分为3个单元，每个单元时长约为60分钟。

六、团体设计理论依据

(一)人际需求理论

个人之间人际需求相互匹配的程度决定了人际关系的起始、建立和维系，这种人际需求包括三个方面：情感需求、归属需求和控制需求。情感需求是个体付出情感和获得情感的需求；归属需求是与他人交往、建立和维持关系，从而被接纳并获得归属感的需求；控制需求是在权力层面与他人建立并维持良好关系，成功影响他人的需求。这三种需求在人际交往中需表现适度，过分冷漠、孤独、无视或者过度亲密、交往、控制，均不利于人际关系的维持。

(二)人际沟通理论

人际沟通是指人与人之间运用语言或非语言符号系统交换意见、传达思想、表达情感和需求的交流过程，是人们交往的一种重要形式和前提条件。

有效沟通的原则包括培养良好沟通的心理品质、克服沟通中的障碍心理、确立良好的第一印象以及利用支持性的沟通行为。培养良好的心理品质是指具备真诚、热情、自信、谦虚、谨慎、宽容、助人、理解等品质，这些心理品质是良好沟通的前提；克服沟通中的障碍心理，包括羞怯、自卑、猜疑、忌妒、恐惧、厌恶、自负、依赖等不良心理；确立良好的第一印象，因为第一印象往往鲜明、强烈，会长久地影响人际关系，虽然第一印象不一定准确，但这种心理效应确实存在，所以人际沟通可利用第一印象，从给人留下良好的第一印象入手，再进一步建立关系；利用支持性的沟通行为，是指在沟通中运用描述式、同理式、平等式、问题导向式等沟通方式，而少用或不用评价式、控制式、优越式等沟通方式。

有效沟通的方法有四步：注意、理解、接受、行动。首先是注意，即沟通双方要认真倾听以获取信息；其次是理解，在沟通中要把握信息的内涵，可能信息表达者并未直白地说出其内心真正想表达的想法和情感，倾听者最好能准确理解；再次是接受，即信息接受者同意或遵循信息的要求；最后是行动，依据所获得的信息采取相应的措施。

(三)社会交换理论

社会交换理论(social exchange theory)，是主张从经济学的投入与产出关系视角研究社会行为的理论。它将人际传播重新定义为一种社会交换现象，认为人际传播的推动力量是"自我利益"(self-interest)，趋利避害是人类行为的基本原则，人们在互动中倾向于扩大收益、缩小代价，或倾向于提高满意度、降低不满意度。它主张应尽量避免人们在利益冲突中的竞争，应通过相互的社会交换实现双赢或多赢。在消防救援队伍中，消防员往往通过日常的接触和交流，不仅互相分享工作中的困难、感受、想法，还彼此给予帮助。同时，通过日常训练了解战友的专业能力、工作表现，并通过理性判断确认战友是否为值得信任与尊重的伙伴。通过情感以及认知两方面来评判战友的行为，从而做出相应的反馈，即工作投入。相应地，个人在工作中所表现出的热情、专注、奉献精神也会反馈给战友，作为战友判断信任程度的依据。

七、团体活动场地

团体活动场地为较大的室内场所或操场。

八、团体评估方法

在团体辅导活动开展时,使用"信任量表"进行前测和后测,信任量表如附表 8-1 所示。

九、团体活动辅导方案

(一)团体过程规划(见表 8-1)

表 8-1　团体过程规划

次　　序	活动主题	活动目的	活动内容及时间
第一单元	烈焰中的信任基石	让团体成员学会信任他人	(1)反方向的钟(5 分钟) (2)你我都一样(10 分钟) (3)两人三足(20 分钟) (4)黑暗盲行(25 分钟) (5)领导者总结(5 分钟)
第二单元	跨越障碍的信任之旅	让团体成员知道如何获得他人的信任	(1)火线集结——信任之衣(10 分钟) (2)信任背摔(25 分钟) (3)橙色冲锋舟(25 分钟) (4)领导者总结(5 分钟)
第三单元	构建信任的蓝图	让团体成员认识到信任彼此的重要性	(1)器材装备大保养(5 分钟) (2)墨影遁离(25 分钟) (3)寒雪侵伤:冻与盲(25 分钟) (4)领导者总结(5 分钟)

(二)单元执行计划

在第一单元开始之前,让团体成员填写信任量表,并在活动结束后回收。

第一单元　烈焰中的信任基石

导入语:同志们,大家好!今天,我们齐聚于此,不仅仅是为了开展一次团体辅导活动,更是为了在我们的队伍中播下信任的种子,让这份信任成为我们并肩作战、守护平安的坚实基石。

1) 热身活动:反方向的钟

活动目的:让队员们积极参与活动。

活动时间:5 分钟。

导入语:在正式开启团体辅导内容之前,我想通过一个简单有趣的热身活动——"反方向的钟",来打破我们之间的陌生感,激发大家的活力与默契。想象一下,我们的每一个动作,就如同一个个小小的齿轮,在信任的驱动下,精准地咬合在一起,共同推动我们这支消防队伍这台庞大的机器奋勇前行。而"反方向的钟",正是对我们反应速度、团队协作能力,以及最为关键的信任感的一次考验。现在,请大家围成一个正方形。接下来,让我们一同享受这场挑战带来的乐趣,同时让信任的种子在我们中间生根发芽。准备好了吗?让我们以饱满的热情和坚定的信念,开启这场关于信任的探索之旅!

场地要求:选择符合活动人数范围的安静活动室或操场。

准备工具:无。

具体操作如下。

(1) 所有队员围成一个正方形,由组织者统一发布口令。

(2) 队员听到口令后做出与口令相反的动作(如组织者下达"立正"的口令时,所有队员则稍息;下达"起立"的口令时,所有队员则蹲下;下达"向左转"的口令时,所有队员则向右转;下达"向右转"的口令时,所有队员则向左转,以此类推)。

(3) 时间一到,活动即刻终止。

【讨论要点】

你最信任的队友做错了动作,你会不会来不及思考,就和他一起被淘汰?

2) 分组活动:你我都一样

活动目的:相识分组,发现他人的闪光点,增强大家之间的信任感。

活动时间:10分钟。

导入语:现在,我们将通过一项精心设计的分组活动——"你我都一样",来探寻彼此之间的相似之处,感受那份跨越差异、紧密相连的战友情谊。通过这样的分组活动,我们不仅能够发现彼此的共同点,还能在交流中加深了解、建立信任。因为在这个团队里,没有谁是孤立的个体,大家都是紧密相连的整体,共同肩负着守护平安的使命与责任。所以,让我们以开放的心态、真诚的态度,在欢笑与互动中,感受这份跨越差异的战友情谊,共同书写属于我们消防队伍的辉煌篇章!

场地要求:选择符合活动人数范围的安静活动室或操场。

准备工具:无。

具体操作如下。

(1) 所有队员围成一个圆圈,然后由组织者首先说出自己目前的一个特征(如我姓X、我穿的是黑衣服、我用的是什么手机等)。

(2) 其他队员按照顺时针方向依次发言,若具备相同特征,就说"你我都一样";若不具备此特征,则说"你可真独特"。

(3) 当5~6个队员说"你我都一样"时,游戏暂停。这5~6个队员组成一组,退出圆圈,开始下一轮游戏。

(4) 下一轮游戏从该队员的左手边开始,如果该队员说出自身特征后,没有队员说"你我都一样",则该名队员退出游戏,由他左手边的队员重新开始游戏。

(5) 如果只有两名或三名队员退出,则采用抽签的方式让他们加入小组;如果人数达到5~6人,则自动组合为1个小组。

【讨论要点】

大家在相互了解之后，是否发现彼此之间存在共同特征？这是否会增进彼此的好感呢？

3) 主题活动1：两人三足

活动目的：加深彼此间的信任与理解。

活动时间：20分钟。

导入语：刚刚，我们通过活动增进了对彼此的了解。随着团体辅导活动的逐步深入，我们即将迎来一场意义非凡且令人期待的主题活动——"两人三足"。在这个环节里，我们将进一步深化彼此间的信任与理解，共同筑牢团队的坚实根基。现在，就让我们以饱满的热情和坚定的信念，一同开启这场活动吧！

具体操作如下。

(1) 每队挑选两名队员率先上场，用绳子将两人的其中一只脚绑在一起。

(2) 参赛两人相邻腿上绑绳的位置需保持在膝盖以下、脚踝以上。

(3) 在游戏过程中，若绳子脱落，需在脱落处重新绑好后再继续前行。

(4) 比赛在起点处开始计时，到达终点后计时结束，随后增加一名新队员继续赛跑，以此类推。最后根据每队所有队员均上场后的完成时间进行排名。

(5) 每次比赛结束后，可进行组内小讨论以商量比赛策略。并且每次小组赛结束，无论输赢都增加一名队员。

【讨论要点】

(1) 在刚才的活动中，你有怎样的感悟？

(2) 你认为团队成功或失败的关键是什么？这对我们今后的工作和生活有何帮助？

4) 主题活动2：黑暗盲行

导入语：同志们，接下来我们将开启今天的第二个主题活动——"黑暗盲行"。在这个环节中，我们将通过一种独特的方式，深切体会信任与依赖的力量，以及无声沟通中的默契与配合。我坚信，通过这次"黑暗盲行"活动，我们不仅能增进彼此间的了解和信任，更能在未来的工作和生活中，将这种信任与合作的精神发扬光大，共同守护我们心中的那份责任与荣耀。现在，就让我们携手踏上这段特别的旅程吧！

活动目的：让团体成员认识到彼此信任的重要性。

活动时间：25分钟。

准备工具：眼罩。

具体操作如下。

(1) 将成员按照一定方式分成若干组(2人一组)，把每组其中一人的眼睛蒙上(确保其看不到东西)，另一人协助蒙眼的成员前进。

(2) 在行进过程中，仅允许使用肢体语言进行沟通，禁止语言交流。

(3) 领导者带领成员按预定路线前进，路线设置不宜过于简单，可包含楼梯等障碍，最终返回出发地。

(4) 小组成员交换角色，再次进行盲行。

【讨论要点】

(1) 在刚才盲行的过程中，你有什么感悟？

(2) 活动结束后，大家相互分享盲行的心得，包括彼此间的信任、配合以及蒙住眼睛后的感受。

5) 领导者总结

随着第一单元的圆满收官,我们的心灵之旅也暂时告一段落。但请相信,这仅仅是一个开端,一个更加紧密、更加互信的团队正在我们中间悄然形成。在这一单元里,我们见证了彼此间的默契与协作,感受到了信任的强大力量。无论是"两人三足"中的并肩作战,还是"黑暗盲行"中的相互扶持,每一个瞬间都凝聚着我们团队的智慧与勇气。我们学会了倾听他人的声音,学会了在困难面前保持冷静与坚定,更重要的是,我们学会了将自己的信任交付给战友,并欣然接受来自战友的信任与支持。这份信任,是我们消防员最为宝贵的财富。它让我们在火场上能够背靠背作战,无惧任何危险与挑战。它让我们坚信,无论遭遇何种困难,只要我们团结一心,就没有克服不了的难关。现在,就让我们带着这份信任与力量继续前行。在未来的日子里,无论是训练场上的挥汗拼搏,还是火场上的生死考验,我们都将携手并肩,共同面对。感谢大家的积极参与与付出,是你们的努力让这次团体辅导活动充满了意义与价值。期待在接下来的日子里,我们能够继续深化这份信任与友谊,共同书写属于我们消防员的辉煌篇章!谢谢大家!

第二单元 跨越障碍的信任之旅

1) 热身活动:火线集结——信任之衣

活动目的: 学会主动交往,感受找到归属感的幸福;活跃气氛,放松身心。

活动时间: 10 分钟。

导入语: 大家好!欢迎参加今天的团体辅导活动。首先,让我们从一场轻松有趣的热身活动开启今天的旅程:"火线集结——信任之衣"。这个游戏不仅考验我们的反应速度和灵活性,更是促进我们相互沟通与配合的绝佳契机。想象一下,在紧急出动的号角声中,我们迅速集结,组成坚不可摧的战斗单元,共同迎接挑战。现在,就让我们在欢笑与汗水中,共同书写属于我们消防员的信任篇章!

场地要求: 选择符合活动人数范围的安静活动室或操场。

准备工具: 无。

具体操作如下。

(1) 全体参与者围成一个圆圈,认真倾听主持人的口令。

(2) 当主持人说"紧急出动"时,大家迅速按三人一组结成一套"服装穿戴"。其中两人面对面手握手组成一件"战斗服",另一人双手交叉抱肩作为"消防员"并进入"战斗服"中。一套"战斗服"里只能有一位"消防员",未组成"战斗服"的人员要表演节目或接受惩罚。

(3) 主持人说"战斗服和消防员"时,大家齐声问"请问是什么?"

(4) 大家保持原状,游戏继续进行。如果主持人回答的是"消防员",则"战斗服"保持不动,"消防员"必须离开原来的"战斗服",并跑进另外一套"战斗服"里。而刚才没有组成"战斗服"的人也可以成为"消防员"去抢占"战斗服"。

(5) 如果主持人回答的是"战斗服","消防员"保持不动,"战斗服"则要离开原来的"消防员",去寻找另一位"消防员"。

(6) 如果主持人回答的是"紧急出动",所有人必须重新打乱,组成新的"服装穿戴"。

每次都会有人"穿不到战斗服",需要表演节目或接受惩罚。

注意事项：此游戏需要跑动,因此要特别强调注意安全。

(1) 可以邀请身体不适者到外围做观摩者或监督员。

(2) 领导者提醒大家在跑动过程中不要相互碰撞。

(3) 如果别人已经组成"服装穿戴",其他队员请勿硬挤进去。

为了让参与者积极投入游戏,可以告知大家在游戏中没找到"战斗服"的人会得到主持人的"鼓励"。

【讨论要点】

(1) 多次体验后,是否与他人形成了默契,加深了信任?

(2) 相互信任能为我们的灭火救援战斗带来什么?

2) 主题活动1：信任背摔

活动目的：让团体成员了解如何获得他人的信任。

活动时间：25分钟。

导入语：今天,我们将开展一项特殊的主题活动——"信任背摔"。这个活动旨在增强我们团队之间的信任与协作,让我们更加紧密地团结在一起,共同应对未来的挑战。现在,请大家集中注意力,认真听从我的指示,以确保活动顺利进行。同时,也请大家在参与过程中保持轻松的心态,相信我们的团队,相信每一位队员。那么,让我们携手共进,共同迎接这个挑战吧!

场地要求：选择符合活动人数范围的安静活动室或操场。

准备工具：眼罩。

具体操作如下。

(1) 将所有参与者聚集在一起,以便进行轮换体验。

(2) 一位参与者(背摔者)戴上眼罩后,由领导者带领站上高台,身体直立,双脚并拢,双手交叉抱于胸前或自然下垂,闭上眼睛,全身放松地向后倒下。

(3) 台下参与者(接应者)面对面站立,双手交叉,左手抓住右手腕,然后抓住对面成员的手,站在背摔者身后,呈半蹲姿势,确保接应位置稳固且安全。

注意事项：团体领导者要着重强调信任的重要性,鼓励背摔者完全信任接应者,而接应者应保持专注和稳定,确保能够接住背摔者。

领导者小结：在团队中,信任不仅是个人成功的基石,更是团队整体协同作战的保障。我们特意设置了"信任背摔"环节,让成员们轮流扮演背摔者和接应者。背摔者需要克服内心的恐惧,全身心地信任接应者,勇敢地向后倒下;而接应者则需保持高度的专注和稳定,确保能够安全接住背摔者。成员们纷纷表示,这一环节让他们深刻体会到了信任的力量。背摔者称,在倒下的那一刻,他们感受到了前所未有的安心与释放;而接应者则感受到了责任的重大和团队协作的成就感。

3) 主题活动2：橙色冲锋舟

活动目的：明确人际沟通的重要性,提高信任感。

活动时间：25分钟。

导入语：接下来,我们要进行的团队活动主题是"橙色冲锋舟"。在这个游戏中,我们将模拟抗洪抢险救援中的紧急情况,只有所有队员都顺利完成紧急避险,才能算作一次成功的救援。这不仅考验我们的团队协作能力，还考验我们在面对挑战时的反应速度和决策能力。因此，我希望大家在比赛中全力以赴，同时保持积极的心态，享受游戏带来的乐趣与挑战。现在，展现你们的团队协作能力和快速反应能力，共同迎接这个充满挑战的游戏吧！

场地要求：选择符合活动人数范围的安静活动室或操场。

准备工具：报纸若干。

具体操作如下。

(1) 在活动正式开始前，每组有三分钟时间，尝试单脚站立于报纸上，另一只脚悬空，能坚持 10 秒即为闯关成功。

(2) 主持人下达"洪水来了"的口令时，所有成员按照要求完成单脚站立，并同步计时。

(3) 持续 10 秒后，各组成员短暂休整，随时迎接第二波"洪峰"的到来。此时，各组将报纸由平铺变为对折。

(4) 当主持人再次下达"洪水来了"的口令时，所有成员再次按照要求完成相应动作。

(5) 反复对折报纸，挑战难度逐渐提升。最终，折到占用空间最小且坚持到最后的小组获胜。

【讨论要点】

(1) "洪水来了"时，你心中有什么想法？

(2) 在团队自救的过程中，你认为支撑你的最大力量来源是什么？

4) 领导者总结

同志们，经过紧张而充满乐趣的"橙色冲锋舟"活动，我们第二单元的学习与体验即将圆满结束。在这个活动中，我看到了大家面对挑战时展现出的勇气与智慧，更感受到了团队成员之间深厚的信任与默契。每一次洪峰来袭，每一次集体自救，都是对"信任"二字最生动的诠释。我们深知，在真实的火场救援中，信任是支撑我们前行的力量，是确保任务成功的关键。而今天，通过"橙色冲锋舟"这个游戏，我们不仅锻炼了团队协作能力，更深刻体会到了信任的重要性。在此，我要特别感谢每一位参与者的全情投入和精彩表现。无论是获胜的小组还是未能赢得比赛的小组，你们都用自己的行动诠释了消防员的精神风貌，展现了团队的力量。同时，我也希望今天的活动能成为大家今后工作中的宝贵财富。让我们将这份信任与默契融入每一次的救援任务中，用我们的专业和勇气守护人民的生命财产安全。最后，让我们以热烈的掌声为今天的活动画上完美的句号，同时也为未来的每一次挑战和胜利加油鼓劲！谢谢大家！

第三单元 构建信任的蓝图

1) 热身活动：器材装备大保养

活动目的：提高注意力和反应能力，活跃气氛，放松身心。

活动时间：5 分钟。

导入语：同志们，大家好！在我们开启今天这场以"构建信任的蓝图"为主题的团体辅导之旅前，让我们先通过一个简单而有趣的热身活动——"器材装备大保养"，来活跃团队氛围，加深彼此间的默契与信任。想象一下，在每一次紧急任务的瞬间，我们手中的器材装备就如同最坚实的后盾，它们与我们并肩作战，守护着城市的安宁。那么，现在就让我们以一场特别的"大保养"来向这些无言的战友致敬吧!让我们在欢笑与挑战中,共同开启这场关于信任与成长的团体辅导之旅!

场地要求: 选择符合活动人数范围的安静活动室或操场。

准备工具: 无。

具体操作如下。

(1) 注意听领导者的口令,当领导者说"器材装备大保养"时,大家齐声问"保养的器材是什么?"

(2) 队员们要根据领导者的回答做出正确的动作。

(3) 当领导者回答的词语属于与火灾救援有关的器材时,如"水炮、水枪、分水器、水带"等,大家必须整齐地跺一下脚。

(4) 当领导者回答的词语属于与抢险救援有关的器材时,如"无齿锯、液压机动泵、电动剪扩钳、撬棍"等,大家必须整齐地拍一下大腿。

(5) 当领导者回答的词语属于与水域救援有关的事物时,如"抛绳包、救生衣、橡皮艇、冲锋舟"等,大家必须举起双手整齐地拍一下。

(6) 若队员出错,则要表演节目或接受惩罚。

2) 主题活动1:墨影遁离

活动目的: 让团体成员了解信息沟通的重要性。

活动时间: 25分钟。

导入语: 刚刚我们通过小游戏活跃了气氛。在消防员的日常工作中,器材装备是我们的得力助手,更是我们的最佳队友。信任不仅是连接我们与队友的纽带,更是我们在火场上并肩作战、共克时艰的基石。今天,我们将通过"墨影遁离"这一主题活动,深刻体验信任的力量,感受团队协作的魅力。想象一下,熊熊烈火在前方肆虐,浓烟滚滚,你身处的救援场地即将倒塌。在这样的危急关头,我们最可靠的伙伴,除了手中的装备,就是身边的战友。此刻,战友们在外面大声呼喊着你的名字,命令你撤离,对讲机传来的声音清晰而坚定,指引着我们穿越火海,寻找生命的出路。最后,我要提醒大家,无论成绩如何,我们今天的目标都是增进彼此之间的了解和信任。现在,"墨影遁离"主题活动正式开始!

场地要求: 选择符合活动人数范围的安静活动室或操场。

准备工具: 眼罩,全套个人防护装备若干,铺设充实水柱、水带干线,独木桥,结绳架等障碍物。

具体操作如下。

(1) 每个小组推选一名成员,穿着全套个人防护装备、佩戴眼罩,由主持人监督其原地转5圈后,带入"被困区域"。

(2) 其他组的成员完成障碍物设置后,向主持人示意。

(3) 当主持人下达"开始"口令时,计时开始。被困消防员单手扶水带,沿水带干线,按前虚后实、两脚交替的方式低姿撤离。

(4) 撤离过程中,无论是否本组成员,都可以通过呼喊的方式提供行动指令。行动指令可以是正确的,也可以是错误的,重点取决于被困消防员的自主选择。

(5) 被困消防员到达安全区域后,计时结束。

【讨论要点】

(1) 作为被困消防员，你是如何从不同的信息源中找到正确的撤离信息并安全归队的？

(2) 在"墨影遁离"的活动中，你最大的收获是什么？这个经验是否可以迁移到我们的日常救援中，以确保信息畅通？

领导者小结：本次团体辅导活动以信任为主题，旨在通过模拟被困消防员撤离和"墨影遁离"等活动，增强队员间的信任，提升团队协作和信息处理能力。

作为领导者，我目睹了在模拟被困消防员撤离时，队员们能够冷静分析来自不同信息源的数据，通过相互讨论和验证，最终找到了正确的撤离路径并安全归队。这一过程充分展示了队员们在信任基础上对信息的有效筛选和处理能力。

这一经验对日常救援工作有着重要启示。在紧急救援中，建立信任机制，确保信息畅通，是提升救援效率、保障人员安全的关键。未来，我们将继续强化信任建设，让团队在每一次救援中都能迅速响应、精准行动。

3) 主题活动2：寒雪侵伤：冻与盲

活动目的：让团体成员了解沟通与信任的重要性。

活动时间：25分钟。

导入语：刚刚，我们从惊险万分的灭火救援现场平安脱险，本以为可以获得短暂休整。没想到，指挥中心又派来了新的警单，大家要赶到下一个地方开展冰雪救援。身处南国的我们，要去北方感受冰天雪地，肯定会有很多不适应。为此，支队灭火救援指挥部组织大家开展一次特殊的冰雪救援培训——"寒雪侵伤：冻与盲"。现在，活动正式开始！

场地要求：选择符合活动人数范围的安静活动室或操场。

准备工具：眼罩若干，积木若干。

具体操作如下。

(1) 每个小组推选一名成员担任指挥员，该指挥员患有"冻伤"，无法移动，也无法以任何方式为团队提供身体帮助。其他队员患有"雪盲症"，集体佩戴眼罩，活动期间什么也看不见。

(2) 当主持人发出"开始"口令后，计时开始，并出示要搭建的模型图示。

(3) 指挥员下达口令，指导患有"雪盲症"的队员搭建模型，直至成功。

(4) 成功搭建模型后，患有"雪盲症"队员的视觉恢复正常，他们摘下眼罩，共同将患有"冻伤"的指挥员协力搬至安全地带。搬动期间，指挥员及其携带的所有物品均不得触地，每落地一次加10秒。

(5) 所有人员到达安全区域后，计时结束。用时最短的小组获胜。

【讨论要点】

(1) 作为指挥员，你认为完成这项任务最重要的是什么？

(2) 作为患有"雪盲症"的队员，在搭建模型从失败到成功的过程中，你内心有什么变化？

4) 领导者总结

在圆满完成三个单元的团体辅导活动后，我们共同经历了一段深刻且意义非凡的旅程。每一个单元都如同消防工作中的不同挑战，考验着我们的信任、默契与协作能力。

首先，从"烈焰中的信任基石"单元开始，我们如同初入消防队伍的战友，带着对彼此的好奇与期待，通过一系列活动与互动，逐渐建立起初步的信任基础。这份信任，就像消防车上的水枪，起初可能略显生疏，但随着时间的推移，它成了我们的得力助手。

其次，在"跨越障碍的信任之旅"单元中，我们深入探究了信任的本质与重要性。通过"橙色冲锋舟"等富有挑战性的活动，我们亲身体验了在无法用语言沟通的情况下，如何凭借肢体语言、眼神交流以及内心深处的默契，共同克服障碍，圆满完成任务。这种默契，是消防员在火场上生死相依、并肩作战的宝贵财富。

最后，在"构建信任的蓝图"单元里，我们不仅回顾了前两个单元的学习与成长，更将这份信任升华为一种坚定的信念和力量。我们意识到，作为消防员，我们之间的信任不仅仅是情感上的依赖，更是一种责任与使命的担当。它赋予我们在面对危险时无所畏惧、勇往直前，在救援任务中紧密配合、高效协作。

在此，我要感谢每一位参与者的真诚投入与积极分享。是你们的参与，让这次团体辅导活动充满了活力与感动；是你们的信任与默契，让我们共同见证了消防员之间深厚的情谊与力量。让我们将这份信任与默契带到日常的工作与生活中，继续携手前行，共创辉煌！谢谢大家！

附表 8-1

对于工作中与你共事的人,是否存在如附表 8-1 所示的情况。

附表 8-1　信任量表

序号	项　目	非常不同意	不同意	不确定	同意	非常同意	得分
1	工作中我与他/她能够自在地分享彼此的想法、感受及愿望	1	2	3	4	5	
2	我可以自在地跟他/她谈论我在工作上所面临的困难,也知道他/她愿意倾听	1	2	3	4	5	
3	如果我们其中任何人因为某些原因离开,无法继续共事,我们彼此都会有失落感	1	2	3	4	5	
4	如果我跟他/她谈论我的困扰,我知道他/她会关心并协助我	1	2	3	4	5	
5	在我与他/她的工作关系中,一直都会给予彼此情感上的支持	1	2	3	4	5	
6	我觉得他/她具备这个工作需要的专业能力与奉献精神	1	2	3	4	5	
7	鉴于我对他/她的了解,我没有什么理由怀疑他/她的工作能力	1	2	3	4	5	
8	我可以依赖他/她,相信他/她不会因为他/她工作的疏忽而给我的工作带来麻烦	1	2	3	4	5	
9	大多数的人,即使不是他/她的亲密朋友,也会将他/她视为值得信任和尊重的工作伙伴	1	2	3	4	5	
10	与他/她工作联系紧密的同事,也认为他/她值得信赖	1	2	3	4	5	
11	如果大家更了解他/她的个人情况,就会更近距离地关注他/她的工作表现	1	2	3	4	5	

信任量表基于 McAllister(1995)提出的基于情感的信任和基于认知的信任的两维度量表进行测量,共包含 2 个子量表——情感信任和认知信任,其中情感信任包含 5 个条目,认知信任包含 6 个条目。在测量工具中我们采用李克特 5 级评分量表,相应的得分表示被调查者与问卷内容描述的相似程度,得分范围 1~5 分分别表示"非常不同意""不同意""不确定""同意""非常同意",得分越高,表明被调查者的态度与问卷内容的相似程度越高。

第九章 消防员团体心理辅导之心理弹性篇

第一节 消防员心理弹性研究概况

一、消防员心理弹性概述

消防救援队伍承担着防范化解重大安全风险、应对处置各类灾害事故的重要职责。消防职业的特殊性使消防员长期处于高压力、高强度、高应激的状态，容易出现各类心理问题。心理弹性是指个体面对逆境、创伤、悲剧、威胁或其他重大压力时的良好适应过程，即对困难经历的反弹能力，它在压力对心理健康的影响中起中介作用，是个体心理健康的重要保护因素。研究表明，心理弹性水平高的人，在面对压力性事件时容易唤醒积极心理品质，主动寻求有效方法解决问题，保持积极乐观心态，从而降低挫折心理水平。心理弹性水平越低，产生负性情绪的风险越高。良好的心理弹性能够使个体在面对压力源或负性生活事件时更加积极灵活地调节自身状态，避免陷入负性情绪。

刘红兵等(2023)研究了消防员的公共服务动机、员工韧性、工作满意度、抑郁和焦虑之间的关联。结果表明，具有更多公共服务动机的消防员抑郁和焦虑程度显著降低，心理弹性和工作满意度较高。曹雅梦，张瑞显(2020)研究指出，消防员心理弹性总体偏低，略高于职业潜水员、军人的心理弹性水平，但低于急诊科护士、中学教师的心理弹性水平；心理健康状况亟须改善。基于库普弗的心理弹性框架模型，团体心理辅导方案可以提升消防员的心理弹性水平，并有即时性和持续性的效果，从而提高其应对压力的能力，促进心理健康；同时，也可以推广应用，为消防员心理健康促进和职业压力管理提供参考和借鉴。

二、消防员心理弹性的影响因素

心理弹性是一个动态变化的过程，不是一成不变的，可以通过干预促进和提高。心理弹性受多种因素影响，是各种危险性因素和保护性因素相互作用达到动态平衡的结果。除了年龄、文化程度、婚姻状况、是否独生子女、工作年限等社会人口学因素外，以下一些因素对消防员心理弹性也具有较大影响。

(一)社会支持

曹雅梦，张瑞显(2020)的研究结果显示，消防员的心理弹性与社会支持的各维度均呈正相关关系，说明消防员获得的社会支持越多，心理弹性水平越高。社会支持是指通过社会联系获取有助于免受或者减轻应激、紧张、压力等消极事件的不良影响的支持性的人际交往。改制转隶后，消防救援队伍延续着武警部队封闭式管理模式，消防员从家人、朋友等方面获得的物质和情感支持较少。因此，消防救援队伍的管理干部应当多关心、理解、爱护他们，与之建立真诚、平等、互信的人际交往，及时了解他们的心理状况，适当采用谈心、建议等方法，帮助消防员积极应对挫折与应激，提高心理弹性，减轻不良事件造成的心理伤害。

(二)应对方式

曹雅梦,张瑞显(2020)的研究结果显示,消防员的积极应对方式与心理弹性呈正相关关系,而消极应对方式则与心理弹性呈负相关关系,应对方式越积极,心理弹性水平越高。应对方式是指个体在面对内外应激环境时所采取的认知和行为方式。由于性格、认知、经历等方面的差异,不同个体在面对相似应激时会采取不同的应对方式。研究显示,积极的应对方式是心理弹性的重要保护因子,使个体更容易适应环境变化,及时调整好自我状态。消防救援队伍在日常管理中,应当通过骨干观察、谈心交流等手段及时发现消防员的心理异常,引导他们采取积极的应对方式,走出困境,及时恢复。

(三)自我效能

曹雅梦,张瑞显(2020)的研究结果显示,自我效能显著正向影响消防员的心理弹性,即一般自我效能感是心理弹性的保护性因素。自我效能是指个人对自己能够成功执行某一特定行为的自信心,体现了人们对自我行为能力的认知和评价。人们处理应激能力的信念会影响到自身身心调节系统以及对健康习惯、生理老化及生活方式的直接控制,进而影响身心健康。消防员长期处在高风险的环境下工作,随时面临生死考验,自我效能低的消防员对自我评价过低,面对紧急事件时往往感知到更大压力。消防救援队伍在日常管理时,要加强多种危险现场的情境模拟训练,提高消防员对危险征兆的观察和判断能力,以及避险能力。同时,结合模拟情境,有针对性地进行心理训练,提高消防员的胆量,克服战斗中的消极心理,从而提高消防员应对紧急情况的能力和信心,培养和提高消防员的自我效能,促使其在应激状态下保持良好的心理状态。

(四)正负性情绪

曹雅梦,张瑞显(2020)的研究结果显示,消防员的心理弹性与正性情绪呈正相关关系,与负性情绪呈负相关关系。队伍各级领导干部要多关注消防员的正负性情绪状况,鼓励、支持消防员表达正性情绪,当发现消防员出现负性情绪(如伤心、失望、痛苦等情感)时给予关心,帮助其解决产生情绪问题的根源,进行心理疏导,引导其换一个角度看待问题或经历,看到逆境中的机会,将负性情绪转化为正性情绪,提高自我效能感,培养乐观、自信、希望等情感,增强消防员的心理弹性水平。

第二节 消防员心理弹性团体心理辅导活动方案

一、团体性质与团体名称

团体性质:结构式、封闭式团体。
团体名称:心路同行——消防员心理弹性建设。

二、团体目标

(一)总目标

提升队站指战员的心理建设水平，使他们在轻松愉悦的氛围中感受困境带来的心理变化，引导指战员认识和感受心理弹性的存在，帮助他们克服困境，达到身心和谐，并能正确判断情绪的价值。

(二)具体目标

(1) 激发团体成员的参与兴趣。
(2) 提升团体成员的个体适应能力。
(3) 提高团体成员当下应对问题的能力。

三、团队领导者

团队领导者应为熟悉团体心理辅导基本理论，且具有一定带领团体经验的指战员。

四、团体对象与规模

参加对象为队站所有在队消防员，人数为15~20人，分为2组。

五、团体活动时间及频率

团体活动分为3个单元，每个单元时间约为60分钟。

六、团体设计理论依据

(一)心理弹性理论

心理弹性(resilience)英文意为"顺应力""恢复力"，又被称为"复原力""抗逆力""韧性""灵活性""抗挫力"等。这些概念的共同含义是指个体在面临或身处危险情境时，凭借自身天生或后天学习而来的特质积极应对困境，使心理和行为免于失常的能力。若个体在日常的学习、生活中强化这种能力，对其一生的发展将十分有益，能为个体的健康成长和终身幸福奠定基础。

心理弹性的研究最早起源于20世纪70年代的美国，是从危机应对和压力应对的研究中发展而来的，在我国尚处于起步阶段。美国心理学会(American Psychological Association，APA)将心理弹性定义为："个体面对逆境、创伤、悲剧、威胁或其他重大压力时的良好适应过程，即面对困难经历时的反弹能力。"

我国学者王永和王振宏(2013)对心理弹性的定义进行了概括，包括三种类型：能力论或特质论、过程论、结果论。首先，能力论或特质论认为，心理弹性是个体自身拥有的一种相对稳定的人格特质，其特征为个体面对逆境时能积极有效应对并恢复常态的能力。其次，过程论认为，心理弹性是个体在面对逆境、创伤或压力事件时，通过努力调整自我，利用有效的支持资源，从而实现向良好适应状态转变的心理演变与发展历程。最后，结果论侧重于从发展结果中定义心理弹性，认为心理弹性是个体处在逆境环境中仍能适应良好的一种心理现象。过程论涵盖了能力论和结果论的含义，不仅形象地描述了保护性因素与危险性因素交互作用的动态过程，同时强调了个体适应良好和发展顺利的结果，因此过程论常被许多研究者所接受。

(二)优势视角理论

"优势视角"(strength perspective)是一种关注人的优势资源和内在潜力的视角。所谓优势，不仅包括个人的品质和美德，还包括与个人相关的技能、环境和资源。

优势视角理论包括：赋权(empowerment)、成员资格(membership)、心理弹性(Psychological resilience)、治愈和整合(healing and integration)、对话与合作(dialogue and cooperation)等。心理弹性作为优势视角的理论内核，是指当个人陷入逆境或危机时，能够理性地做出建设性、正确的选择和应对策略的能力或特质。美国堪萨斯大学社会福利学院丹尼斯·萨利贝(Dennis Saleebey)教授提出，"优势视角取向的实践意味着：作为社会工作者所应该做的一切，在某种程度上要立足于发现和寻求、探索和利用案主的优势和资源，协助他们达到自己的目标，实现他们的梦想，并面对他们生命中的挫折和不幸，抗拒社会主流的控制"。心理弹性透过优势视角，能发现个体具有在逆境中生存下来的能力。心理弹性是个体特有的资源和资产，能够引导个人在逆境中学会如何应对负面生活事件，从而获得积极的、正面的成果。同时，心理弹性也是一个动态的过程，除了与生俱来之外，心理弹性还可以通过后天教育和训练获得并不断增强。拥有高水平心理弹性的人，能够以健康、乐观向上的心态，勇敢地迎接生活中的每一个挑战。在面对逆境时，心理弹性促使个体的心理健康恢复至初始平衡状态，甚至展示出更高水平的平衡状态；而在战胜逆境后，心理弹性则使个体具备更高的抗逆能力。

七、团体活动场地

团体活动场地为足球场、操场(空地)、教室。

八、团体评估方法

在团体辅导活动开展时使用"心理弹性量表""成长型思维量表"(GMS)进行前测、后测，具体量表内容如附表9-1、附表9-2所示。

九、团体活动辅导方案

(一)团体过程规划(见表9-1)

表9-1 团体过程规划

次 序	活动主题	活动目的	活动内容及时间
第一单元	探索力量源泉	(1)建立团体，营造和谐的团体气氛 (2)澄清团体活动目标 (3)激发团体成员参与兴趣 (4)制定团体规范，签订团体契约	(1)另类自我介绍(10分钟) (2)水瓶转动(5分钟) (3)消防心灵镜(40分钟) (4)领导者总结(5分钟)
第二单元	个体适应提升	(1)让每名参与者都乐在其中 (2)提升个体适应能力和成长之力	(1)打破舒适圈(10分钟) (2)消防营地彩泥融合之旅(20分钟) (3)消防人生的生命篇章(25分钟) (4)领导者总结(5分钟)
第三单元	个体应急反应	(1)加入沟通元素，让团队成员间有更多交流 (2)提高当下应对问题能力	(1)火焰防线的突破一跃(10分钟) (2)我的百宝箱(30分钟) (3)火灾现场的优点支援(15分钟) (4)领导者总结(10分钟)

(二)单元执行计划

每周开展一次活动，按照单元内容实施，时间尽量控制在60分钟以内。

第一单元 探索力量源泉

导入语：大家好，今天由我带领大家一起寻找"心理弹性"。"心理弹性"也称为"心理韧性""灵活性""抗挫力"，是指个体在面临或身处危险情境时，凭借个人天生或后天学习而来的特质积极应对困境，使心理和行为免于失常的能力。有心理弹性的人，虽然同样会感受到不公平、尴尬、愤怒、愧疚和焦虑，但他们可以很快平复情绪，恢复心情，回归工作。就如同玻璃杯落地，即便未碎也会留下痕迹；而乒乓球遭重击触地，却能迅速反弹而起。有心理韧性的人，就像这支乒乓球，可以将受到的打压变成应力，让自己活得更好。

1) 热身活动：另类自我介绍

活动目的：让成员尝试探索自己名字的含义，用与以往不同的方式介绍自己，增进成员的自我了解和相互了解。

活动时间：10分钟。

导入语：下面我们将进行"另类自我介绍"活动，通过探索自己名字的含义，来进行独特的自我介绍。

场地要求：选择符合活动人数范围的安静活动室或操场。

准备工具：无。

具体操作如下。

(1) 我们可能会发现，很多父辈的名字都带有"国"字，如"王国强""孙爱国"等，这往往是因为他们出生在中华人民共和国成立之初，当时社会亟待发展，取这样的名字寄托了父母希望他们热爱祖国、祝福祖国日益强盛的美好愿望。有的女孩子取名常用"静""慧"等，是因为父母期望自己的女儿能够温柔娴静、聪慧可爱等。那大家有没有想过，父母为什么会给自己取这个名字，这个名字又有什么特别的含义呢？

(2) 让每位成员探索自己名字的含义和故事，然后依据自己的名字进行一段独特的自我介绍。例如，我叫"王国强"，我的父母希望国家富强，人民幸福，让我一出生就体会到华夏盛世。

(3) 成员之间相互交流讨论。

【讨论要点】

本次活动大家有什么感想和发现呢？

2) 分组活动：水瓶转动

活动目的：将人员进行随机分组，组成团队进行活动。

活动时间：5分钟。

导入语：为了让我们更好地相互交流、协作，我们将通过"水瓶转动"活动进行分组。在我们的日常工作中，随机应变、迅速配合是至关重要的。而这个看似简单的转瓶子分组游戏，恰如其分地模拟了我们在紧急任务中可能遭遇的随机挑战。它会让我们与不同的队友合作，激发新的思维和协作方式。让我们以开放的心态迎接这个分组方式，相信无论和谁分到一组，我们都能携手共进，在这次的辅导活动中收获满满的正能量和团队凝聚力！现在，让我们开启这次充满惊喜与期待的分组之旅！

场地要求：选择符合活动人数范围的安静活动室或操场。

准备工具：1瓶矿泉水。

具体操作如下。

(1) 所有人围成一圈，由团队领导者转动水瓶，根据水瓶的指向，进行随机分组。

(2) 分好组后，自行推选组长，同时确定好组名、口号。

(3) 签订《心理团体活动保密协议》，确保活动过程中的信息保密。

3) 主题活动：消防心灵镜

活动目的：促进指战员全面认识自我。

活动时间：40分钟。

导入语：在我们的生活中，人际交往无处不在，而我们在他人眼中的形象和自己心中的认知往往有所不同。今天这个活动，我们为大家准备了一张表格，里面包含了来自父母、群众、兄弟姐妹、朋友(领导)、爱人(恋人)、队员以及自己理想中的自我看法(见表9-2)。

这是一次难得的自我探索之旅，在填写的过程中，大家可能会有各种各样的感受。有些人或许会看到积极向上、充满能量的自己，也有些人可能会触碰到内心长期压抑的部分。但无论如何，这都是真实的自我呈现。希望大家能静下心来，认真思考，真诚地填写表格。填写完成后，我们在组内进行交流，一起分享彼此的感受和认知，从而更深入地剖析自我，为未来的工作和生活注入新的活力和动力。现在，让我们开始吧！

场地要求：选择符合活动人数范围的安静活动室或操场。

准备工具：每人 1 张表(见表 9-2)、中性笔。

表 9-2 认识自我

父母眼中的我	群众眼中的我	兄弟姐妹眼中的我	朋友(领导)眼中的我
自己眼中的我	爱人(恋人)眼中的我	队员眼中的我	自己理想中的我

具体操作如下。

(1) 每人领取 1 张"认识自我"表，深度思考后认真填写，待所有参与者填写完成后开展组内交流。

(2) 填写的过程中会反映出不同的心态。有些人会肯定积极向上的自我，但有些人却会引发一些长期压抑的感受，领导者要注意引导大家进行自我剖析。

【讨论要点】

(1) 成员对哪一个人的看法最重视？为什么？

(2) 最难填写的是什么？为什么有人会填不出来？

(3) 成员填写的内容多是正面的还是负面的？然后引导成员做出探索。

4) 领导者总结

亲爱的团队成员们，在这一单元"探索力量源泉"的活动中，我们通过"另类自我介绍"和"消防心灵镜"这两个活动，开启了认识自我、发现内在力量的旅程。

希望通过今天的探索，大家不仅对自己有了新的认识，也能够感受到来自团队的支持和温暖。心理弹性的培养是一个持续的过程，而今天的探索只是一个开始。让我们带着对自己的了解和对他人的理解，在未来的日子里，不断挖掘自身的力量源泉，勇敢面对生活中的挑战和困难。相信我们的团队，因为每一个独特的你，都充满着无限的可能和坚韧的力量！

期待在接下来的团队辅导中，我们能一起继续成长，共同进步！谢谢大家！

第二单元　个体适应提升

导入语：在消防员的职业生涯里，我们时刻都要面对各种极端的挑战与压力。每一次出警，都是对我们心理承受能力的一场考验；每一次直面危险，都是对我们适应变化能力的一次挑战。拥有强大的心理弹性，是我们能够坚守岗位、勇往直前的关键所在。我们必须不断提升自我，才能在充满不确定性的消防工作中，始终保持坚定的信念和无畏的勇气。

本次团体辅导活动，如同为我们的心灵注入一股强大的能量，助力我们发掘内在的潜力，学会在困境中迅速调整状态，在挫折中汲取力量，不断成长进步。让我们以积极的心态，投入这一单元的学习与探索中，努力成为更强大的自己，为守护人民的生命财产安全，做好最充分的心理准备！

1) 热身活动：打破舒适圈

活动目的：引导指战员探索改变习惯的困难，了解改变习惯的普遍反应；让指战员意识到不断挑战自我，改变自己的习惯是可行的。

活动时间：10 分钟。

导入语：在正式开展活动之前，首先，让我们一起进行一个特别的热身活动——打破舒适圈。大家都清楚，在消防工作中，我们常常会遇到各种超出常规、充满挑战的情况。而我们的成长与进步，往往就发生在勇敢地走出自己熟悉且安逸的区域之时。接下来，我们将通过几个简单的动作，引导大家打破自己的习惯，迈出打破舒适圈的第一步。相信通过这个热身活动，我们能以更加积极、开放的心态投入到接下来的辅导中，不断突破自我，增强团队的心理韧性！让我们即刻开始，勇敢地打破舒适圈！

场地要求：选择符合活动人数范围的安静活动室或操场。

准备工具：无。

具体操作如下。

(1) 所有成员面向中心围成圈，领导者邀请每位成员自然地十指交叉相扣约 10 秒。

(2) 领导者再次邀请各位成员以相反的姿势十指交叉相扣约 10 秒，体会与之前动作的不同感受。

(3) 恢复垂手状态，领导者再邀请各位成员按照自己的习惯自然地绕手。

(4) 领导者再次邀请各位成员反向绕手，体会与之前动作不同之处，恢复垂手姿态。

【讨论要点】

(1) 第二次的十指交叉相扣和绕手有什么感觉？为何会有这种感觉？改变习惯是否可能？

(2) "舒适圈"指的是所有人都生活在一个无形的界限里，在这个界限内，有自己熟悉的环境，与认识的人相处，做自己喜欢做的事，我们会感到很舒服；反之，当我们走出这个界限时，就会感到不舒服，很自然地想要退回到界限内。如果我们不刻意扩大自己的"舒适圈"，个人的发展与进步就会很缓慢，也无法发挥自己的潜力，难以拥有丰富多彩的人生。

(3) 鼓励人员自我反思：在日常生活中，我们是否有勇气摒弃陋习，是否乐于接纳新思想、学习新事物，是否敢于挑战自我，跨越自己的"舒适圈"？

(4) 哪些情况要求我们打破自身的"舒适圈"？我们的"舒适圈"是如何形成的？如何拓展我们的"舒适圈"？

2) 主题活动1：消防营地彩泥融合之旅

活动目的：促进指战员认识自我，接纳自我中不和谐的部分，反省和改善自我，增强自我和谐。

活动时间：20分钟。

导入语：我们的生活就像这一盒色彩斑斓的橡皮泥，有我们喜欢的部分，也有我们不喜欢的部分。而今天的活动，就是要引导大家借助橡皮泥的混合过程，深入探索并理解自我内在的多样性与潜在的不和谐之处。接下来的20分钟，是大家认识自我、接纳自我、反省自我、改善自我的宝贵时光。现在，让我们出发吧！

场地要求：选择符合活动人数范围的安静活动室或操场。

准备工具：36色橡皮泥一盒，素描纸，剪刀多把。

具体操作如下。

首先，个体橡皮泥的操作如下。

(1) 每位指战员到领导者处挑选两块橡皮泥，要求一块是自己最喜欢的颜色，另一块是自己最不喜欢的颜色。

(2) 将两块橡皮泥混合，慢慢地揉到一起，用心感受混合的过程。

(3) 组内分享在混合两块橡皮泥过程中的感受，以及对混合后的橡皮泥颜色的感受。

其次，团体橡皮泥的操作如下。

(1) 在素描纸的范围内集体用橡皮泥制作一个手工作品并为作品命名。

(2) 每组派一名代表对作品进行说明，号召成员们自由分享在创作过程中的自身感受及对小组作品的感想。

【讨论要点】

(1) 漂亮的橡皮泥象征着自己的优点，而不被喜欢的橡皮泥则象征着自己的缺点，大家在融合两块橡皮泥的过程中有何感受？

(2) 如果将漂亮和难看的橡皮泥使用比例进行调整，会怎样呢？

(3) 引导成员探索自我、接纳自我、完善自我，促进自我和谐。

3) 主题活动2：消防人生的生命篇章

导入语：在我们每个人的生命历程中，都有着独特而丰富的经历，有欢笑，有泪水，有成功，也有挫折。这些经历共同构成了我们独一无二的人生。现在，请大家领取A4纸，根据自己的想法，构思并描绘自己的消防生涯经历。它可以是一棵大树，上面结满了自己救援生涯难忘的故事；可以是一条时间轴，按顺序排列了自己的消防生涯；也可以是一块石头，记录自己的心路变化，然后画在这张A4纸上。

活动目的：引导指战员回顾过去，呈现自己的消防故事，分享自己对未来的期待。

活动时间：25分钟。

场地要求：选择符合活动人数范围的安静活动室或操场。

准备工具：A4纸、画笔。

具体操作如下。

(1) 领导者说明本次活动的规则，引导成员思考自己整个消防生涯的经历，然后将构思画在这张A4纸上。

(2) 请成员分享自己所画的图画：①画出的图画代表什么意义？②有哪些让你印象深刻

的事情？对你有什么影响？③如果可以，你所期望的未来是什么？

(3) 领导者整理成员所分享的内容。

【讨论要点】

(1) 发现自己一直所在乎的生命的高潮与低谷的经历是如何影响自己的？

(2) 发现自己所期待的未来也就是自己本身需求的满足程度。

4) 领导者总结

和上一次的团体辅导活动一样，今天，我们开展的活动主要还是以提高个人认知为主。大家只有勇于跳出自己的舒适圈，才能打破常规，提升自己的抗逆力，从而更好地调整自己的心态，投入工作生活中。

第三单元　个体应急反应

导入语：在消防工作中，我们时刻面临着各种突发状况和艰巨挑战。强大的心理弹性，尤其是当下应对问题的能力，对于我们消防员来说至关重要。

今天的团体辅导活动将聚焦于如何提高我们当下应对问题的能力。想象一下，当火警响起，浓烟滚滚，每一个瞬间的决策和行动都关乎着生命和财产的安全。我们需要迅速而准确地应对，不被压力和困难击倒。在接下来的内容中，我们将一起探索有效的方法和策略，通过一系列的训练和学习，让我们在面对复杂多变的紧急情况时，能够保持冷静，思维敏捷，行动果断。让我们做好准备，提升自己在当下应对问题的能力，为守护人民的生命财产安全铸就更坚实的心理防线！

1) 热身活动：火焰防线的突破一跃

活动目的：帮助指战员正确认识自己的实力，勇于面对失败。

活动时间：10 分钟。

导入语：首先，让我们一同参与这个特别的热身活动。请看眼前的这根绳子，我们将通过下蹲并双手紧握脚后跟的方式跳过它。尽管这看似具有挑战性，但正是这样的挑战，能帮助我们更好地了解自己的实力。平常我们也会遇到各种艰难险阻，失败也是在所难免的。但重要的是，我们要有勇气去尝试，去面对可能的失败。不管结果如何，通过这个活动，我们都能更清晰地看到自己的能力边界，也能锻炼我们面对失败时的心态。让我们鼓足勇气，迎接挑战，勇敢地跳起来！

场地要求：选择符合活动人数范围的安静活动室或操场。

准备工具：1 米长绳子。

具体操作如下。

(1) 把绳子拉直后放在地上。

(2) 成员们在距绳子 30 厘米处站立，让大家下蹲，双手紧握脚后跟。

(3) 任务为跳跃通过绳子，只能向前跳跃，不能滚动或者倒下，同时双手要紧握脚后跟，不能放开。

【讨论要点】

(1) 当试了几次仍然失败时，你是什么心情？

(2) 你觉得再试几次能成功吗？

(3) 通过这个活动你得到了什么启示？

2) 主题活动1：我的百宝箱

活动目的： 通过练习，引导成员思考在不同的情境下可以获得的社会支持的来源，明确自己的社会支持系统有哪些人，提高当下应对问题的能力。

活动时间： 30分钟。

导入语： 在我们的日常生活里，会遭遇形形色色的情境与挑战。而在这些关键节点，他人给予的支持常常能赋予我们力量与勇气。今天开展的这个活动旨在引导大家思索在不同情境下，能够获取社会支持的源头，明确自身社会支持系统都涵盖哪些人。期望通过此次分享，大家能够更为清晰地认知身边的支持力量，进而提高我们应对各类挑战的即时反应能力。

那么，现在就让我们开启属于自己的百宝箱。

场地要求： 选择符合活动人数范围的安静活动室或操场。

准备工具： 每人一支笔和一张"我的百宝箱"表。

具体操作如下。

(1) 团体领导者给每位成员发放一张"我的百宝箱"表格和一支笔，接着，成员们安静地思考并认真填写。

(2) 待所有成员都填写完毕后，组内成员分享自己的百宝箱(见表9-3)，可以按顺序或者自由发言。

(3) 全组成员都分享过自己的百宝箱后，成员轮流分享自己参与这个活动的感受和收获的启发。

表9-3 我的百宝箱

项　目	内　容
当我觉得身心疲惫时，最渴望谁的陪伴	
我生病或者受伤时，最渴望见到谁	
当我有好消息时，最渴望跟谁分享	
当我在工作中被人误解时，最渴望获得谁的支持和理解	

项　目	内　容
当我面对非常危险的火情时，最渴望谁给予我勇气和力量	
当我看到或者听到有队友在救火时受伤甚至牺牲时，最渴望找谁陪伴	
当我经济上遇到困难时，最期待谁来帮忙	
当我觉得自己经验不足、信心不足时，最渴望得到谁的指点和帮助	
当我遇到烦恼时，最渴望找谁倾诉，给我建议	

【讨论要点】

(1) 在不同情境下，选择的对象是集中在某一个人身上，还是存在多种选择？

(2) 分享之后，我有怎样的感受？

(3) 我是否经常主动利用这些团队支持？原因是什么？

(4) 听了同组其他成员的分享，我受到了哪些启发？

3) 主题活动 2：火灾现场的优点支援

活动目的：让成员发掘自身优点，增强自信，加深自我认知。

活动时间：15 分钟。

导入语：在我们日常的工作与生活中，往往更多地聚焦于任务和挑战，却常常忽视了自身所具备的闪光点。今天的这个活动，就是要改变这一状况，鼓励每位成员为组内伙伴精心打造"优点炸弹"，并向他们发起一场真诚的赞美攻势。我们把场景设定为训练场或救援现场，大家要努力去发现其他成员真实且具体的优点并进行夸赞，越准确越好，格式为"某某，我觉得你很棒，因为……(写出具体优点)"。

写好后裁开，送给其他人。相信通过这个活动，我们都能更清晰地认识到自己的优点，增强自信，也能让我们的团队氛围更加温暖、积极。现在，让我们用 10 分钟的时间，开启这场优点的狂欢吧！

场地要求：选择符合活动人数范围的安静活动室或操场。

准备工具：A4 纸、卡片、中性笔、剪刀。

具体操作如下。

(1) 本次活动旨在让每个人都能得到赞美。请指战员为本组成员制作优点"炸弹"，向本组成员发起"轰炸"。

(2) "炸弹"格式："某某，我觉得你很棒，因为……(写出优点)。"

(3) 发现其他成员的优点时，表达越精准，"轰炸"的效果就越显著、越有力，所以要求写出具体的优点。

(4) 写完后裁开，赠送给他人。

【讨论要点】

(1) 通过此次活动，你是否发现了自己以前未曾察觉的优点？

(2) 当听到、看到其他成员对你优点的"轰炸"时，你有何感受？

(3) 他们所说的是否符合你对自己的认知？

4) 领导者总结

亲爱的团队伙伴们，我们的心理弹性团体心理辅导即将画上句号，但这仅仅是我们探索内心强大力量的开端。

在这段时间里，我们一同分享、一同思考、一同成长。我们了解到，心理弹性并非与生俱来，而是可以通过我们的努力和实践不断培养与增强的。

希望大家铭记，生活中的挑战与困难如同海浪，时而汹涌澎湃，时而风平浪静，但无论如何，我们都拥有足够的韧性去应对。当遭遇挫折时，不要忘记今天我们所学的方法和技巧，不要忘记彼此的支持与鼓励。让我们带着这份全新的认知和坚定的信念，勇敢地迎接未来的每一天。相信在今后的日子里，无论遇到何种风雨，我们都能凭借内心的强大力量，保持坚韧，奋勇向前。

再次感谢大家的积极参与和真诚分享，祝愿大家都能拥有充满阳光与力量的人生！

附表 9-1

指导语：您好，附表 9-1 是用于评估心理弹性水平的自我评定量表。请根据过去一个月您的实际情况，对下面每个阐述，选出最符合您的一项，并在数字上画"√"。请注意回答这些问题没有对错之分。

附表 9-1　心理弹性水平自我评定量表

序号	项　目	从来不	很少	有时	经常	几乎总是	得分
1	我能适应变化	0	1	2	3	4	
2	我有亲密、安全的关系	0	1	2	3	4	
3	有时，命运或上帝能帮忙	0	1	2	3	4	
4	无论发生什么我都能应对	0	1	2	3	4	
5	过去的成功让我有信心面对挑战	0	1	2	3	4	
6	我能看到事情幽默的一面	0	1	2	3	4	
7	应对压力使我感到有力量	0	1	2	3	4	
8	经历艰难或疾病后，我往往会很快恢复	0	1	2	3	4	
9	事情发生总是有原因的	0	1	2	3	4	
10	无论结果怎样，我都会尽自己最大努力	0	1	2	3	4	
11	我能实现自己的目标	0	1	2	3	4	
12	当事情看起来没什么希望时，我不会轻易放弃	0	1	2	3	4	
13	我知道去哪里寻求帮助	0	1	2	3	4	
14	在压力下，我能够集中注意力并清晰思考	0	1	2	3	4	
15	我喜欢在解决问题时起带头作用	0	1	2	3	4	
16	我不会因失败而气馁	0	1	2	3	4	
17	我认为自己是个强有力的人	0	1	2	3	4	
18	我能做出不寻常的或艰难的决定	0	1	2	3	4	
19	我能处理不快乐的情绪	0	1	2	3	4	
20	我不得不按照预感行事	0	1	2	3	4	
21	我有强烈的目的感	0	1	2	3	4	
22	我感觉能掌控自己的生活	0	1	2	3	4	
23	我喜欢挑战	0	1	2	3	4	
24	我努力工作以达到目标	0	1	2	3	4	
25	我对自己的成绩感到骄傲	0	1	2	3	4	

美国心理学家康纳(Connor)和戴维森(Davidson)于 2003 年编制了心理弹性量表(Connor-Davidson resilience scale，CD-RISC)，将心理弹性作为人格特质进行测评，主要评价个体压力应对能力，该量表被广泛应用于中国、韩国、英国、澳大利亚、南非等国家，应用人群包括学生、护士、消防员、患者、有问题的人群等。附表 9-1 于肖楠、张建新于 2007 年翻译并修订的中文版 CD-RISC。该量表包括坚韧、自强、乐观 3 个维度，共 25 个条目，每个条目采用李克特 5 级评分法：0 分="从来不"，1 分="很少"，2 分="有时"，3 分="经常"，4 分="几乎总是"，总分为 0~100 分。其中坚韧维度共 13 个条目，为第 11~23 题，得分范围为 0~52 分；自强维度共 8 个条目，为第 1、5、7、8、9、10、24、25 题，得分范围为 0~32 分；乐观维度共 4 个条目，为第 2、3、4、6 题，得分范围为 0~16 分。得分越高，说明心理弹性水平越好。

附表 9-2

附表 9-2　成长型思维量表

序号	内　容	非常不同意	不同意	同意	非常同意	得分
1	*你的智力对你来说是非常基本的，同时无法有太多改变的东西	4	3	2	1	
2	不管你的智力有多高，你总是能改变它一点儿	1	2	3	4	
3	你总是能够在很大程度上改变你的智慧程度	1	2	3	4	
4	*你是一种特定类型的人，想要真正改变这一点能做的事情很少	4	3	2	1	
5	不管你是哪种类型的人，你总是能够改变一些基本的特质	1	2	3	4	
6	音乐的天赋是任何人都可以通过学习而获得的	1	2	3	4	
7	*只有少数人真正擅长体育，这种天赋是与生俱来的	4	3	2	1	
8	*如果你是男孩子，或者如果来自一个重视数学的家庭，那么数学的学习会更加容易	4	3	2	1	
9	你在某个方面越努力，那么你就会越擅长这个领域	1	2	3	4	
10	不管你是哪种类型的人，你都总是能够在很大程度上做出改变	1	2	3	4	
11	*对我而言尝试新鲜事物很有压力，而我也尽力去避免尝试新鲜事物	4	3	2	1	
12	*有一些人很好、很友善，有一些人并不如此，人通常是不怎么会改变的	4	3	2	1	
13	当我的父母、老师对我的表现给予反馈时，我会对他们心怀感激	1	2	3	4	
14	*当我收到对我的表现的反馈时我通常会很生气	4	3	2	1	
15	所有大脑没有受过伤的且没有生理缺陷的人都具有相同的学习能力	1	2	3	4	
16	*你能学习新的知识，但是你不能真正改变你的智慧程度	4	3	2	1	
17	*你能够用不同的方法来处理事情，但是关于你是谁的重要部分却不能够被真正地改变	4	3	2	1	
18	人们基本上都是善良的，但有时会做出糟糕的决定	1	2	3	4	
19	我完成学业任务的重要原因在于我喜欢学习新的事物	1	2	3	4	
20	*真正聪明的人，并不需要努力	4	3	2	1	

注：*为反向计分题。

第九章　消防员团体心理辅导之心理弹性篇

附表9-2由我国学者家晓余于2018年基于美国心理学家德韦克(Dweck)的研究成果翻译编制。GMS总分为80分，一共20题，其中反向计分题共十题，即第1、4、7、8、11、12、14、16、17、20题。具体如下：高度偏向成长型思维，4分；比较偏向成长型思维，3分；比较偏向固定型思维，2分；高度偏向固定型思维，1分。

第十章　消防员团体心理辅导之品格优势与美德篇

第一节　消防员品格优势与美德研究概况

一、消防员品格优势与美德概述

品格优势作为积极心理学的核心概念,具体指通过认知、情感和行为反映出来的一组积极人格特质,也是促进个体身心健康与幸福感、缓解抑郁与压力的良好资源。彼得森(Peterson)和塞利格曼(Seligman)(2004)在对涉及性格优点和美德的大量文献(从精神病学、青少年发展到哲学、宗教、心理学)进行回顾的基础上,发现了在各种文化(包括中国的儒家思想和道教文化,南亚的佛教和印度教文化,西方的希腊哲学、犹太教、基督教、伊斯兰教)中普遍存在并受到珍视的六种核心美德:智慧、勇气、人性、正义、节制和超越。他们根据十项标准从众多的候选性格优点中选择了24种,并分别归类到这六大核心美德中(VIA-Classification of Strengths,VIA-CS),具体如表10-1所示。

表10-1　性格优点和美德分类

美　德	性格优点
智慧(获得和使用知识的认知优点)	创造性(有新的想法和观点)
	好奇心(对外部世界感兴趣,喜欢探索)
	心胸开阔,思想开明(公平地看待所有证据)
	对学习的热爱(系统化地增长自己的知识)
	愿景、远见(理解世界,明智的忠告)
勇气(情感性优点,践行意志以达成目标)	勇敢(面对威胁和困难的时候不退缩)
	毅力(善始善终,坚持不懈)
	正直(真实地展现自我)
	活力(感到兴奋和充满活力)
人性(人际性优点,培养关系)	爱(珍视亲密关系)
	善良(帮助和照顾他人)
	社会治理(理解社会世界)
正义(奠定健康社会生活的公民美德)	公民行为(社会责任、忠诚、团队合作)
	公平(平等地对待每个人)
	领导力(组织团体活动)
节制(防止过度的性格优点)	原谅和宽恕(原谅他人)
	谦卑/谦虚(不过度地抬高自己)
	谨慎(小心地进行各种选择)
	自我管理(管理自己的情感和行动)

续表

美　　德	性格优点
超越(赋予意义，与世界产生联结的优点)	对美和卓越的欣赏(善于发现生活中的美)
	感恩(对生活中的美好事物表示感激)
	希望(期望并向着美好的未来而努力)
	幽默(看到生活中光明的一面)
	精神性(对目标和意义的信念)

苟晓梅和杜旭东(2024)认为，与能够适应各种复杂、多变、危险作业环境的强健体魄以及对消防业务理论知识、灭火救援技(战)术的熟练掌握相比，勇敢、坚定、机智、果敢、顽强、沉着等积极稳定的心理素质，对于消防员圆满高效完成职责使命任务更为重要。李琰琰等(2012)采用 16PF 量表对消防员人格心理素质进行测试，结果显示，消防员在乐群性、稳定性、兴奋性、有恒性、敢为性、自律性等因素上的得分比全国常模和军人常模都高。这也在一定程度上说明消防员能够活泼愉快地参与各项任务和活动，对战友、同事热心且富有感情；拥有刚强的毅力、理智的判断和良好的团队合作主动意识；在灭火救援和训练中敢于运用战术，特别是在急、难、险、重任务中能随机应变，敢于承担责任等品格优势。

二、消防员品格优势与美德的影响结果

(一)创伤后成长

创伤后成长(post - traumatic growth，PTG)是指个体在面对灾难时，因遭遇逆境或其他挑战而产生的积极心理变化(Tian, Zhou, Wu & Zeng, 2016)，主要包括自我认知的变化、人际关系的变化和生活哲学的变化(Johnson et al., 2007)。研究者对"9·11 事件"之前和之后人们在 VIA-CS 量表上的作答结果进行分析发现："9·11 事件"发生之后两个月内，人们在感恩、希望、善良、领导力、爱、精神性和团队合作等性格优点上的得分要显著高于"9·11 事件"之前人们在这些性格优点上的得分，并且这一趋势在"9·11 事件"发生 10 个月之后仍然存在(Peterson & Seligman, 2003)，表明重大创伤事件所带来的积极心理变化具有时间上的延续性。既往结果表明，消防员的创伤后结果与创伤事件后的幸存者相似(Zhou, Wu & Zhen, 2018；Huang, Zhang, An et al., 2020)。消防员群体创伤后成长具有高发生率，这可能是由于消防员进行了有意识的反刍并获得了社会支持，从而提高了 PTG 的水平(Sun, Li, Huang et al., 2020)。

(二)职业使命感

职业使命感是指个体受利他性或亲社会性驱使，对特定职业领域表现出强烈激情和乐趣，贡献自我价值，并在从事该职业过程中获得成就感、幸福感和人生意义感。在一般工作领域，职业使命感是个体对所肩负责任的感知，对所从事职业的付出与贡献。聚焦到消防救援工作，消防员们深信，通过从事消防救援工作，他们能够为社会做出更多贡献，这份工作不仅极具意义，还能帮助他们实现个人价值。蒋珠慧(2018)研究了消防员的信任、工作投入、职业使命感之间的关系，结果显示，消防员群体具有较高的职业使命感，奉献精

神较强，工作更加专注和投入。消防员可以从一起共事的团队成员中获得较高的信任，且信任感越高就会产生更高的工作投入，职业使命感能够加强信任对工作投入的正面影响，内在驱动的长期性、稳定性十分突出。

(三)职业胜任力

职业胜任力是指个体成功进行职业生涯管理所需要的累积性知识。与社会支持、自主性等存在于工作场所中的工作资源不同，职业胜任力是个体自身所具备的能力资源，更多表现为个体自身的知识和技能。刘怡莎(2020)依据"冰山模型"理论构建了消防救援人员胜任素质模型，包括 12 项胜任素质特征项、40 个胜任力指标。具体为：专业知识与技能(身体素质、实战经验、与消防救援相关的专业知识、消防救援业务技能)，沟通协调能力(组织协调能力、沟通表达能力、信息收集能力)，学习与反思能力(学习领悟能力、自我认知与定位、反思与改进、创新能力)，应变能力(快速反应能力、果断决策能力、执行力、灵活性)，分析判断能力(关注细节、风险识别能力、自我保护意识、分析判断能力)，职业认同(职业规划、敬业精神、责任感)，全局观念(战略规划与思考能力、独立思考的能力)，纪律意识(规矩意识、服从命令)，团队精神(集体荣誉感、关爱战友、信任、团队协作能力)，积极主动性(进取心、主动性)，精神素养(勇敢、吃苦耐劳、意志力、环境适应能力)，心理承受能力(心理承受能力、沉着冷静、情绪控制与自我调节能力)。这些胜任力指标聚焦于消防员在日常工作中所应具备的积极特质和职业品格，不仅可以帮助消防员更好地应对工作中的挑战和机遇，加深其对职业的热爱与认同，还将增强消防员自身的积极体验，提高生活满意度，增强主观幸福感。

第二节 消防员品格优势与美德团体心理辅导活动方案

一、团体性质与团体名称

团体性质：结构式、封闭式团体。
团体名称：蓝盾守护——品格与美德的交响。

二、团体目标

(一)总目标

增强消防员的环境适应能力，提升他们应对挑战和克服困难的能力，强化团队归属感和凝聚力，深化职业认同感，促进人格成长，维护心理健康，激活积极的心理元素，进而升华人生意义。

(二)具体目标

(1) 促使消防员全面、深入地认识自身的品格优势，如勇敢、坚忍、责任心等，清晰了解这些优势在消防工作中的具体体现和价值。

（2）帮助消防员发掘潜在的美德，如善良、公正、诚实等，培养他们在工作和生活中主动践行美德的意识和习惯。

（3）提升消防员在紧急和高压情境下迅速调用自身品格优势和美德应对危机的能力，确保任务高效完成和自身心理调适。

（4）增进消防员之间对彼此品格优势与美德的了解和尊重，减少团队内部的冲突和误解，构建和谐的工作关系。

（5）通过强化品格优势与美德，增强消防员的职业自豪感和忠诚度，降低职业倦怠和离职倾向。

（6）教育消防员如何将品格优势和美德转化为积极的心理资源，有效应对创伤后应激障碍等可能出现的心理问题。

（7）培养消防员在面对公众时展现良好品格和美德的能力，树立消防队伍的正面形象，增强社会对消防工作的信任和支持。

三、团体领导者

团体领导者为熟悉团体心理辅导的基本理论，具有一定带领团体经验的指战员。

四、团体对象与规模

(一)参加对象

参加对象为队站所有在队消防员。

(二)团体成员人数

团体成员人数预计分为2～3组，每组为4～8人。

五、团体活动时间及频率

团体活动分为3个单元，每个单元时间约为60分钟。

六、团体设计理论依据

(一)积极心理治疗

积极心理治疗是设计本团体心理辅导活动方案的重要理论基础。积极心理治疗认为，积极情绪和积极体验能够拓宽个体的思维和行动模式，增强个体的适应能力和创造力。在治疗过程中，治疗师会与来访者共同探索和发现其积极的心理资源，并引导来访者运用这些资源应对生活中的挑战，实现心理的健康和平衡。积极心理学家所倡导的"持续幸福感"理论，将幸福感分为三个部分，基因占幸福感的50%，适应占10%，剩下的40%取决于个体主动控制的心理力量，即通过自主的行动与思维方式来提升幸福感。正如儒家"德福一致"和西方实现论所倡导的"幸福源自美德的表达",实现美德是通往真正幸福的途径。以更加欣赏、积极的眼光去看待自己和他人的潜能、动机和能力,这是积极心理学所倡导的幸福实现方式。幸福感是可以改变并持续提升的,品格优势的识别和运用是实现幸福的最有效方式。一项研究发现,品格优势的运用对情感幸福感的提升效果显著。通常采用的技术有:感恩、沉浸当下、运动、关注优势、尝试新事物、自我鼓励、社会支持等。

(二)品格优势理论

品格优势是对个人的思考与行为都有益的心理过程与心理机制,是实现美德的心理机制与心理过程,因此在一定程度上也可以说,品格优势是实现美德的必然途径。本节应用该观点,认为品格优势是培养个人美德的必经之路,是培养与塑造个人人格的重要途径。个体具有较高的品格优势,在与他人交往过程中,能主动展现认知、情感以及行为,这使个体在交往中能够表现出更加具有亲和力、团队精神、公平正义、爱与被爱、真诚、领导力、宽恕与感恩等美好的品德。同时,品格优势也具有较强的生命力,体现在社会环境及社会关系中的激情、创造力、洞察力、社交智力、勇敢及信念等方面。具备品格优势的个人,通常具有较强的意志力,能有效约束和要求自我。这些特点都对个体的不断发展有着积极的促进作用。

(三)人职匹配理论

人职匹配理论认为,人与环境匹配越好,越可能产生好的结果,即个人特征(兴趣、价值观等)与环境(工作等)要求之间越一致越好。品格优势可以促进人与工作的匹配,一方面使人产生寻找与自身能力相匹配的工作的需求;另一方面越是需要这种优势的工作,越能满足个人的需求,产生更多的积极体验,促进工作的适配。相关实证研究也表明,个体工作角色适配性对工作投入有间接的正面影响。因此,培养并挖掘消防员的品格优势,能够提高其工作匹配度,进而提高工作投入。

(四)职业建构理论

职业建构理论指出,职业是个体尝试通过工作角色来实现理想自我的转化过程,通过人与环境的不断磨合与匹配,人们的职业适应力会随之增强,相应的适应行为也会得到强化,并最终体现在职业发展、职业成功等适应结果上。具有职业使命感的个体可以深刻感知到工作的意义和自我工作追求,在这种强烈目标感的驱动下,他们调动自身的适应能力,在工作中展现出适应性行为,并以实际行动去践行自身使命,具体表现为对自己的工作更加投入。

(五)自我决定理论

自我决定理论指出,个体由于内外部动机差异会对组织提供的工作条件产生不同反应,进而会产生不同的绩效结果。自主动机(内部动机)具有高度的可持续性,如果因为内在动机而选择职业,使命感和责任感也会更强,也较容易在工作中体验到归属感、责任感和幸福感。

七、团体活动场地

团体活动场地为安静的室内空间。

八、团体评估方法

在团体辅导活动开展时使用清华大学编制的简化版"品格优势与美德量表"(VIA)、成长型思维量表进行前测、后测,品格优势与美德量表如附表10-1所示,成长型思维量表在第九章已详细叙述,在此不再赘述。

九、团体活动辅导方案

(一)团体过程规划(见表10-2)

表10-2 团体过程规划

次 序	活动主题	活动目的	活动内容及时间
第一单元	优势分享:卓越风采展	(1)明确团体设置,认识美德与品格优势 (2)探索自身和他人的美德与品格,发现自己的优势,提高自我效能感 (3)构建更好的社会支持,激发更强的力量	(1)优势糖葫芦串(20分钟) (2)品格优势相似圈(10分钟) (3)岗位优势大救援(30分钟) (4)领导者总结(5分钟)
第二单元	传奇讲述:美德华章叙	(1)通过对美德与品格优势的探索,提升克服困难的认知水平、行动能力和职业认同 (2)通过对仁爱和正义美德与品格优势的探索,展现消防员爱和仁慈的品格 (3)体验带着仁爱之心团结合作的力量 (4)提升个体幸福感,增强团队的归属感和凝聚力,提升职业认同	(1)优势猜猜猜(10分钟) (2)打开尘封记忆 寻找高光时刻(25分钟) (3)消防员品格优势角色扮演(25分钟) (4)领导者总结(5分钟)
第三单元	雅德艺创:灵思漫游行	(1)探索美德感受,体验消防职业赋予希望的感受,增强职业自豪感、荣誉感,升华人生意义 (2)让消防员从活动中感悟属于自己的独特理解	(1)我们是最棒的团队(10分钟) (2)搭建"生命之塔"(20分钟) (3)消防员优势与美德主题贴纸(30分钟) (4)领导者总结(5分钟)

(二)单元执行计划

在第一单元开始之前,让队员们填写品格优势与美德量表,并在活动结束后回收。

第一单元 优势分享:卓越风采展

1) 热身活动:优势糖葫芦串

活动目的:了解自己和同伴的优势所在。

优势糖葫芦串

活动时间：20分钟。

导入语：亲爱的伙伴们，大家好！欢迎来到品格优势与美德训练营。大家都清楚，了解自身的优势是实现进步和持续发展的关键所在。今天，我们将通过一系列活动，更清晰地了解自身的优势，掌握同伴的优势，增进团队成员之间的信任。活动期间，希望大家都能畅所欲言，积极分享自己的观察和思考，共同梳理出活动中的显著优势，为未来的发展找准方向，奠定坚实的基础。

场地要求：选择符合活动人数范围的安静活动室或操场。

准备工具：无。

具体操作如下。

(1) 随机从某个小组成员开始，要求其说出自己的三个优点(如我是真诚、自信、热爱学习的张某)。

(2) 按照顺时针或逆时针方向，团队成员依次介绍自己的三个优点，同时要复述前面所有成员的优点(如我是坐在真诚、自信、热爱学习的张某旁边的谨慎、勇敢、感恩的王某某，以此类推，最后一位成员要介绍全组的优点)。

(3) 没有成功复述前面已介绍的所有成员优点的"幸运成员"将接受活动"奖励"。

【讨论要点】

(1) 你对谁的优点印象最深刻？

(2) 大家共同的优点主要集中在哪几个方面？

2) 分组活动：品格优势相似圈

活动目的：完成人员分组。

活动时间：10分钟。

品格优势相似圈

导入语：刚刚，我们通过"优势糖葫芦串"这个简单的热身活动，拉近了彼此的距离，增进了相互了解，让大家更熟悉团队成员身上的优点和品格。接下来，我们将进行一项关于品格优势的汇聚活动，帮助大家进一步寻找与自己有共鸣的人。

场地要求：选择符合活动人数范围的安静活动室或操场。

准备工具：A4纸、中性笔。

具体操作如下。

(1) 参与人员在纸上写下"我骄傲，我是谁"(如战斗员、驾驶员、通信员、卫生员等岗位名称)；"我自豪，我有什么品格"，可以对照品格优势与美德图谱选择填写，每人限写3条并排序。

(2) 队员们围成一个圆圈，从上一轮最后一位接受"奖励"的"幸运成员"开始，站起来说"我很想知道，我们小组中有谁和我一样具有××品格"，拥有和他相同品格的人需要向前站一步；继续说"我很想知道，我们小组中有谁和我一样还具有××品格"，此时拥有和他相同品格的人再向前一步，逐步形成不同圈层的同心圆，如图10-1所示。

(3) 每一位队员分享结束后，最内圈的成员与这名队员组成同质小组，并结合消防救援工作特征(如奉献、超越、团结、自信、创新等)，提炼小组名称。

(4) 所有队员分享完毕后，从第一个组成同质小组的组员开始，站起来说"我很想知道，其他小组中有没有和我们一样，给自己的小组起名××组(名称)"，如有，则完成同质小组合并。

(5) 所有小组完成合并后，结合各组人数，进行微调，直至完成人员分组。

图 10-1　同心圆

3) 主题活动：岗位优势大救援

活动目的： 全面梳理和总结过往活动中的成功经验和突出优势；促进团队成员之间的交流与合作，形成对活动优势的共识；增强团队的自信心和凝聚力，激发团队成员对未来工作的积极性和创造力；培养团队成员的分析和总结能力，提升整体的工作效能；通过分析优势，为未来的活动策划和执行提供有价值的参考和借鉴。

活动时间： 30 分钟。

导入语： 刚刚，我们共同完成了"品格优势相似圈"分组活动，大家现在基本都和具有相同或类似品格的消防员组成了同质小组。但是，我们知道，完成灭火救援任务需要不同岗位的配合。除了指挥员的全面统筹、科学指挥外，还需要驾驶员的沉着冷静、战斗员的勇敢坚毅、通信员的快速反应、安全员的敏锐严谨等。接下来，我们将进行"岗位优势大救援"，开启一次惊险救援任务！

场地要求： 选择符合活动人数范围的安静活动室或操场。

准备工具： A4 纸、中性笔。

具体操作如下。

(1) 每组成员根据上一轮"品格优势相似圈"活动中，所有成员在纸上记录的信息进行折算，其总额成为小组初始分(通过岗位得分+品格优势得分计算，其中，岗位得分：驾驶员、战斗员、通信员、卫生员等岗位，每个 10 分；小组一共出现两种岗位的，加 30 分；一共出现三种岗位的，加 40 分，以此类推。品格优势得分：每出现一项与小组共同特质不同的品格优势，加 10 分；品格优势分属三种类别的，加 20 分；分属四种类别的，加 30 分，以此类推)。

(2) 各组成员自行商量所在组员的出阵方式及顺序，按照"驾驶员＞战斗员＞通信员＞卫生员＞驾驶员"的循环，进行两两相决(岗位相同的则共同淘汰)，最终未被淘汰的团队即为胜出者，按照本团队剩余成员数乘以 10，计算战斗得分。

(3) 各组与其他组别全部完成 PK 后，计算本组最终得分(岗位得分+品格优势与美德得分+战斗得分)，得分最高的组胜出。

【讨论要点】
(1) 你认为不同岗位最重要的品格优势是什么？
(2) 大家在组成战斗集体后，该如何发挥自身的品格优势，完成实际救援任务？

4) 领导者总结

今天，我们用了 60 分钟左右的时间，带领大家回顾了自身的优势，了解了身边战友的品格，并且通过品格优势组成了同质小组，共同经历了一场独特的救援之旅。其实，每一种品格都有其独特的价值，每一个岗位也都有它所需要的品格优势。希望大家能认真思考，自己所具备的品格优势与实际工作岗位的契合度，并找准今后工作的发力点，与其他伙伴团结协作，共同发挥我们的最大优势。

第二单元　传奇讲述：美德华章叙

1) 热身活动：优势猜猜猜

活动目的： 熟悉掌握六大类 24 种品格优势与美德。

活动时间： 10 分钟。

导入语： 在我们的消防队伍中，每天都有令人动容的故事上演，而在这些故事背后，是一个个闪耀着美德光辉的身影。

美德，是一种强大的力量，它能在危难时刻激励我们勇往直前，能在日常工作中让我们坚守职责，能在团队中凝聚人心。今天，我们相聚于此，开展这次美德故事讲述活动。

我希望大家能敞开心扉，分享那些深深触动过你的、发生在我们身边的美德故事。这些故事或许是英勇无畏的救援瞬间，或许是默默无闻的奉献付出，或许是战友间真挚的关爱与支持。通过讲述和倾听，让我们共同感受美德的力量，并从中汲取不断前行的动力。

场地要求： 选择符合活动人数范围的安静活动室或操场。

准备工具： 无。

具体操作如下。

(1) 每组推选出一名成员猜测后方题词板上呈现的具体的品格优势与美德的词汇，其他成员按照自己对于品格优势与美德的理解开展表演。

(2) 每组一共呈现 6 个品格优势与美德词汇，猜词者最多可以跳过 1 次。其他成员开展表演期间，不能通过语言描述进行提示。

(3) 在 3 分钟内，猜对词数最多的团队获胜。如出现并列第一的情况，则启动加时赛，活动规则同上。

【讨论要点】
(1) 刚刚的表演环节，最让你记忆深刻的品格优势与美德词汇是哪一个？
(2) 日常工作和生活中，消防员最常用到的品格优势是什么？主要出现在什么情境之下？

2) 主题活动 1：打开尘封记忆　寻找高光时刻

活动目的： 挖掘和弘扬消防队伍中的美德行为，增强消防员对美德的认知和理解，培养良好的道德观念；促进消防员之间的情感交流，增强团

打开尘封记忆
寻找高光时刻

队的凝聚力和归属感；激励消防员在工作和生活中积极践行美德，提升个人和团队的道德素养；通过故事分享，提供学习榜样，鼓励大家在今后的工作中展现出更多的美德。

活动时间：25分钟。

导入语：刚刚，大家通过各种方式充分模拟了常见的品格优势与美德。接下来，让我们一同回到现实，把注意力拉回到自己和身边的战友身上，回顾并思考发生在我们身边的美德故事。

场地要求：选择能容纳活动人数的安静活动室或操场。

准备工具：无。

具体操作如下。

(1) 给消防员10分钟时间，回忆并准备自己要讲述的三件令自己感到自豪的消防事迹。

(2) 轮流讲述：按顺序，每位消防员讲述自己准备的故事，其他成员认真倾听。

(3) 互动交流：讲述结束后，鼓励大家围绕故事中的美德展开深入讨论，积极分享个人感受和受到的启发。

【讨论要点】

(1) 让你印象最深刻的美德故事是哪一件？

(2) 从刚才大家的故事分享中，你能学到哪些自身尚不具备的品格优势与美德？

3) 主题活动2：消防员品格优势角色扮演

活动目的：帮助消防员深入理解和体验不同品格优势在实际情境中的应用；提升消防员在应对紧急情况时灵活运用品格优势的能力；增强消防员之间的相互理解与协作，培养团队默契；通过角色扮演，发现自身和他人潜在的品格优势，促进自我成长和团队发展。

活动时间：25分钟。

导入语：在我们的消防工作中，常常面临各种紧急情况和挑战，不同的品格优势往往起着关键作用。接下来，我们将通过一场特别的角色扮演活动，深入体验和探索这些品格优势的力量。大家将根据设定的场景，扮演不同角色，并充分发挥特定的品格优势去应对和解决问题。

这不仅是一次有趣的体验，更是一个让我们更好地认识自己、理解他人的机会。通过模拟真实情境，我们能更直观地感受到品格优势在行动中的展现，以及它们对结果产生的重要影响。让我们积极投入，全情参与，共同开启这场精彩的探索之旅！

场地要求：选择能容纳活动人数的安静活动室或操场。

准备工具：剧本。

具体操作如下。

(1) 设定场景。各小组选取那些令人印象最为深刻的消防美德故事进行演绎。

(2) 分组与分配角色。根据要演绎的场景为团队成员分配不同角色，要求团队成员扮演的角色与日常工作岗位有所区别，并明确每个角色需要展现的品格优势。剧本如下。

剧本一：商场火灾角色：若干顾客、商场工作人员、若干消防员。

场景1：起火。时间：下午。地点：商场。

内容：商场内，顾客们正悠闲地购物，突然一处电路起火，瞬间浓烟弥漫。顾客们惊慌失措，四处逃窜，呼喊声此起彼伏。商场工作人员一边紧急疏散顾客，一边拨打火警电话。

场景2：勇敢逆行。时间：下午。地点：商场入口。

内容：消防员们迅速赶到现场，面对熊熊大火和不断冒出的浓烟，他们毫不迟疑，毅然冲进商场。其中一位消防员心中默念："我们是人民的守护者，无论多危险，保护生命和财产安全的使命绝不能放弃。"他们敏捷地铺设水带，拿起灭火设备，向火源逼近。

场景3：救援行动。时间：下午。地点：商场内部。

内容：消防员们在火场中仔细搜寻，不放过任何一个角落。在火场的某个角落，他们发现一位受伤倒地的顾客，一位消防员毫不犹豫地背起顾客，小心地往外走，心里默念着："一定要坚持住，我们会把你安全送出去。"经过紧张的救援，火势终于得到控制，所有顾客和工作人员都被安全疏散。

场景4：胜利之后。时间：下午。地点：商场外。

内容：消防员们拖着疲惫的步伐走出商场，尽管满身尘土，但脸上露出欣慰的笑容。他们的勇敢和无私赢得了在场所有人的敬佩与赞扬。

剧本二：超市火灾。角色：若干顾客、商场工作人员、若干消防员。

场景1：突发火灾。时间：上午。地点：超市。

内容：超市内，人们正在挑选商品，突然货架上的货物起火，火势迅速蔓延。顾客们惊恐万分，纷纷向出口跑去。超市员工急忙组织疏散，并拨打火警电话。

场景2：火速赶到。时间：上午。地点：超市外。

内容：消防员们风驰电掣般赶到现场，看到大火，他们眼神坚定。一位年轻的消防员心想："这是一场严峻的考验，我们一定要成功灭火，保护大家。"他们迅速展开灭火行动，高压水枪喷射出强大的水流。

场景3：艰难救援。时间：上午。地点：超市仓库。

内容：消防员们在灭火过程中，得知超市仓库还有人员被困。他们毫不犹豫地冲进仓库，在浓烟和烈火中艰难前行。一位经验丰富的消防员鼓励着队友："大家加把劲，我们一定能把人救出来。"最终，他们成功救出被困人员。

场景4：英雄凯旋。时间：上午。地点：超市外。

内容：大火被扑灭后，顾客和超市员工对消防员们报以热烈的掌声。消防员们谦虚地微笑着，他们的勇敢和担当成为人们心中最美的风景。

剧本三：餐厅着火。角色：若干顾客、餐厅工作人员、若干消防员。

场景1：火灾。时间：晚上。地点：餐厅。

内容：餐厅内正在用餐的顾客被突如其来的火灾吓得惊慌失措。火焰迅速蔓延，餐厅员工一边疏散顾客，一边尝试灭火，但火势越来越大。

场景2：无畏冲锋。时间：晚上。地点：餐厅门口。

内容：消防员们赶到现场，看着熊熊大火，他们毫不畏惧。一位消防员对队友说："这是我们的战场，我们一定要赢。"他们毫不犹豫地冲进餐厅，与大火展开殊死搏斗。

场景3：细心呵护。时间：晚上。地点：餐厅内。

内容：在灭火过程中，消防员们发现一位老人受到惊吓，行动不便。他们小心翼翼地将老人抬出餐厅，一路上轻声安慰着老人，心里想着："一定要让老人安全，不能让她再受到任何伤害。"

场景4：赞誉满满。时间：晚上。地点：餐厅外。

内容：火灾被成功扑灭，顾客和餐厅员工对消防员们充满感激。消防员以实际行动展现了他们的高尚品格和无私奉献，完美地诠释了"英雄"二字的真谛。

除剧本中设定的人员外，另一部分队员可以排成有序队列，用手和肢体模仿消防工具，迅速冲向"火灾现场"，营救"被困人员"，将他们背出来或搀扶至"安全区域"。特别提醒：在救援过程中，鼓励队员之间进行沟通与交流，自由发挥创意，以展现各自团队独特的品格优势。

(3) 排练与表演。各小组在规定时间内进行排练，然后依次进行表演。

(4) 反馈与总结。表演结束后，其他小组给予反馈，共同探讨如何更好地发挥品格优势。主持人进行总结，强调在实际工作中运用品格优势的重要性。

【讨论要点】

(1) 你认为在刚刚的角色扮演中，最重要的品格优势是什么？你是如何体现的？

(2) 你认为要想让团队发挥最大能量，需要怎样做才能最大限度地激发不同岗位的品格优势与美德？

4) 领导者总结

刚刚开展的几项活动，均围绕我们日常灭火救援工作中的品格优势和美德展开。值得欣喜的是，我看到大家对自身岗位所需具备的品格优势有了深层次理解，也能换位思考身边其他战友岗位所需的品格优势。特别是从大家的交流讨论中，我能真切感受到大家对消防救援这份职业的认同与自豪，我由衷地为你们能从消防救援工作中找到自己的价值和意义而高兴。下一次，将进入我们品格优势与美德的最后一个单元，希望大家再接再厉，收获成长！

第三单元　雅德艺创：灵思漫游行

1) 热身活动：我们是最棒的团队

活动目的： 通过热身，调动成员的参与积极性。

活动时间： 10分钟。

导入语： 美德如璀璨星辰，照亮我们前行之路，赋予我们力量与指引。今天，我们将进入消防员品格优势与美德的最后单元，开启消防员美德的艺术创作之旅。在活动正式开展前，我们先一起进行一个暖场小游戏——"我们是最棒的团队"。

场地要求： 选择符合活动人数范围的安静活动室或操场。

具体操作如下：

(1) 团队所有成员围成一圈，按照左一下、右一下、中间拍一下喊"我"，接着左两下、右两下、中间拍两下喊"我们"，依此类推，直至齐声喊出"我们是最棒的团队"。

(2) 最后，团队所有成员一起喊"耶"。活动期间所有队员不能发出其他声音，违规者将因多说一句话而被加罚一秒。

(3) 用时最少的团队获胜，输的团队需接受一些惩罚，如用屁股写自己名字等。

2) 主题活动1：搭建"生命之塔"

活动目的：增强消防员对不同美德的记忆和理解；培养消防员的团队合作能力，通过协作完成拼图任务；提高消防员的观察力、专注力和问题解决能力；营造积极向上、充满活力的团队氛围，增进队员之间的交流与互动。

搭建"生命之塔"

活动时间：20 分钟。

导入语：接下来，我们将通过一场别开生面的搭建比赛，共同感受美德的魅力。摆在你们面前的这些积木、胶带等材料，每一部分都蕴含着一种美德。我们要将这些材料拼凑完整，共同搭建一座属于我们消防员自己的精神之塔。这不仅是一场比赛，更是一次对美德的探索与追寻。让我们在搭建过程中，深入思考每一种美德的内涵，感受它们在我们生活和工作中的重要意义。

场地要求：选择符合活动人数范围的安静活动室或操场。

准备工具：提前准备好相同数量和种类的建筑材料，如积木、塑料棒、胶带等。

具体操作如下。

(1) 各小组成员先展开讨论，确定搭建的基本思路和方案，依据成员的特长进行合理分工。

(2) 搭建过程中，成员之间要密切沟通，及时调整方案，解决出现的问题。

(3) 时间结束后，各组将展示自己搭建的"生命之塔"，并介绍搭建的思路、过程以及在其中遇到的困难及采取的解决办法，重点分享在搭建过程中，小组成员是如何发挥各自的品格优势，共同努力完成任务的。

(4) 由其他小组根据"生命之塔"的稳定性、高度、创意以及团队协作表现等方面进行评估打分。

【讨论要点】

(1) 在搭建"生命之塔"的过程中，你最大的收获是什么？

(2) 你认为"生命之塔"中所体现的品格优势与美德，在我们的日常工作中该如何体现？

3) 主题活动2：消防员优势与美德主题贴纸

活动目的：让参与者了解消防员应有的品格优势和美德形象，从而增强对消防员的敬意和感恩之情；通过贴纸活动，培养参与者的创新思维和团队协作能力；提升消防员的安全意识。

活动时间：30 分钟。

导入语：亲爱的朋友们，大家好！火，能给予我们温暖与光明，但有时也会带来危险与灾难。在我们的生活中，有这样一群勇敢无畏的人——消防员。他们在熊熊烈火中冲锋陷阵，用自己的生命守护着我们的安全。今天，我们将通过一场特别的贴纸主题活动，深入了解消防员的优势与美德，向这些英雄们致敬。

场地要求：选择符合活动人数范围的安静活动室或操场。

准备工具：印有消防员形象、消防器材、消防场景等图案的贴纸，若干张大白纸，彩色笔、剪刀等辅助工具，关于"消防员优势与美德"主题贴纸活动的思路(见附件10-1)。

具体操作如下。

(1) 分组。领导者将参与者分成若干小组，每组 3～5 人。

(2) 贴纸创作。各小组领取贴纸和大白纸，根据主题"消防员优势与美德"进行贴纸创作。可以用贴纸拼贴出消防员在火灾现场勇敢救援的场景，生动展现消防员的坚韧、勇敢和无私奉献的精神。小组成员共同讨论、协作，发挥各自的创意。

(3) 分享与交流。每个小组展示自己的作品，并派代表介绍作品的创意和想要表达的主题。其他小组可以提问和交流。

(4) 投票评选。全体参与者对各小组的作品进行投票，选出最具创意、最能体现主题的作品。

(5) 总结与评价。在今天的活动中，我们看到了大家的无限创意和团队合作精神。通过这些精美的贴纸作品，我们更加深刻地认识到了消防员应有的优势与美德。他们勇敢无畏，在危险面前毫不退缩；他们坚韧不拔，面对熊熊烈火永不放弃；他们无私奉献，为了保护人民的生命和财产安全，不惜牺牲自己。他们是真正的英雄，值得我们每一个人敬仰和学习。同时，通过这次活动，我们也提高了消防员的安全意识。希望大家在今后的生活中，能够时刻牢记消防安全，尊重和支持消防员的工作。让我们一起向这些最美逆行者致敬！

(6) 整理与展示。整理好贴纸作品，最后拍照合影，也可以选择在消防队内部合适的场所进行展示，如休息室、会议室等。

4) 领导者总结

亲爱的伙伴们，经过一系列丰富多彩的品格优势与美德活动，我们共同走过了一段意义非凡的成长之旅。

在这段时间里，我们通过自我认知与分享，更清晰地看到了自身的闪光点，深刻体会到每个人都拥有独特而宝贵的品格优势。美德故事的讲述，让我们感受到身边同事的伟大与温暖，那些展现英勇、奉献、友爱和坚韧的瞬间，将永远激励着我们前行。在角色扮演中，我们亲身体验了如何在关键时刻发挥品格优势去解决问题，这无疑增强了我们应对实际挑战的信心和能力。美德拼图比赛里，大家齐心协力，在拼凑美德的过程中加深了对其的理解和记忆。而主题绘画活动，则用艺术的形式展现了我们内心深处对优势与美德的感悟。

然而，活动的结束并不是终点，而是新的起点。希望大家将在活动中所收获的一切，融入日常的工作和生活中。在每一次出警时，展现出勇敢和坚毅；在每一次训练中，保持勤奋和自律；在每一次与队友的相处中，给予关爱和包容。

让我们以品格优势为基石，以美德为灯塔，继续在消防事业的道路上勇往直前，为守护人民的生命财产安全，为构建更加美好的社会，贡献我们的力量！

附表 10-1

您好！积极心理学家塞利格曼和彼得森发现有 24 项积极心理品格优势。本测评为清华大学编制的简化版，本问卷总共 72 题，答题时间约 15～20 分钟。选择数字 1～5。1～5 的数字分别代表："完全不符合""不太符合""比较符合""符合""完全符合"。

附表 10-1　品格优势与美德量表

序号	项目	完全不符合	不太符合	比较符合	符合	完全符合	得分
1	帮助他人的同时，我觉得自己也变得开心了	1	2	3	4	5	
2	当有人反对时，我一定会据理力争，即使对方比我地位高很多	1	2	3	4	5	
3	和朋友、亲人在一起是我最喜欢的事情	1	2	3	4	5	
4	即便经受艰难困苦，我也会坚持自己认为正确的观点	1	2	3	4	5	
5	即使对方比我地位高，我也很少曲意逢迎	1	2	3	4	5	
6	即使可以用现成的方法，我也会努力寻找新的解决问题的方式	1	2	3	4	5	
7	即使某人和我关系不好，我也不会在分配利益时亏待他	1	2	3	4	5	
8	没有什么比朋友和亲人更重要的了	1	2	3	4	5	
9	面对困难，我不会轻言放弃	1	2	3	4	5	
10	如果我发现有的东西我不懂，我就会努力把它弄明白	1	2	3	4	5	
11	如果有可能，我总是愿意为他人提供帮助	1	2	3	4	5	
12	如果有人因某事伤害了我，我会很快地原谅他	1	2	3	4	5	
13	套用别人的方法去解决问题，从来不是我的行事风格	1	2	3	4	5	
14	体验新事物是我的信条	1	2	3	4	5	
15	为了保证团队工作，我会放弃自己的个人想法	1	2	3	4	5	
16	为了保证团队工作流畅，我会努力完成自己的任务	1	2	3	4	5	
17	我爱好学习新的知识	1	2	3	4	5	
18	我不会将别人伤害我的事情记很久	1	2	3	4	5	

续表

序号	项目	完全不符合	不太符合	比较符合	符合	完全符合	得分
19	我不会屈服于反对的力量而改变自己原本正确的观点	1	2	3	4	5	
20	我不会因为别人得罪我，而总想着去报复他	1	2	3	4	5	
21	我不会因为我不喜欢某人，就对他区别对待	1	2	3	4	5	
22	我不会因为自己的喜好而使自己的决策偏离理智	1	2	3	4	5	
23	我不会因为自己的愿望而破坏团队的工作	1	2	3	4	5	
24	我从不觉得自己高人一等	1	2	3	4	5	
25	我从不使用已知的方法来解决问题	1	2	3	4	5	
26	我从来没觉得自己比别人特别	1	2	3	4	5	
27	我对生活总是充满热情和活力	1	2	3	4	5	
28	我对新的事物总是保持好奇	1	2	3	4	5	
29	我很少觉得生活过得没劲	1	2	3	4	5	
30	我很少控制不住自己的情绪	1	2	3	4	5	
31	我很少莽撞行事	1	2	3	4	5	
32	我很少说虚情假意的话	1	2	3	4	5	
33	我很少炫耀自己	1	2	3	4	5	
34	我会花时间去感谢帮助过我的人	1	2	3	4	5	
35	我会坚持不懈地去完成一件事情，而不会因为困难而放弃	1	2	3	4	5	
36	我会经常表达我对他人的感谢	1	2	3	4	5	
37	我坚定地相信一些价值观	1	2	3	4	5	
38	我觉得生活会一天比一天好	1	2	3	4	5	
39	我觉得生活就像一次探险，每一天都是新鲜的	1	2	3	4	5	
40	我觉得未来是一件值得现在努力的事情	1	2	3	4	5	
41	我经常给人明智的建议	1	2	3	4	5	
42	我经常会用超越现在生活的视角来看待自己和生活	1	2	3	4	5	
43	我经常惊叹于科学与自然的不可思议	1	2	3	4	5	
44	我经常能猜到别人是怎么想的	1	2	3	4	5	
45	我领导的团队通常很少在内部产生纠纷	1	2	3	4	5	
46	我能够很严格地按照某些规范来要求自己	1	2	3	4	5	

续表

序号	项目	完全不符合	不太符合	比较符合	符合	完全符合	得分
47	我能够控制自己不受诱惑	1	2	3	4	5	
48	我能很好地让我的团队凝聚在一起	1	2	3	4	5	
49	我能很好地体会别人的情绪	1	2	3	4	5	
50	我通常能想到别人想不到的道理	1	2	3	4	5	
51	我喜欢和朋友、亲人分享每天的生活	1	2	3	4	5	
52	我喜欢开玩笑	1	2	3	4	5	
53	我喜欢体会名画和音乐中的美妙	1	2	3	4	5	
54	我喜欢做从未做过的事	1	2	3	4	5	
55	我相信滴水之恩当涌泉相报	1	2	3	4	5	
56	我相信人活着有别人体会不到的更深层的意义	1	2	3	4	5	
57	我相信未来一定比现在美好	1	2	3	4	5	
58	我一直平等待人,即使对那些我不喜欢的人也一样	1	2	3	4	5	
59	我在给人建议时,通常都会想到事情的深层关系	1	2	3	4	5	
60	我在做决定前不会受自己的一厢情愿的想法的影响	1	2	3	4	5	
61	我在做决定时一向很谨慎	1	2	3	4	5	
62	我总是能逗笑别人	1	2	3	4	5	
63	我总是能够知道别人的想法,从而决定自己在与别人交往时应注意什么	1	2	3	4	5	
64	我总是三思而后行	1	2	3	4	5	
65	我总是说实话,即使冒着得罪人的危险	1	2	3	4	5	
66	我做事情很少虎头蛇尾	1	2	3	4	5	
67	学习新东西对我来说是非常快乐的事情	1	2	3	4	5	
68	一般在我的领导下,团队都很和谐	1	2	3	4	5	
69	在别人看来我是个幽默的人	1	2	3	4	5	
70	在决策之前我总是会全面衡量多方面的信息	1	2	3	4	5	
71	自然的鬼斧神工经常让我感到敬畏	1	2	3	4	5	
72	帮助他人经常让我感到愉悦	1	2	3	4	5	

附件 10-1

消防员优势与美德

以下是一些关于"消防员优势与美德"主题贴纸活动的思路，供您参考。

一、英勇救援场景

通过贴纸生动展现消防员在熊熊烈火中毅然前行的英勇瞬间，他们拯救被困民众于危难之中，表情坚毅，身姿矫健，专业救援设备在火光中熠熠生辉。

诸如消防员背负伤患，穿越浓烟，步步坚定；又或高楼之外，云梯之上，他们身手敏捷，将被困窗口之人安全转移。

二、团队协作精神

画面中，多名消防员协同作战，共克时艰。有的手持消防水枪，水龙狂舞，扑灭烈焰；有的肩扛救援器材，健步如飞，准备施救；有的则镇定指挥，运筹帷幄，掌控全局。

三、专业技能与装备

通过贴纸细腻地刻画出消防员所使用的各式先进消防装备——轰鸣的消防车、紧握的灭火器、严实的防火服等，生动地彰显这些装备在灭火和救援行动中的关键作用。

同时，贴纸中消防员们熟练地操控着这些装备，无论是迅速连接水带，还是精准喷射灭火剂，每一个动作都透露出他们的专业素养和训练有素。

四、无私奉献的精神

表现消防员放弃休息时间，随时待命，为了保护人民生命财产而默默付出的画面。

比如在深夜的寂静中，消防员们刚刚结束一场惊心动魄的救援任务，他们满身疲惫却眼神坚定，满足地倚坐在闪烁着微光的消防车旁，仿佛在说："我们做到了"。

五、知识普及与预防

组织消防员深入社区和学校，通过生动的案例分析和实战演练，教导居民和学生如何预防火灾、正确使用灭火器等消防设备，从而有效提升公众的消防安全意识和应急处理能力。

或者派出消防员检查消防设施，确保其正常运行，以预防火灾的发生。

六、儿童视角

以孩子的视角展现对消防员的敬佩和感激，可以是一群孩子为消防员送上鲜花和水，或者是孩子画的一幅感谢消防员的画。

七、对比画面

拼贴出火灾发生前后的场景对比，突出消防员的工作成果，即从一片火海到恢复平静和安全。

八、象征元素

运用一些象征勇敢、正义、守护的元素，如火焰中的盾牌、带有翅膀的消防头盔等，来强调消防工作的意义和价值。

第十一章　消防员团体心理辅导之幸福感篇

第一节 消防员幸福感研究概况

一、幸福感概述

幸福感是衡量良好生活状态的一项指标，涵盖生活满意度、心理与身体健康、和谐的人际关系以及积极的自我形象等多个维度。自 20 世纪 50 年代幸福问题从哲学研究转向心理学领域以来，主观幸福感和心理幸福感始终是幸福研究的两大主流方向。主观幸福感着重个人的内在体验，而心理幸福感则聚焦于个人如何发掘并发挥自身潜力。依据人本主义理念，心理幸福感(psychological well-being，PWB)被视为一个可通过自身努力达成的过程，它能够激发个体的内在潜能，进而取得更大的成就。美国心理学家瑞夫(Ryff)(1989)强调，幸福并非仅仅源自个人的主观感受，也不能简单地等同于一种快乐。相反，它更多地体现为个人的潜在价值、追求卓越的动力以及对完美与真实的向往。瑞夫和凯斯(Keyes)(1995)提出了一个六维度模型，用以描述心理幸福感的内涵要素，包括积极的人际关系、个人成长与发展、环境掌控能力、目标感、自我接纳以及自主性。该模型为人们理解和阐释幸福提供了全新的视角。

要获得心理幸福感，需从多个方面综合考量，包括个人的情绪状态、精神面貌、社会环境以及个性特质等。唯有通过全面的自我发展与成长，方能收获真正的幸福。

二、消防员幸福感研究概况

综合查阅相关文献发现，国内关于消防员幸福感的研究数量稀少。仅有王世嫘和赵洁(2023)探讨了消防员共情疲劳与总体幸福感的关系，以及心理应激和积极心理资本的相关影响机制。研究结果表明，消防员的共情疲劳、心理应激、积极心理资本均与总体幸福感存在相关性，共情疲劳可直接或间接地影响消防员的总体幸福感；心理应激在其中起到部分中介作用，积极心理资本则发挥调节作用。周立伟等(2023)研究了我国台湾地区消防员的主观幸福感(SWB)和生活质量(QOL)，结果显示，我国台湾地区消防员的主观幸福感和生活质量状况不佳，应重新审视轮班工作时间安排，并加强心理健康促进工作，同时实施提升消防员主观幸福感和生活质量的相关政策。

国外学者对消防员幸福感的研究主要聚焦于消防员工作幸福感的保护因素。他们先是研究了积极心理治疗对消防员生活质量、幸福感和意义感水平的影响，结果显示，积极心理治疗能显著改善消防员的心理健康状况。随后又研究了马来西亚消防员工作满意度与幸福感之间的关系，结果表明，消防员的工作幸福感主要源于工作中对危险的防护保障以及工作福利的落实，工作满意度对工作幸福感的影响较为显著。

第二节　幸福感提升团体心理辅导活动方案

一、团体性质与团体名称

团体性质：结构式、封闭式团体。
团体名称：在逆行的人生中，探寻幸福的真谛。

二、团体目标

(一)总目标

引导指战员在消防生涯中发掘工作的乐趣，转变消极的情感体验，探寻生活的真谛，进而迈向愉悦且充实的幸福生活。

(二)具体目标

(1) 团体成员能够发现自身的价值。
(2) 团体成员能够分享自己的幸福趣事。
(3) 团体成员能够对他人的幸福感同身受。
(4) 培养团体成员掌握应对生活与工作的平衡性、靶向性、主导性的方法。
(5) 团体成员能够重视人生目标的规划。

三、团体领导者

团体领导者应为熟悉团体心理辅导基本理论，且具有一定带领团体经验的指战员。

四、团体对象规模

(一)参加对象

参加对象为全体在队消防员。

(二)团体成员人数

团体成员人数为 12~24 人，预计分为 2~3 组，每组为 4~8 人。

五、团体活动时间及频率

团体活动共 5 个单元，每个单元时间长约为 60 分钟。

六、团体设计理论依据

(一)选择自由理论

根据罗纳德·英格哈特(Ronald Inglehart)教授的研究,一个社会允许自由选择的程度对人们的幸福感有着重大影响。当人们的基本需求得到满足时,他们的幸福程度取决于自身在"如何生活"方面拥有多少自由选择的权利。

(二)自我决定理论

自我决定是一种关于经验选择的潜能,是个体在充分认识自身需要和环境信息的基础上,对自己的行动做出自由选择的能力。自我决定理论由美国心理学家德西(Deci)和瑞安(Ryan)提出,强调自我在动机过程中的能动作用。有证据表明,在没有外界影响和干扰的情况下做出选择的能力,也是幸福生活的重要因素。内在动力和成长的意愿(即自我激励),能够决定你的幸福程度。

(三)积极心理学理论

积极情绪是积极心理学研究的核心主题之一,它着重探讨个体对过去、现在和未来的积极体验。在对待过去的态度上,主要研究满足感、满意等积极体验;在对待现在的态度上,主要研究幸福感、快乐等积极体验;而在对待未来的态度上,主要研究乐观等积极体验。

(四)认知发展理论

根据皮亚杰的认知发展理论,个体心理的发展往往需要通过动作来实现对客体的适应。因此,个体心理发展的过程就是主体与客体环境不断相互作用、不断进行心理建构的过程。这个建构与适应的过程,通常包含同化、顺应和平衡三个基本过程(何先友,2019)。皮亚杰认为,一个人的认知发展需要先后经历四个不同的发展阶段,即感知运动阶段、前运算阶段、具体运算阶段以及形式运算阶段。在不同的发展阶段,个体的心智特点具有独特性和阶段性。皮亚杰同时认为,这四个阶段是连续发生、紧密衔接的,每一阶段都是前一阶段的延伸,是在新的水平上对前一阶段进行改组,并以不断增长的程度超越前一阶段(陈瑞芳和郑丽君,2007)。而且,四个发展阶段的先后次序始终保持稳定,既不能逾越也不能颠倒。

(五)社会认同理论

社会认同理论是由亨利·塔菲尔(Henri. Tajfel)、约翰·特纳(John. Turner)等人提出并加以完善的。认同的一个重要动机是提高个体的自尊。个体通过分类、认同和比较的过程实现自我提升和自尊。社会认同理论将个体对群体的认同置于核心位置,认为个体通过社会分类,对自己所在的群体产生认同,并产生内群体偏好和外群体偏见,个体通过实现或维持积极的社会认同来提高自尊,积极的自尊源于在内群体与相关外群体的有利比较。

(六)心理健康的六因素模型

(1) 自我接纳:承认并接受自己的所有方面,无论好坏。我们需要认识到自己的长处和短处，并在评估自己的技能和才能时尽量做到实事求是。要热爱自己的日常工作，爱自己，即便自己存在错误和不完美之处。

(2) 自主性：独立思考，在社会压力下对自己的观点充满信心。这表明你具备做出自己选择的能力。

(3) 掌控环境：这意味着你拥有掌控感。当机会出现时，你能够利用它们来满足自己的个人需求。你可以管理日常生活中的外部因素和活动，从而获得一种掌控自己生活环境的感觉。

(4) 个人成长：这是一种有意识的努力，通过新的经历不断提升自己，努力成为更好的自己。

(5) 与他人的积极关系：包括朋友、家人、同事等。要想获得幸福，与他人建立有意义的关系至关重要，这包括相互的共鸣和理解，以及不同程度亲密关系。

(6) 人生目标：寻找人生目标的意义在于追求自己深切关心的目标，并在自己的生活中创造意义和价值。你可以通过有意义的工作、哲学，甚至人际关系来找到自己的人生目标。

七、团体活动场地

团体活动场地为安静的室内。

八、团体评估方法

通过"心理幸福感量表"(PWBS)进行前测、后测，心理幸福感量表如附表11-1所示。

九、团体活动辅导方案

(一)团体过程规划(见表11-1)

表11-1 团体过程规划

次 序	活动主题	活动目的	活动内容及时间
第一单元	描绘人生蓝图——幸福波澜	(1)建立团体意识，营造和谐融洽的团体氛围 (2)明确团体活动目标；激发团体成员的参与热情 (3)制定团体规范，签订团体契约 (4)引导团体成员正确面对充满波澜的人生 (5)帮助团体成员在接连不断的打击中锤炼坚韧不拔的意志 (6)增强团体成员的分享欲，感受他人幸福，从他人的幸福故事中汲取力量为己用 (7)体会团体成员之间互助所带来的幸福感	(1)绘制"甜蜜宝藏"(10分钟) (2)波澜人生(15分钟) (3)幸福后盾(10分钟) (4)挖掘"甜蜜宝藏"(15分钟) (5)幸福正念(15分钟) (6)领导者总结(5分钟)

续表

次　序	活动主题	活动目标	活动内容及时间
第二单元	穿越时空之旅——另一个我	(1)培养团体成员学会思考人生的阶段性目标 (2)帮助团体成员激发生活的斗志 (3)引导团体成员思考如何确定属于自己的幸福之路	(1)时间掌控者(5分钟) (2)平行时空(30分钟) (3)"我"即是"我"(20分钟) (4)领导者总结(5分钟)
第三单元	眺望繁星点点——多元视角	(1)提升团体成员感受幸福的能力 (2)通过交流活动增强成员的幸福体验 (3)通过分享，提升团体成员的整体幸福感 (4)通过多元视角，清晰认知消防员职业的崇高性以及独特的幸福感	(1)被动就挨打(5分钟) (2)第三视角(15分钟) (3)词解"蓝焰"(10分钟) (4)第四视角(25分钟) (5)领导者总结(5分钟)
第四单元	迎接光之守护——感恩之心	(1)培养团体成员勇于挑战困难的精神 (2)培养自我独处时的思考能力，学会自我放松，尝试感谢自己，倾听内心的真实感受 (3)让团体成员培养发现幸福的能力 (4)引导团体成员掌握体会感恩、学会感恩的能力，种下感恩的种子	(1)抓住幸福(10分钟) (2)书写感恩(25分钟) (3)拥抱自我(20分钟) (4)领导者总结(5分钟)
第五单元	家国共筑幸福——清澈的爱	(1)培养团体成员找准人生定位和方向 (2)帮助团体成员激发实现自我价值和远大理想的信念 (3)引导团体成员不断增强追求幸福的动力 (4)引导指战员认识到在党的领导下，培养家国情怀就是最宏观的幸福感	(1)《长津湖》心理影片赏析(55分钟) (2)领导者总结(5分钟)

(二)单元执行计划

在第一单元开始之前，让团体成员填写心理幸福感量表，并在活动结束后回收。

第一单元　描绘人生蓝图——幸福波澜

导入语：欢迎各位消防员参加本次提升幸福感的团体心理辅导活动。从这一刻起，我们将共同开启一段探索幸福真谛的奇妙之旅。请大家全身心投入到此次活动中，积极参与每个环节，让我们在轻松愉悦的氛围中出发，共同探讨人生的方向，探寻在消防生涯乃至整个人生旅途中，引领我们走向幸福人生的宝贵经验与方法。

1) 热身活动：绘制"甜蜜宝藏"

活动目的：通过自我发掘，进一步思考幸福的本质含义，让幸福更深地融入自己的潜意识。

活动时间：10分钟。

导入语：为了让本次活动的氛围更加活跃，我们即将开启一个有趣的活动——"甜蜜宝藏"。

这个活动正如其名，先埋下一份甜蜜幸福的宝藏，待本次团体辅导临近结束时，再将我们埋下的幸福宝藏挖掘出来，从中寻觅幸福快乐的时光。

场地要求：选择符合活动人数范围的安静活动室或操场。

准备工具：分组糖果(可乐糖2~4色)等额，"宝藏糖果"若干(薄荷糖、草莓奶糖、巧克力、水果夹心软糖、陈皮糖等)，彩色A4纸，水彩笔，收纳盒(用于收纳"宝藏")。

具体操作如下。

(1) 每名成员随机抽取1颗分组糖果，挑选1颗爱吃的"宝藏糖果"暂不食用。在面前的纸上，写下一件自我感觉最幸福且让自己印象极为深刻的事情。

(2) 我们已经书写了自己的幸福，现在请大家将刚刚选择的"宝藏糖果"包进去，折叠成自己想要的样子。待宝藏开启时，挖到的成员将会品尝你"埋"下的甜蜜糖果。

(3) 在宝藏上写上编号并画上独特标记。

(4) 现在请大家将手中的"甜蜜宝藏"从前往后传递给我，我会将它们统一保管起来。

(5) 我们"埋"下了自己的幸福宝藏，现在请大家吃下可乐糖，举起糖纸，相互看看各自的糖纸颜色，随机分组，找到自己的小组并坐在一起。

领导者小结：在此次活动中，我们旨在引导大家深入思考并找出令自己最为幸福的事件，进而借助糖果这一载体，强化对该幸福瞬间的记忆与感受。直至挖掘宝藏的分享环节，促进大家共同体验并沉浸于幸福美好的情感之中。

接下来，我将组织大家签订《心理团体活动保密协议》，希望大家严格遵守团体心理辅导活动的准则，秉持对自己和他人负责的态度，尊重每个人的隐私和感受。本次活动的所有内容，都需要大家共同保密。我相信，只要我们每个人都能做到这一点，我们的团体心理辅导活动将更加顺利。同时，通过我们的共同努力，我们一定能够收获更多的友谊、信任和成长。

2) 主题活动1：波澜人生

活动目的：学会在不幸的生活中鼓起勇气，勇敢面对一切挑战，懂得如何利用现有资源进行规划部署，勾勒属于自己的人生蓝图，找到幸福的"指南针"，迎接崭新的人生。

活动时间：15分钟。

导入语：现在，我们进入主题活动：波澜人生。这个活动就像它的名字一样，将在你的人生中注入一段曲折历程，或许会在你人生的长河中掀起波澜，或许会改写你人生的轨迹。在我手中有很多纸牌，每张牌代表一次命运的转折，上面的描述就是你人生的一次转折。生命只有一次，你该如何面对跌宕起伏的生活，又该如何面对被改写的人生轨迹呢？

场地要求：选择符合活动人数范围的安静活动室或操场。

准备工具：命运纸牌(见附件11-1)，承重压力低音音乐。

具体操作如下。

(1) 现在请每人抽取两张"命运纸牌"，其中生活类和工作类各一张。冷静审视新的人生转折点，积极规划我们未来的前进方向。这次体验不仅是挑战与考验的叠加，更是一次心灵深处探索与成长的华丽蜕变。

（2）请大家在小组中，按照顺时针的顺序，逐一分享"全新"的自己，共同探讨并交流彼此的思考成果与行动规划。

（3）组内分享完毕后，领导者挑选1～3人公开分享，主动者优先。分享成员尽量不重复。注意事项如下。

（1）若活动内容可能涉及成员的伤心事，如家庭离异、身体外貌略有缺陷等，领导者需在活动前先与成员沟通，取得成员的同意，并强调对活动可能给成员带来的负面效应表示歉意。

（2）若有成员对自己抽取的纸牌不满意要求更换，领导者可准备更差的纸牌，即比原纸牌更糟糕的生活状况，但肯定与之前不同，询问其是否愿意更换。

【讨论要点】

（1）获得两张命运纸牌时，你有怎样的感受？

（2）如果别人遇到这样的情况，你认为他会如何面对这样的考验？

领导者小结：命运的齿轮随时都在转动，谁也无法掌控命运的变数。面对接踵而至的挫折与打击，我们必须学会珍惜并利用现有的各种资源。作为拥有坚韧意志与不屈精神的消防员，我们曾无数次在严酷的自然环境中屹立不倒。生活的重压虽然给我们带来一定的负担，但也不断淬炼了我们的意志品格，成为推动我们不断前行的强大动力。尽管命运不可更改，但幸福的人生蓝图，以及终点的高度与风景，却仍然掌握在我们自己手中。

3）主题活动2：幸福后盾

活动目的：展现内心深处那份温柔的光芒：对生存的渴望，对自由的向往，更是对幸福美好未来的坚定信念。让团体成员明白，自己帮助他人时能提供怎样的资源。一个人的力量固然有限，但关键在于让团队中的每位成员深刻理解：即便经历"全新"的命运，依然能成为别人眼中的希望。幸福，这一美妙而深邃的情感体验，既可以源自个人的内心满足，也能在一群人的共同追求中绽放光彩。它既是独处时的宁静喜悦，也是相聚时的温馨共享。

活动时间：10分钟。

导入语：接下来，我们延续命运人生继续前行。命运的双重压力并非轻易能够承受，在昏暗的"全新"人生中，我们寻觅着生存之道。但仅凭个人力量是不够的，我们必须学会相互依靠，用彼此的温暖驱散心头的阴霾。我们共同搭建起简陋却温馨的避风港，在那里分享着各自的故事，用笑声和泪水编织成一张张坚韧的网，将孤独与恐惧牢牢束缚。

场地要求：选择符合活动人数范围的安静活动室或操场。

准备工具："希望之光"表格(见附表11-2)，固体胶棒，中性笔，轻灵类轻音乐。

具体操作如下。

（1）发放"希望之光"表格，大家在纸上贴上两张"命运纸牌"，并写上自己的名字。

（2）按顺时针的顺序，把自己的"命运"交给下一个人，请组内其他成员在纸上为他提供自己的力量，可以是有限的资源、合理的安排、有趣的事情、幸福的时光等，只要是符合实际且能让他感受到希望的事物皆可。

（3）当所有成员都为其他成员提供帮助后，"命运"又回到自己手中时，请大家在组内按顺时针顺序，认真分享我们得到了哪些帮助，这些帮助会给我们带来多少力量、多少暖心的幸福感。结合自己的努力与他人的帮助，我们的人生会发生怎样的变化，人生规划是否有了新的方向和目标。

(4) 各组分享完毕后，每一组挑选 1～2 名成员为大家进行分享。

4) 主题活动 3：挖掘"甜蜜宝藏"

活动目的：抽取他人"幸福宝藏"的同时，激发团体成员在不同人、不同事、不同理解下对幸福的好奇心和思考能力。每个人都将通过相互分享，体会幸福时光。

活动时间：10 分钟。

导入语：随着时间的推移，我们即将进入本单元的最后一部分，看一看能否从不同的"甜蜜宝藏"中解读出不一样的幸福色彩。

场地要求：选择符合活动人数范围的安静活动室或操场。

准备工具：热身活动中收集的"甜蜜宝藏"，平静轻音乐。

具体操作如下。

(1) 在本单元活动开始时，大家都将自己最幸福的事"埋"进了宝藏里，现在到了开启的时刻，大家一定非常期待。现在请每名成员随机抽取一份宝藏，但不要拿自己的。

(2) 大家都抽到了一份独特的宝藏，请大家先举起手中的宝藏，看看各自的宝藏在哪里，每一份宝藏的独特模样，都代表着它的主人对这份宝藏的珍视。

(3) 现在，请慢慢打开，看看这个宝藏的主人为大家准备了什么口味的甜蜜糖果。当然，请大家先不要着急品尝这美味的糖果，我们先看看这位主人为你准备了怎样幸福的故事，再思考如何解读这一份幸福的宝藏。

(4) 大家都思考完毕后，请按顺时针的顺序，在组内逐一用自己的理解去解读宝藏中这幸福的故事。

(5) 我们相互分享着各自宝藏中的故事与感受，彼此间的距离也因此拉近。这一刻，大家是共同拥有甜蜜回忆与美好愿景的伙伴。在这个充满爱与温暖的空间里，我们共同期待着未来更多的惊喜与可能。现在，请每一组都推选出本组抽取的宝藏中最有意义、最感人、最暖人心的幸福故事，并在"挖掘"人分享完毕后，"宝藏"的主人对自己这份甜蜜进行幸福解读。

【讨论要点】

(1) 分享过程中，你的好奇心是否会随着他人的故事而被勾起，是怎样的感受？

(2) 重温幸福时刻，是否会唤醒你内心深处的温暖，这一次幸福的力量对你在未来实现自我目标时，会带来哪些帮助？

5) 主题活动 4：幸福正念

活动目的：在这个忙碌的世界里，让大家时刻保持正念和觉知力，善待自己与他人。让呼吸带动身体的律动，使身心在律动中达到和谐与平衡。

活动时间：15 分钟。

导入语：刚刚，我们都体会了他人的幸福时刻，没听到本人解读的成员，也别着急，可以在本次活动结束时，找"宝藏"的主人为你解答。现在，我们进入本活动的最后一个环节。在正念冥想中出发，我们将踏上属于这次波澜人生的幸福旅途。现在请大家品尝刚刚宝藏中的甜蜜糖果，并找到一个最适合自己的舒适姿势，闭上双眼，慢慢地深呼吸几次，将注意力从外界收回，集中在自己的呼吸上，沉浸在自己的世界中。

场地要求：选择符合活动人数范围的安静活动室或操场。

准备工具： 冥想轻音乐。

具体操作如下。

(1) (轻音乐响起)随着口中的糖果慢慢融化，你的眼前逐渐展现出五彩斑斓的世界。这些"甜蜜宝藏"不仅仅是身体的温暖，更是心灵深处那份纯真与梦想的触发器。它们带走了所有的烦恼与疲惫，只留下心灵的宁静。每一种不同的味道，都像人生中经历的不同阶段，是成长道路上不可或缺的调味品，都有其独特的意义和价值。

(2) 身体扫描过程引导语。

① 头部扫描。现在请大家将注意力集中在头顶，感受头皮的触感，然后慢慢向下移动到面部，留意面部的肌肉和皮肤的触感。接着，继续向下扫描，经过眼睛、鼻子、嘴巴，直到颈部。在这个过程中，不要过于用力或刻意寻找什么特别的感觉，只需让注意力自然地流动。

② 颈部与肩部扫描。现在，将注意力转移到颈部，感受颈部的肌肉和骨骼。接着，继续向下扫过双肩，注意肩部的肌肉和骨骼。在这个部位，许多人会感到紧张或不适，请尽量放松自己，让身体得到舒缓。

③ 胸部与腹部扫描。接着，我们向下感受，将注意力转移到胸部和腹部，体会这两个部位的起伏和呼吸的互动。在这个过程中，你会更加清晰地感受到自己的呼吸和身体的律动。请尽量让自己的呼吸变得更加自然和深长。

④ 背部与脊柱扫描。现在将注意力转向背部和脊柱。从脊柱开始，向上扫过脊椎的每一个节段，然后向下扫过背部肌肉。请感受背部的沉重和放松，让整个身体得到放松和舒适的感觉。

⑤ 下肢扫描。接下来将注意力转移到双腿和双脚上。从大腿开始，依次扫过膝盖、小腿和脚踝，最后注意脚底的触感和温度。请让自己的注意力在每个部位停留片刻，感受每个部位的触感和温度变化。

⑥ 引导语深入。在身体扫描的过程中，你可能会感到有些部位比较敏感或不适。这完全是正常现象，因为我们的身体经常因压力、疲劳等感到紧张或不适。请尽量让自己的注意力集中在这些部位，并尝试用正念去接纳它们。在这个过程中，你可能会发现自己的身体逐渐变得松弛和舒适。

⑦ 正念的体验。在身体扫描的过程中，我们不仅是在感受身体的触感和温度变化，更是在培养正念。正念是一种清醒、专注和接纳的心态，它帮助我们摆脱杂念纷扰，让我们更加专注于当下的体验。在正念的体验中，我们会发现自己的内心变得更加平静和安宁。这种内心的平静不仅有助于减轻压力和焦虑，还能提高我们的专注力和创造力。

⑧ 引导语结尾。现在，请继续将注意力集中在呼吸上，感受呼吸带来的律动和节奏。你已经完成了这次身体扫描的旅程，请慢慢睁开双眼，感受周围的氛围和自己的身体状态。正念是一种内心的宝藏，只有在平静、放松和专注时才能真正发挥作用，并给我们带来无与伦比的力量。

6) 领导者总结

刚刚，我们每个人都品尝了"宝藏"的甜蜜，感受了不同视角和思维下的幸福感。也体验了正念冥想，这是一种帮助我们重拾身心连接的方式。通过身体扫描的引导语，我们积极探索内心，觉察身心的和谐与平衡。在正念的体验中，我们学会了接纳自己，理解他人，关爱世界。让我们在繁忙的生活中，明白幸福源于自我实现和内心平和，用正念去生活，用爱去回馈这个社会，感受来自世界的包容与幸福。那一刻，幸福如同温暖的阳光，穿透了心间的云层，引领着我们走向人生的康庄大道。

第二单元　穿越时空之旅——另一个我

1) 热身活动：时间掌控者

活动目的：增强对时间的感知，感受挑战的乐趣。这个挑战活动能让吵闹的氛围迅速安静下来，更好地调动大家的积极性。

活动时间：5分钟。

导入语：大家经过第一单元的活动，深刻体会了自我幸福感的觉察，加强了内心的沟通与提升。今天，我们进一步深入对自我的审视，去探索那些我们平时可能忽视或者刻意回避的角落。在这个快节奏的社会中，我们往往忙于应对外部的挑战，却忽略了内心的声音。现在，是时候按下暂停键，静下心来，与自己进行一场深入的对话了。下面，我们先进行一个与时间有关的有趣活动——时间掌控者。

场地要求：选择符合活动人数范围的安静活动室或操场。

准备工具：秒表、欢快的轻音乐。

具体操作如下。

(1) 听说一个人做事越有条理，对时间的感觉就越准确。下面，领导者首先说出一个秒数，然后所有成员全体起立。

(2) 这里需要提醒大家自己数自己的时间，不要看到别人坐下自己也跟着坐下，不要有盲从的心理，相信自己的感觉。最重要的是，大家要做一个诚信的人，自觉遵守规则，有手表的成员不能看手表计时器。

(3) 当领导者说"计时开始"时，大家在心中默默地数秒数。

(4) 当成员觉得到达既定的时间时，就坐下。

(5) 领导者会一边看秒表，一边观察大家坐下的次序，等全部人坐下后，找出时间感觉最准的人。

注意事项如下。

(1) 可使用视频记录，方便回看。

(2) 单次活动时间不宜过长，可开展2～4轮。

【讨论要点】

(1) 让时间感最准的人分享，自己为何对时间感觉这么准，是因为什么事情提升了对时间的感受力，还是平时对时间有着严格的规划管理？

(2) 让时间感最差的人分享，为何对时间不怎么敏感，平时在生活中是不是松弛感很强，比较注重生活的体验感。

2) 主题活动1：平行时空

活动目的：思考生命，认识生命的意义，使团体成员在分享中感受生命的可能，在无尽的遐想中找到属于自己的人生和幸福时光，从字里行间探索心灵深处的回响。

活动时间：30分钟。

导入语：(轻音乐)时间宛如一条永不停歇的河流，承载着我们的欢笑与泪水，一路奔腾向前。刚刚,我们共同探讨并分享了关于时间的体验与感受。我们感慨时光无情流逝,它从不为任何人停留,却又在无声无息中赠予我们无数珍贵的回忆和成长的印记。

下面,我们正式进入今天的主题。请大家轻轻闭上眼睛,深呼吸,让我们一同穿越到那个平行时空。想象一下,在那个时空里,你已经走完了这一生的旅程,时光记录下了每一个点点滴滴。在这个平行时空里的你,历经风雨,勇敢地面对每一个挑战。你曾迷茫,但从未迷失方向;你遭遇过失败,但从未丧失勇气。你的梦想,有的已经实现,有的或许尚未达成,但你始终全力以赴,不懈努力。你广交挚友,孝顺亲人,为社会奉献力量,无论是否为人所知,都尽自己所能去改善这个世界。

场地要求: 选择能够容纳活动人数的安静活动室或操场。

准备工具: "另一个我"表格(见附表11-3),水彩笔,轻音乐(从导入语开始播放)。

注意事项: 活动可能会引发个别成员对死亡的恐惧,领导者务必提前做好调节和引导工作。

具体操作如下。

(1) 发放相关活动道具,让大家从所有笔中挑选自己喜欢的颜色。

(2) 现在,请你拿起笔,为平行时空中的另一个自己,用文字记录下这一生的辉煌与平凡,以及这一生的泪水与欢笑。铭记这一生的价值与意义,还有这一生的无限可能。

(3) 大家在纸上写下平行时空中的自己时,内容包括但不限于以下几点:①在不同年纪取得的成就,沿途付出的努力也算作达成人生最终目标的努力;②一生的最大目标;③对家庭、社会或其他人做出的贡献;④我是一个怎样的人;⑤对这段人生的总结语。

(4) 书写完毕后,组内按逆时针顺序,分享平行时空中的自己,其他成员听完后,即时分享当下的感受。

(5) 所有组员分享完毕后,随机选择1~2名成员进行再次分享。

【讨论要点】

在书写的过程中,你认为"另一个我"会成为怎样的人?

领导者小结: 平行时空的"我"完成了人的一生,体会到了时间的公平。一天24小时,如何使用完全取决于自己。如何在有限的时间里活出无限精彩,才是我们人生中最重要的课题。

3) 主题活动2:"我"即是"我"

活动目的: 在活动过程中,我们要保持开放的心态和积极的态度,进行自我觉察,审视自身的优缺点,勇敢地面对自己的不足和挑战,不断完善和提升自己。以此发散思维,培养"吾日三省吾身"的习惯,改变固定型思维,逐步发展成长型思维。一个能够清晰认识自己,准确把握自己优点和不足的人,才能走得更高、更远,才能实现真正的人生理想,实现自我价值,回归幸福的本质。

活动时间: 20分钟。

导入语: 刚刚我们为平行时空的自己写下了一生的回溯,平行时空的"我"究竟是理想中的"我",还是未来真实存在的"我"?这并非一个简单的疑问,而是我们对个体存在、自我意识和独特性的深刻思考。然而,"我"并非一成不变。随着经历的增长、学习的深入、挑战的到来和变化的发生,"我"也在不断发展和演变。

上一个活动中,我们书写的每一个字都表达着对未来的目标和成长的渴望。当下,我们投身于消防救援这一崇高而伟大的事业，为身处"红门"而深感自豪。现在，请大家换个角度思考，如果平行时空的"我"指引着自己选择人生的道路，那么现在的"我"又该如何提升自己，发现自我，照亮自己。

场地要求：选择能够容纳活动人数的安静活动室或操场。

准备工具："我"到底是不是"我"表格(见附表11-4)，中性笔，轻音乐。

具体操作如下。

(1) 人生漫长，沿途的风景各不相同，但我们依然站在这里。请大家拿到表格后，先对自己的人生进行深入思考，思考完后在"自我反思"栏进行书写。

(2) 完成书写后，我们按照逆时针的顺序，让每位成员在"寻求反馈"一栏中，针对书写的内容，提出宝贵的意见和建议。

(3) 当所有人为其他成员书写完毕，表格回到本人手中时，请大家在"学习成长"栏写上未来的成长计划。

(4) 书写完毕后，请大家在组内进行分享。分享完毕后安排1～2名成员为大家再次分享。

【讨论要点】

(1) 书写"自我反思"的时候你想到了哪些事情？

(2) 回忆过往的同时，有没有体会到成长过程中那些记忆深刻或者美好的事情？

(3) 你认为自己会不会为理想中的成功而努力？你会怎么做、怎么想？

4) 领导者总结

人生是一场持续的探索与实践之旅。从黎明破晓到夜色降临，我们怀揣无畏之心，挑战自我认知的边界。每一次挫折，都成为我们前进道路上的坚实基石；每一次失败，都锤炼了我们更为坚韧不拔的精神。我们学会谦逊，汲取智慧。力量源自内心的宁静以及对未知的探索与敬畏。今天，我们第二单元的活动到此结束，我相信大家每一次的付出都会有回报，每一次的努力都会开花结果。在未来的日子里，我们将用行动证明自己的价值，用汗水浇灌梦想的种子，书写更加幸福美好的人生篇章。

第三单元 眺望繁星点点——多元视角

1) 热身活动：被动就挨打

活动目的：训练观察能力和反应能力；在游戏中放松心情，增进友谊。

活动时间：5分钟。

导入语：欢迎大家积极参与此次第三单元的精彩活动！在此之前，我们已经共同度过了前两个单元。前两个单元聚焦我们自身，着重通过深化个人思考能力来促进个人成长，从而探寻专属于我们自己的幸福之路。此刻，大家看到本单元主题后，想必已经产生了一些遐想。今天我们将跨越个人视角，从生活的点滴细节入手，从不同的人、不同的事、不同的角度深入探究自身所处的环境、社会以及更广阔的世界，寻找来自不同视角下最真实的自我，最终找到消防勇士独有的幸福人生轨迹。接下来，让我们先通过一个轻松的热身活动，点燃现场的热情，为接下来的旅程做好铺垫。

场地要求：选择能够容纳活动人数的安静活动室或操场。

准备工具：无。

具体操作如下。

(1) 组内或者组与组之间，两人面对面站好，向前平伸双手，其中左手掌心向下，右手掌心向上，与对方的双手相互贴合在一起。

(2) 双方各进行 10 轮，拍打到对方次数多的晋级，直至组内选出最后一名。

(3) 游戏开始后，各自的右手可以翻转过来拍打对方的手背，而自己的左手则要快速躲开，看看谁的反应速度更快。

【讨论要点】

(1) 游戏过程中，你的心情如何？

(2) 游戏过程中连续拍打到别人或者连续被拍打，你认为是什么因素导致的？你是否预判了别人的动作？你是如何思考并做出应对的？

2) 主题活动1：第三视角

活动目的：在这个过程中，我们要以开放和包容的心态去接纳不同的观点和声音，尝试站在他人的立场上，去理解他们的看法，感受他们的情感，从而拓宽我们的视野和认知边界，更全面地认识自己。

活动时间：15分钟。

导入语：刚刚，我们通过热身活动，在无形中拉近了彼此之间的距离。现在，请允许我带领大家，一同开启一场更为深刻的思考之旅。我们共同探讨的，是一个既平凡又非凡的话题：作为一名消防员，你在并肩作战的队友们眼中，究竟是怎样的形象？请大家仔细观察周围队友们的反应，深入解读他们的眼神，耐心倾听他们的评价。

场地要求：选择能够容纳活动人数的安静活动室或操场。

准备工具：肖像"话"表格(见附表11-5)，中性笔。

具体操作如下。

(1) 每个人在活动材料"消防员眼中的我"一栏填写对身边每名成员的评价：你认为他是个怎样的人，有什么独特之处，又有什么别人不擅长的技能，有哪些值得你学习的优点等。

(2) 书写完毕后，组内按逆时针顺序，对身边队友的评价进行分享。

(3) 听到队友对你的评价后，你有怎样的心灵感悟？

【讨论要点】

(1) 你认为别人对你的评价对自我成长有何帮助？

(2) 听到他人评价后，你在审视自我的同时，认为自己的不足源于何处？我们要如何改变？

领导者小结：他人的评价能为我们提供宝贵的反馈和视角，帮助我们更全面地认识自己。在人生的旅途中，我们难免会遇到各种挑战和困难，而他人的评价就像一面镜子，能够反映出我们的优点和不足。通过他人的评价，我们要学会自我觉察。自我觉察意味着一个人开始超越自己的心智，让觉察的自我从心智中分化出来，把自己的心智作为一个对象来加以认识，帮助个体审视内心而非外界。例如，面对压力和挑战，我们容易被情绪困扰。但若能从旁观者的角度审视情绪，就能冷静分析情绪产生的原因，找到有效的应对方法。这种自我觉察有助于我们摆脱固有的行为模式，促进身心转变，找到属于我们自己的人生目标。

3) 主题活动 2：词解"蓝焰"

活动目的：运用头脑风暴的方式，尝试用词汇来描绘外界对消防员职业等领域的普遍观念和独到见解。在自我认知与公众认知的对比中，逐渐寻找真正属于我们自己的"标签"。

活动时间：10 分钟。

导入语：刚刚，我们书写了"消防员眼中的我"，大家一定高度认可彼此的能力。毕竟，大家都是经过选拔、培训，掌握了专业知识和实战技能的。从基础的体能训练到复杂的灭火战术，从紧急救援到心理疏导，从在水火中逆行挽救生命，到在灾害中勇往直前，每一次都考验着大家的意志与能力。现在请大家思考一下，站在非从业者的角度，你对消防员这个职业有怎样的理解。

场地要求：选择能够容纳活动人数的安静活动室或操场。

准备工具：肖像"话"表格(见附表 11-5)，中性笔。

具体操作如下。

(1) 请大家在活动材料"词解'蓝焰'"一栏，写下你的理解。如果你是一名被救者，或是一名非消防员从业者，你对消防员这个职业会有怎样的认识和见解。

(2) 书写完毕后，组内进行分享。

【讨论要点】

(1) 你认为你的观点是大众的主流印象吗？

(2) 你认为与消防行业接触得多与少会对消防员的印象产生哪些影响？

4) 主题活动 3：第四视角

活动目的：公众对于消防员职业的普遍观念更侧重于其英勇和无私的一面，这体现了社会对消防员的尊重和敬仰。作为消防员，我们必须认识到这种尊敬是国家赋予我们的荣誉和责任，更是对每一名消防员的期待与信赖。这种信任，将激励每一名消防员不断前进，为守护城市的安宁与人民的幸福贡献更大的力量。

活动时间：25 分钟。

导入语：当受到不同视角下的评价时，我们往往会陷入自我怀疑的旋涡。这些评价，无论是正面的还是负面的，都像一面镜子，反射出我们在他人眼中的形象。然而，重要的是我们要学会如何正确对待这些评价。下面，我们将继续深入挖掘多元视角，看看在他人眼中的消防员是怎样的，这些辛苦的付出和挥洒的汗水，外界是否能真正理解。今天，我们将通过在网络平台上收集的部分关于对消防员这一职业看法的视频，让大家有最直观的感受，请大家认真观看视频内容。

场地要求：选择能够容纳活动人数范围的安静活动室或操场。

准备工具：肖像"话"表格(见附表 11-5)，中性笔，网络平台访谈视频。

具体操作如下。

(1) 播放视频。

(2) 写下视频中令你印象深刻的词句和话语。

(3) 组内顺时针进行分享。

(4) 挑选 2~3 名成员，总结本次单元活动。

【讨论要点】

(1) 在体验多元视角后，你有怎样的心路历程？

(2) 你认为本单元中哪个环节令你印象最深刻？为什么？

(3) 你认为本单元的活动会让你加深对消防员这一职业的感情吗？

(4) 当未来的某一刻，真正离开消防员这一崇高职业的时候，你是否会想起这些年不辞辛苦却又毅然前行的高光时刻？是否会让你产生别样的幸福体验？

5) 领导者总结

今天，我们探讨了多元视角下对于消防员的看法，希望大家学会从他人的评价中汲取成长的力量。无论是正面的鼓励还是负面的批评，都应成为我们前进的动力。并且，作为一名消防员，这一职业常被赋予"英勇无畏""无私奉献"等崇高赞誉。这些评价不仅是对消防员的认可，更是我们贯彻"生命至上"理念的坚强后盾。

我们深知，每一次出警都是对生命的尊重，每一次救援都是对职责的坚守。在我们的背后，有着无数关心和支持我们的人。他们或许是我们的家人、朋友，或许是素不相识的陌生人，但正是他们的理解和支持，让我们在面对困难和挑战时能够勇往直前。正如这句话所言："穿上这身制服，就意味着我们随时准备用生命守护他人的安全。"人民群众最朴素的评价，就是我们作为消防员最大的幸福感来源。

第四单元　迎接光之守护——感恩之心

1) 热身活动：抓住幸福

活动目的：在时而紧张、时而放松的心情中体验游戏的快乐，学习在小事中寻找幸福的方法，培养知足常乐的心态。

活动时间：10 分钟。

导入语：大家经过了第一单元的活动，深刻地体会到了命运带来的波折，也共同思考了人生该如何确立方向和目标。这一次，我们将继续携手探索幸福的真谛。现在，我们先进行一个有趣的活动——抓住幸福。

场地要求：选择符合活动人数范围的安静活动室或操场。

准备工具：幸福的故事(见附件 11-2)。

具体操作如下。

(1) 团体成员围成一个大圆圈，伸出左手，竖起拇指屈肘放在身体左侧；同时伸出右手，掌心向下，平放在右边成员竖起的拇指上。

(2) 听领导者讲述一个故事，故事的名字叫"抓住幸福"。

(3) 当故事中出现"幸福"这个词语时，右手掌要去抓下面竖起的拇指，同时自己左手的拇指要及时躲开。

(4) 如果说的词语不是"幸福"，请不要有所动作，否则判为失误。

(5) 出现失误或者拇指被别人抓住的队员，要为大家分享一件令人幸福快乐的小事。

注意事项如下。

(1) 在讲故事过程中，遇到含有"幸"字的词语时，要注意控制好语速和语调。

(2) 游戏过程中，如果有人被抓住了拇指，提醒抓的人不要过度用力，被抓的人也不要拼命挣扎，以免扭伤手指。

(3) 如果因场地原因不方便围成大圆圈，可以两人或少数几人分别围成小圈进行活动。

领导者小结：幸福的故事耳熟能详，不幸的篇章亦不绝于耳。人生的每一时刻，都是对未知世界的勇敢探索。诚然，幸福的瞬间如同璀璨星辰，值得我们细细品味与珍藏；但不幸的经历，同样是生命画卷中不可或缺的一笔。它教会我们拥有感恩之心，引领我们领悟生命的深层含义。更重要的是，它让我们意识到，世界的斑斓色彩，并不仅仅局限于视觉的盛宴时，更蕴含在人性光辉的闪耀之中，应与日月同辉，照耀着我们前进的路。

2) 主题活动2：书写感恩

活动目的：通过刚刚的故事，相信大家已经认识到，回顾和反思自己人生历程中那些曾经给予我们帮助和支持的人和事，才能深刻理解感恩这一情感在人际关系和社会生活中的重要作用，也才会让我们更加珍惜身边的每一份关爱与支持。感恩不仅仅是一种简单的情感表达，更是一种生活态度。它教会我们如何去爱，也教会我们如何被爱。当我们学会感恩时，便能更加宽容地面对他人的不足，更加积极地面对生活的挑战。

活动时间：25分钟。

导入语：这些人和事不仅在我们迷茫时指引了方向，还在我们遭遇挫折时给予了我们力量。他们的帮助和支持，如同黑暗中的明灯，照亮了我们前行的道路。正是这些经历，让我们学会了珍惜和感恩，也让我们明白了在人生旅途中，相互帮助和支持的重要性。我们会更加珍惜那些在我们最需要帮助时伸出援手的人，他们的存在让我们感受到了人间的温暖与力量。

场地要求：选择符合活动人数范围的安静活动室或操场。

准备工具："书写感恩"表格(见附表11-6)，中性笔。

具体操作如下。

(1) 大家在各自的纸上写下让我们感恩的亲人和具体的事，可以是自己经历的，也可以是他人经历的。

(2) 书写完成后组内按顺时针方向进行分享。

(3) 分享完毕后，再给身边的朋友、老师、队友或者你认为需要进行感恩的人和事写下一些寄语。

(4) 书写完毕后，继续写上对消防员这个职业、对组织、对社会等方面的感恩内容。

(5) 书写完毕后，再写上你认为在成长路上的重大转折点，或者是令自己印象最深刻的一个人或一件事，如果内容重复，可以选择不写，或者再思考一下其他内容。

(6) 接下来，我们再对所有的人和事进行排序，思考什么样的人和事才是我们生命中最宝贵的存在。

(7) 书写完毕后，再在每一栏下面的空白处写上如何去报答和感恩，或者是付出什么样的努力来证明他的付出没有白费。

(8) 书写完毕后，组内进行分享。分享完毕后，随机挑选1~2人向大家进行分享。

注意事项：具体操作期间，若时间不允许，可酌情减少1~2次书写内容。

【讨论要点】

(1) 在回忆的过程中，是否有让自己至今还满怀感激的事。

(2) 是否亲眼见过他人感恩的事，对你有何感触。

(3) 未来你是否会帮助他人，你觉得你会收获什么？

领导者小结：在成长的征途中，我们时常受到家人、朋友、师长乃至陌生人的援助与鼓舞。他们的支持犹如璀璨明灯，照亮我们前行的道路，防止我们迷失于茫茫人海。学会感恩，这不仅仅是对他人善举的回应，更是心灵深处修养的彰显。它让我们在回味那些温馨瞬间时，内心再次涌动起暖流，驱散孤独与寒冷。

感恩之心，促使我们变得更加善良与宽容，同时也让我们深刻体会到帮助他人所带来的喜悦与满足。它更是一种强大的驱动力，激励我们珍惜当下，勇敢地追逐梦想，因为任何成功的背后，都离不开他人无私的支持与帮助。

3) 主题活动 3：拥抱自我

活动目的： 让感恩升华人生的曲调，让内心充满平和与动力，这是我们在这场心灵之旅中的最终目标。当我们的内心充满平和与动力时，我们就能不卑不亢地面对生活中的种种挑战与困难，努力向着理想的方向前进。当我们心怀感激面对坦途的人生时，我们不再局限于个人的得失，而是能看到更多元的可能。这样的心态，将引领我们走向一个更加充实、更加有意义的人生。

活动时间： 20 分钟。

导入语： (轻音乐)下面我们进入最后一项主题活动。在当下这个纷繁复杂、充满浮躁气息的社会，我们仿佛置身于混沌的海洋，四周充斥着各种诱惑与干扰，心灵的湖面也因此泛起层层涟漪，难以寻觅到那一抹珍贵的宁静与自我。此刻，我们更加需要拥有一种力量，去穿透那层厚重的尘埃，让心灵重获自由与宁静。这种力量，源自对过往岁月的深刻反思，源自对平凡自我的无尽感激。

现在，请让我们一同回忆那些曾经默默付出的日子。或许是在无数个清晨，当第一缕阳光还未完全洒满大地时，我们已经在挥洒汗水；或许是在夜深人静时，当大多数人已沉入梦乡，我们仍在为某项救援而奋力拼搏。这些看似平凡无奇的消防员瞬间，却构成了我们生命中最宝贵的财富。它们见证了我们的坚持与努力，也见证了我们的成长与蜕变。

在这些回忆中，我们也应该学会感激那个平凡的自己。在这个充满竞争与压力的社会里，我们往往容易忽视自己的价值所在。但请记住，无论你的成就如何，你都值得被尊重和感激。因为正是这个平凡而真实的你，在无数个日日夜夜中默默耕耘，才换来了今天的收获与成果。所以，请不要忘记给自己一个温暖的拥抱，感谢那个一直以来都未曾放弃的自己。

场地要求： 选择符合活动人数范围的安静活动室或操场。

准备工具： 轻音乐、冥想轻音乐。

具体操作如下。

(1) 下面，让我们一同体验一次正念冥想。请大家先寻找一种能让自己感到宁静与舒适的坐姿，最好采用拥抱自我的姿势。随后，我将引领大家开启一场正念冥想的美妙体验。现在，请大家逐渐放松身体，调整呼吸，让每一次吸气都深入肺部，每一次呼气都带走身体的紧张与疲惫。闭上眼睛，将注意力聚焦在自己的呼吸上，感受气息在鼻腔中流动，仿佛整个世界都随着这一呼一吸而轻轻摇曳。

现在，让我们开启一段感恩自我的温暖旅程。请轻声对自己说："我值得被爱，我蕴藏着无限的潜能。"这句话宛如温暖的阳光，穿透云层，照亮你内心的每一个角落。请记住，你的价值并非取决于外界的评价，而是源于你本身的存在。你是一颗独一无二的星星，在宇宙中闪耀着属于自己的光芒。

接下来，请想象自己站在一片广袤的草原上，四周是蓝天白云和郁郁葱葱的树木。微风拂过，带来阵阵花香和草地的清新。在这片自由的天地间，你能感受到前所未有的轻松与自在。请深深地吸一口气，让这份自由与宁静渗透到你的每一个细胞，告诉自己："我能够应对生活中的一切挑战。"

现在，让我们回顾过去那些让自己感到自豪和有成就感的时刻。无论是克服了一个看似不可能的难题，还是在困境中坚守自我，这些都是你力量的见证。让自己沉浸在这些美好的记忆中，感受那份由内而外的自信与坚强。同时，也要学会原谅自己在过去所犯的错误，因为正是这些经历，让你变得更加成熟和坚韧。

现在，请将注意力转向未来。想象一下你期望达成的目标，无论是职业上的晋升、人际关系的和谐，还是个人成长的突破。请对自己说："我有能力实现这些梦想，我的幸福人生由我做主。"请相信自己的潜能和实力，勇敢地迈出那一步，去追寻心中的那片幸福天地。

最后，请再次深呼吸，感受自己与宇宙的连接。在这个浩瀚的宇宙中，你并不孤单。请记住，无论遇到什么困难，都有一股力量在默默地支持你、鼓励你。它或许是亲人，或许是朋友，或许是爱人，或许是组织，甚至是我们所在的华夏大地。身为勤劳勇敢的中华儿女，我们肩负着传承与创新的使命。请大家拍一拍自己，再紧紧地拥抱一下自己，告诉自己："加油，未来的路还很长，但请相信，美好的风景总在前方等待着我们。"请大家珍惜这份力量，用它去创造属于自己的幸福人生。

现在，请继续将注意力集中在呼吸上，感受呼吸带来的律动和节奏。你已经完成了这次正念冥想的旅程，请慢慢睁开双眼，感受周围的氛围和自己的身体状态。

(2) 请大家慢慢调整至清醒状态。接下来，请将正念冥想中深刻体悟到的那份宁静与感悟，细致地记录在纸上。思考一下，在助人为乐、贡献社会的过程中，我们将体会到怎样的成就感。

(3) 书写完毕后，请在组内进行分享。

(4) 下面，请大家尽情回顾这些年我们倾注汗水、不懈奋斗的历程，尝试以一颗感恩的心，向那个坚持不懈、勇往直前的自己致以崇高的敬意。请大家书写一段感恩的话语，以此感恩和表扬自己这些年的辛勤付出与不懈努力。

(5) 书写完毕后，在组内分享体会感受。所有组分享完毕后，挑选 1～2 名成员进行分享，可以要求其朗读出对自己的感谢语，让大家产生共鸣和不同的感悟。

【讨论要点】
(1) 在正念冥想的瞬间，你是否体会到了对自我的那份感激？
(2) 你认为人是否要时常感谢自己？如果是的话，会为自己的成长带来哪些帮助？

4) 领导者总结

回顾往昔，那些晦暗的岁月已成为历史，艰难的时刻塑造了我们，使我们变得更加刚毅和勇敢。展望未来，无论命运如何安排，我们都将泰然处之，这是时间赋予我们的珍贵养料。在这漫长而又短暂的人生旅途中，我们不仅要学会珍惜，更要懂得感恩。每一次跌倒与爬起，都是生命赋予的宝贵财富。我们更要感恩于那些在我们低谷时帮助过我们的人和事，是他们用温暖的光芒在不同程度上影响了我们，让我们变得更加完整。我们也要学会感恩自己，感恩自己的坚持与努力，正是这些内在的力量，让我们在风雨中挺立，不断前行。每一次的成长与蜕变，都是对自我的一次超越，也是对生命意义的一次深刻领悟。

我们还要学会感谢在消防救援事业中遇见的每个人，可以是队友，抑或是群众。是他们，让我们有机会在火场上展示自己的勇气和担当；是他们，让我们在救援行动中感受到生命的价值和意义。最后，我们要学会感恩国家和革命先烈，先辈的付出成就了当下的中华盛世，我们要始终不忘初心、牢记使命，用自己的实际行动去弘扬爱国主义精神，积极投身到国家建设中去，为实现中华民族伟大复兴贡献自己的力量。

第五单元　家国共筑幸福——清澈的爱

1) 主题活动：《长津湖》心理影片赏析

活动目的： 从心理学角度去剖析电影所表达的内涵，让团体成员通过电影这一媒介，体验志愿军的家国情怀，多维度理解幸福的来源、含义以及如何获得幸福的真正内涵。电影中的情节、角色和冲突，往往能够生动地反映出人们在追求幸福过程中所面临的各种心理挑战。再通过观看消防战斗纪实片段，回顾职业的危险与艰辛，重温救援的辉煌瞬间，思考我们与志愿军的无形联结，增强消防指战员的职业荣誉感、认同感、归属感，进一步提升职业幸福感。

活动时间： 55分钟。

导入语： 今天，我为大家准备了一部电影，相信大部分成员都很熟悉，片名为《长津湖》。这部电影讲述了中国人民志愿军在抗美援朝战争中，为了保卫祖国和人民，毅然决然地踏上了长津湖战场，与美军展开殊死搏斗的英勇故事。影片以其震撼人心的场面、真实感人的情感和深刻的历史意义，赢得了广泛的好评和赞誉。下面我将带领大家体会电影中壮怀激烈、感人至深的悲壮情节。

场地要求： 会议室或视频播放室。

准备工具： 影片《长津湖》，灭火救援纪实视频，"身临其境"表格(见附表11-7)。

具体操作如下：

(1) 平时我们常常提及爱国主义、家国情怀，那什么是家国情怀呢？请大家在观看电影前，先解答表格的第一个问题，稍后进行分享。

(2) 观赏电影片段，进行思考并记录在活动材料中。

推荐片段1：2分47秒至9分22秒。

推荐片段2：15分24秒至20分04秒。

(3) 下面为大家解读何为家国情怀。

家国情怀作为中华优秀传统文化的重要组成部分，主要包含以下三个方面的基本内涵：忠孝一体、家国同构的核心观点；先国后家、天下为公的共同体意识；以人为本、仁者爱人的仁爱思想。

上述三方面核心要义体现了儒家提倡的"孝悌忠信、礼义廉耻"，这些带有很强的共同体意识印记。近代以后，西方自由思想传入中国，强调个性解放，反对束缚，使个人的思想和行为开始凌驾于共同体意识之上。随着社会的快速发展，人们越来越意识到，个体与共同体之间并非完全对立，而是相互依存、相互促进的关系。儒家思想所倡导的"孝悌忠信、礼义廉耻"的道德要求，不仅是对个体的约束和规范，更是对共同体秩序的维护和保障。在现代社会，我们应该在尊重个体自由和发展的同时，注重培养共同体意识。只有这样，我们才能在个体与共同体之间找到一种平衡，实现社会的和谐稳定和发展进步。

(4) 观赏电影片段，进行思考并记录在活动材料中。

推荐片段 3：20 分 05 秒至 32 分 18 秒。

(5) 志愿军为何会对祖国有强烈的认同感？为何能勇往直前、奋不顾身、歼灭任何来犯之敌？主要体现在以下方面。

一是归属感。归属是人类的一种基本需求，而组织认同实际上是一种归属的过程。当组织与组织成员所具有或所期待的相一致，自我概念产生和谐且发挥联结作用时，个体的归属要求便可以得到满足。此时，其与组织或团体的互动关系会成为一种可以互相信赖的形式，并形成一种安全型的依附关系。此时，组织成员也会对组织产生真正的认同。受传统文化影响，中国人有着浓厚的家庭情结，他们把对家的情感移植到对党和国家的情感中，希望在党和国家中也能获得一种家庭般的氛围。

二是身份感知。中国人对于身份的感知往往是在与外部群体的接触时凸显出来的。电影中，伍万里虽然最晚加入七连，但他的内心对七连这个集体是认可的，对"七连第 677 个兵"这个身份也是自我认可的。

三是成员相似性。如果组织成员愿意以成员身份来定义自己，那么他们会对这些共同的特征表示认可，并且会自觉地将组织中他人的普遍行为内化为自己的行为，以保持与其他成员的同质性，强化组织成员的身份。电影中，伍千里刚加入七连时还不太适应，但是在各位前辈和同志们的关心帮助下，他迅速地融入了这个友爱的七连大家庭，并不断向各位同志学习。

四是个体与组织的一致性。在中国的文化背景下，个体也会关注个人与组织相一致的程度。这种一致性，一方面体现在个体与组织在工作方式、目标、信仰和价值观的直接比较中；另一方面，一致性还往往体现在个体与组织中典型成员的比较中。电影中，伍千里就是伍万里效仿的对象，他不顾哥哥的反对毅然决然地加入抗击外敌的队伍中。当个体重视他与组织的一致性时，他与组织的重合程度就越高，根据组织身份对自己进行定义的可能性也越大。

五是组织参与。组织参与包含了共同经历、参与投入和确定性三方面的内容。

共同经历是组织参与的基础，它是指团队成员共同度过的时光、共同面对的挑战以及共同达成的目标。参与投入是组织参与的核心，它要求成员在团队活动中积极参与并贡献自己的力量。确定性是组织参与的保障，只有当成员对团队有着清晰的认识和共同的价值观时，他们才能更加一致地行动和协作。三者相辅相成、缺一不可，只有在这三者的共同作用下，团队成员才能更加紧密地团结在一起，共同为团队的目标而奋斗。

当帝国主义将战争强加于我们，国家安全面临严重威胁之时，我们看到，党中央一声令下，所有官兵义无反顾，从四面八方迅速归队集结。已经复员回到上海的梅生也主动归队，体现出严格的组织性、纪律性和"召之即来、来之能战"的过硬作风。我们还看到，毛泽东之子毛岸英主动要求上前线，普通民众积极参军，全国人民全力以赴支援前线，反映了党与人民休戚与共、生死相依的血肉联系，展现出面对侵略者时万众一心、勠力同心的民族力量。为了祖国的安危，为了家人的幸福，志愿军不得不再次踏上征程，这不仅是战士们对敌国侵犯的憎恶，更是对家园的共同守护。

(6) 下面，再让我们看一看其他四位战斗英雄的热血片段。

(7) 观赏电影片段，进行思考并记录在活动材料中。

推荐片段 4：2 时 40 分 38 秒至 2 时 44 分 30 秒(见图 11-1)。第一位是特级英雄杨根思。1950 年 11 月底，杨根思率领一个排 30 多名战士坚守阵地，在-40℃的极寒天气里，杨根思和战友一天一夜 8 次打退美军的进攻，战斗到最后只剩下他一个人。弹药耗尽的杨根思抱起炸药包，与几十个敌人同归于尽，牺牲时年仅 28 岁。而参加抗美援朝战争之前，杨根思已经是战斗英雄，开赴前线时，他和战友们说出了流传后世的"三个不相信"：在革命战士面前，不相信有完不成的任务！不相信有克服不了的困难！不相信有战胜不了的敌人！

图 11-1　《长津湖》推荐片段 4

推荐片段 5：1 时 52 分 03 秒至 1 时 56 分 03 秒(见图 11-2)。第二位是毛岸英，演员在塑造毛岸英这个历史人物时，采用了非常内敛的表演方式。只用几场戏，就把毛岸英这个人物立了起来：毛岸英主动向彭德怀请缨上战场，毛主席决定成全儿子；毛岸英隐姓埋名，以刘秘书的身份跟随在彭德怀身边。在美军的轰炸中，毛岸英为了抢救重要地图牺牲，痛失爱子的毛主席在雪中踱步。

图 11-2　《长津湖》推荐片段 5

推荐片段 6：2 时 17 分 59 秒至 2 时 20 分 15 秒(见图 11-3)。第三位是谈子为，原型可能取自志愿军战斗组长张凤山。在和美军的战斗中，张凤山和 4 个士兵肉搏，先是开枪击毙了一个美军士兵，接着，他又死死咬住一名美军士兵的手，顺势捡起枪支，果断将敌人击毙。彼时，张凤山已连续三天未曾进食，却仍能以一敌四，毫发无损地全身而退。

在《长津湖》的新兴里战役中，谈子为与数位美军展开了殊死搏斗。成功炸掉美军的火力点后，他将压缩饼干塞进嘴里的那一幕，令人倍感心酸。随后，他俯瞰着惨烈的战场，嘴里嚼着食物，眼中却满是泪水。

图 11-3　《长津湖》推荐片段 6

推荐片段 7：2 时 09 分至 2 时 14 分 25 秒；推荐片段 8：2 时 29 分 25 秒至 2 时 38 分 20 秒(见图 11-4)。第四位是雷公，他的原型可能源自一级战斗英雄孔庆三以及一名通信兵。在一次夜袭行动中，雷公带领的小队意外遭遇了美军的大股机械化援军。尽管敌我力量对比悬殊，但雷公迅速做出反应，巧妙利用地形和夜色的掩护，凭借仅有的几颗弹药，带领战士们将美军分割开来，打了一场漂亮的伏击战。然而，美军遭到袭击后，在夜间出动了飞机。为了确定攻击目标，他们在战场中心投掷了标识弹，随后集中火力发起猛攻。为了保护战友，雷公奋不顾身地将标识弹搬上车，朝着敌营中心冲去。飞机的炮火如雨点般朝着他倾泻而下，雷公倒地后，还被震起的车体压断了腰椎。他在痛苦中坚持了十余分钟，最终壮烈牺牲。

图 11-4　《长津湖》推荐片段 7、推荐片段 8

(8) 了解完四位战斗英雄的故事后，我们再来认识一下电影中的主角。伍千里的原型是李昌言，他所在的连队被授予"新兴里战斗英雄连"的光荣称号；伍万里的原型是周全弟，他是冰雕连在现实中唯一的幸存者。而从未谋面便牺牲的伍百里，并没有具体的原型，他更像是千千万万个默默奔赴战场、拥有大无畏牺牲精神、英勇报国的普通军人的缩影。

电影中还有一个较为隐秘的设定，即主角的名字。在古代，"伍"是军队最基本的编制单位。伍氏三兄弟的名字寓意深刻，巧妙地映射了中国人民军队从弱小到强大、从落后到先进的发展历程。从"伍百里"起步，历经"伍千里"的磨砺，最终迈向"伍万里"的辉煌。这不仅是数字的递增，更是力量与信念的升华。或许，这正是编剧赋予伍氏三兄弟姓名深刻内涵的初衷，通过他们名字的字面意义，生动展现人民军队的成长轨迹，以及中国共产党领导下中国革命走向胜利的辉煌历程。

(9) 家国情怀与我们的关系。家国情怀贯穿了中华民族的历史,它不仅是一种情感表达,更是一种精神传承。这种情怀将个人与国家紧密相连,让每一个中国人都能深切感受到自己与这片土地、这个民族的深厚情感。它主要体现在以下三个方面。

一是我们对家庭的归属感和认同感。电影开场,伍千里回家探亲时,父母眼中满是依赖。儿子长大了,父母的能力却逐渐有限,言语中也委婉地表达出希望他能长久陪伴在身边。父母对子女的关心爱护,体现了这个小家庭的温馨和睦。尽管生活条件艰苦,但子女在充满爱的环境中茁壮成长,这是家庭中最温暖的部分。"我们俩把该打的仗都打了,不要让万里再打!"作为兄长,伍千里想承担起家庭的责任,保护家人的安全。国家也为他们分了两亩三分七的土地,对于长年漂泊水上的贫苦渔民家庭来说,革命胜利后,伍家将拥有自己的房屋和土地,也将在十里八乡扬眉吐气!对这个小家的规划和憧憬,是伍千里的心愿和期盼,更是他对家庭的关爱和担当,以及对这个家的归属感和认同感。

二是我们对国家的归属感和认同感。对于中国人来说,"家"和"国"是最重要的情感寄托。我们说"我以我的祖国为荣",实际上就是在表达对国家的归属感和认同感;当我们为家庭的幸福努力奋斗时,也是在追求内心的安宁和满足。朝鲜战争全面爆发后,伍千里与伍万里的愿望从照顾好小家,上升到为下一代承担战斗使命,打出和平,打出安稳的未来!作为军人,在国家和民族危难之际,他们勇往直前,不畏牺牲;作为劳动人民的一员,他们希望保家卫国,让家人过上幸福安稳的生活。这种归属感和认同感,不仅让我们更加珍惜"家"和"国"的和谐稳定,也让我们更愿意为它们的繁荣发展贡献自己的力量。

三是关于家国同构的重要观念。《礼记·大学》有云:修身、齐家、治国、平天下。这句话不仅阐述了个人成长与家庭和谐、国家治理之间的递进关系,更揭示了"家"与"国"唇齿相依、不可分割的紧密联系。从现实角度看,经济上,国家的繁荣稳定为家庭提供了良好的发展环境和物质基础;家庭的和谐美满则促进了社会的稳定与和谐,为国家的经济发展提供了有力支撑。政治上,国家的政治制度、法律法规直接影响着家庭的权益和福祉;而家庭的参与和支持则是国家政治稳定和社会进步的重要保障。文化上,"家"与"国"的文化传承相互交融、相互促进,共同构成了中华民族丰富多彩的文化画卷。

舍小家为大家的精神,正是"家"与"国"休戚与共的生动体现。"家"与"国"的这种关系,不仅体现在历史传承、现实联系和情感归属上,更体现在每一个中国人的心中和行动中。因此,我们应时刻铭记这种关系,积极履行自己的责任和义务,为"家"和"国"的繁荣发展贡献力量。

(10) 身为守护者的消防员,家国情怀如何赋予我们深切的幸福感。

"人在阵地在!"这不仅是一句口号,更是每一位志愿军战士心中坚定不移的信念。他们用生命捍卫着国家的尊严和领土的完整,用实际行动诠释了真正的家国情怀。

在电影《长津湖》中,我们看到了家与国的紧密联系,每一位志愿军战士的背后,都承载着对家人的深情厚爱和对国家的无限忠诚。

"家是最小国,国是千万家,守家即守国,护国即护家。"这句话简洁而深刻地阐述了家国情怀的核心内涵。它不仅是一种情感表达,更是一种责任与担当的体现。2015年新春,习近平总书记在春节团拜会上指出:"家庭是社会的基本细胞,是人生的第一所学校。不论时代如何变迁,不论生活格局如何变化,我们都要重视家庭建设,注重家庭、注重家教、注重家风。"重视家国情怀，就是重视与国家血脉相连的家庭建设，只有家庭和谐、幸福美满，才能为国家建设奠定坚实基础。"国之本在家"，《大学》也强调："家齐而后国治。"儒家道德伦理在家庭中得以实践，其家国情怀作为优秀传统也需要在家庭中传承和发展。

影片中，那些震撼人心的画面、感人肺腑的对话，无不让我们为之动容。家国情怀在这一刻得到了最深刻的升华，它超越了生死、跨越了时空，成为激励我们前进的永恒动力。家与国的相互依存，构成了我们当下幸福的社会。因此，我们应倍加珍惜这来之不易的幸福生活，为实现中华民族伟大复兴而努力奋斗。

(11) 观看影片《长津湖》后，请大家认真体会情节，仔细分析过程，深入思考问题，并填写活动材料中的相关内容，然后在小组内进行分享。分享结束后，推选 1 名成员进行总结分享。

(12) 观看灭火救援纪实视频后，请大家认真体会情节、分析过程、思考问题，填写"身临其境"表格中剩余的问题。

(13) 填写完毕后，在小组内进行分享。分享结束后，推选 1~2 名成员进行总结分享。

【讨论要点】
(1) 如何理解和感悟家国情怀与我们的关系。
(2) 家国情怀与幸福的联系应如何体现。

2) 领导者总结

人人都渴望自由、幸福的生活。其实，幸福并不遥远，关键在于如何思考自己与幸福的关系，以及如何实现属于自己的幸福。一个人的幸福固然重要，但如果脱离了人类的群居属性，背离了中华民族传承至今的家国情怀，那么这种幸福将失去根基。通过观看《长津湖》，我们深刻体会到革命先烈的崇高信仰，也明白了幸福的源泉在于对民族的归属感和认同感，在于我们与祖国的双向奔赴。作为和平年代的守护者，我们能够守护人民群众的生命财产安全，应该为此感到骄傲和自豪。回顾消防员的救援瞬间，虽然我们没有经历纪实片中那些惊心动魄的场面，没有承受那么多血与泪的考验，但我们始终坚守在守护百姓安危的第一线，保持着为强国建设、民族复兴伟业贡献一切的初心。在未来的征程中，我们不应迷茫，要勇敢地站起来，坚定地走起来，奋力地跑起来，在实现中华民族伟大复兴的中国梦中，实现属于"小我"的梦想。当梦想成真，当理想照进现实，我相信，你将在自由的天空中翱翔，中华民族也将屹立于世界民族之林！

谢谢大家！本次幸福感提升的团体活动到此结束，感谢大家对本次活动的支持。

附表 11-1

请仔细阅读下面的题目，根据自己目前的实际情况，在符合自己情况的相应数字上画圈。你的回答没有对与错之分。我们承诺将对你的回答严格保密。感谢你的合作！

附表 1　心理幸福感量表

序号	项　目	非常反对	颇为反对	有点儿反对	有点儿赞同	颇为赞同	非常赞同	得分
1	很多人都认为我是个既亲切又有爱心的人	1	2	3	4	5	6	
2	有时候，我会改变自己的行为或思想方式去迎合周围的人	1	2	3	4	5	6	
3	总的来说，我认为我能够把握自己的生活	1	2	3	4	5	6	
4	对那些能拓宽自己眼界的活动，我都不感兴趣	1	2	3	4	5	6	
5	每当我想到我过去所做的事情和将来希望做的事情时，我都感觉良好	1	2	3	4	5	6	
6	每当我回顾自己的过去时，我对那些经历和结果都感到满意	1	2	3	4	5	6	
7	对我来说，与人保持亲密的关系很困难，而且令我感到沮丧	1	2	3	4	5	6	
8	即使与多数人的意见有分歧，我也不怕发表自己的意见	1	2	3	4	5	6	
9	每天的生活需求经常令我感到沮丧	1	2	3	4	5	6	
10	总的来说，随着时间的流逝，我不断地加深对自己的认识	1	2	3	4	5	6	
11	我得过且过，从未真正地思考过未来	1	2	3	4	5	6	
12	总括来说，我对自己是肯定的，并对自己充满信心	1	2	3	4	5	6	
13	我常常感到寂寞，因为没有亲密好友能与我分忧	1	2	3	4	5	6	
14	我的决定很少受他人影响	1	2	3	4	5	6	
15	我很难融入周围的人及环境	1	2	3	4	5	6	
16	我是那种喜欢尝试新事物的人	1	2	3	4	5	6	
17	我倾向于关注当前，因为未来总是给我带来麻烦	1	2	3	4	5	6	
18	我觉得我认识的许多人在生活中得到的比我多	1	2	3	4	5	6	

续表

序号	内　容	非常反对	颇为反对	有点儿反对	有点儿赞同	颇为赞同	非常赞同	得分
		选　项						
19	我很喜欢与家人或朋友进行深入沟通，彼此了解	1	2	3	4	5	6	
20	我比较在意别人对我的看法	1	2	3	4	5	6	
21	我对于日常生活中的许多职责都处理得很好	1	2	3	4	5	6	
22	我认为现在的生活方式很好，不需要再做新的尝试	1	2	3	4	5	6	
23	我的人生有方向和目标	1	2	3	4	5	6	
24	若有机会，我愿意在很多方面改变自己	1	2	3	4	5	6	
25	我认为当好友向我诉说他们的烦恼时，做一个好的聆听者是最重要的	1	2	3	4	5	6	
26	我觉得对自己满意比获得他人的赞同更重要	1	2	3	4	5	6	
27	我常常被自己承担的责任压得喘不过气来	1	2	3	4	5	6	
28	我认为，获得新经验是十分重要的这些经验可以挑战我们对自己和对世界的既定看法	1	2	3	4	5	6	
29	我的日常活动看起来既琐碎又微不足道	1	2	3	4	5	6	
30	我对自己的性格大致感到满意	1	2	3	4	5	6	
31	很少人愿意听我倾诉心事	1	2	3	4	5	6	
32	我很容易被那些很有主见的人影响	1	2	3	4	5	6	
33	假如我不满意现状，我会努力想办法去改变他	1	2	3	4	5	6	
34	回顾过去，我觉得自己并没有很大的改进	1	2	3	4	5	6	
35	我不太清楚自己的人生目标是什么	1	2	3	4	5	6	
36	虽然我曾经做过一些错误的决定，但事情发展到最后还是不错的	1	2	3	4	5	6	
37	我觉得从友谊中获益匪浅	1	2	3	4	5	6	
38	别人很难说服我去做我不想做的事	1	2	3	4	5	6	
39	一般来说，我能妥善处理个人财政及个人事务	1	2	3	4	5	6	
40	我认为无论任何年纪的人都能继续成长与发展	1	2	3	4	5	6	
41	我以前常常为自己定下目标，但现在觉得那是在浪费时间	1	2	3	4	5	6	

续表

序号	内　容	非常反对	颇为反对	有点儿反对	有点儿赞同	颇为赞同	非常赞同	得分
42	到目前为止，在很多方面我对自己在生活中的所得感到失望	1	2	3	4	5	6	
43	我觉得大多数的人比我有更多的朋友	1	2	3	4	5	6	
44	我觉得迎合他人比坚持自己的原则更重要	1	2	3	4	5	6	
45	我因未能应付每天必须做的事情感到很大的压力	1	2	3	4	5	6	
46	随着时间的流逝，我对生活有很多感悟，这使我成为一个更加坚强、更有能力的人	1	2	3	4	5	6	
47	我喜欢为将来制订计划并努力去实践	1	2	3	4	5	6	
48	大致上，我对自己和所过的生活都感到骄傲	1	2	3	4	5	6	
49	人们认为我是一个肯付出并且愿意和他人分享自己的时间的人	1	2	3	4	5	6	
50	即使与人们的观点相悖，我仍然坚信自己的观点	1	2	3	4	5	6	
51	我善于灵活安排时间，以便完成所有工作	1	2	3	4	5	6	
52	随着时间的流逝，我感到自己成长了很多	1	2	3	4	5	6	
53	我能积极主动地完成自己制订的计划	1	2	3	4	5	6	
54	我羡慕许多人所过的生活	1	2	3	4	5	6	
55	我很少与别人有彼此关怀、互相信任的关系	1	2	3	4	5	6	
56	对我来说，很难在有争议的问题上发表自己的见解	1	2	3	4	5	6	
57	虽然我每天都很忙碌，但是能够处理好每一件事使我感到满意	1	2	3	4	5	6	
58	我不喜欢那些需要我改变以往处世方式的新环境	1	2	3	4	5	6	
59	有些人生活没有目标，但我不是这样的人	1	2	3	4	5	6	
60	我对自己的态度可能没有其他人的积极	1	2	3	4	5	6	
61	当谈及友谊时，我常感到与我无关	1	2	3	4	5	6	
62	我常因朋友或家人反对而改变我的决定	1	2	3	4	5	6	
63	因为我从未能完成我决心要做的事，所以当我制订每天的活动计划时，我常感到很沮丧	1	2	3	4	5	6	

续表

序号	内容	非常反对	颇为反对	有点儿反对	有点儿赞同	颇为赞同	非常赞同	得分
64	对我来说，生活是一个不断学习、变化和成长的过程	1	2	3	4	5	6	
65	有时我感到已经做完了一生中所有要做的事情	1	2	3	4	5	6	
66	我醒来时经常对自己的生活感到失望	1	2	3	4	5	6	
67	我和我的朋友都认为我们之间是可以互相信任的	1	2	3	4	5	6	
68	我不是那种会因社会压力而改变自己思想或行为的人	1	2	3	4	5	6	
69	我在社交活动和建立人际关系上所付出的努力是相当成功的	1	2	3	4	5	6	
70	我很高兴看到自己的思想有所改变并日趋成熟	1	2	3	4	5	6	
71	我的人生目标为我带来的满足感多于挫折感	1	2	3	4	5	6	
72	过去的日子有好有坏，但一般来说，我并不想改变他	1	2	3	4	5	6	
73	我很难敞开心扉跟别人沟通	1	2	3	4	5	6	
74	我很在乎别人如何评价我在生活中所做出的各种选择	1	2	3	4	5	6	
75	我难以用一种令我满意的方式来安排生活	1	2	3	4	5	6	
76	我早就不想对自己的生活做出重大的改善或改变了	1	2	3	4	5	6	
77	每当回想起我人生中所完成的事，我就感到很满意	1	2	3	4	5	6	
78	当我把自己和朋友、熟人相比时，我的自我感觉良好	1	2	3	4	5	6	
79	我和朋友都能够互相体谅对方的难处	1	2	3	4	5	6	
80	我不是按别人的标准，而是按自己认为重要的标准来衡量自己	1	2	3	4	5	6	
81	我已按照自己喜欢的方式营建家庭和生活方式	1	2	3	4	5	6	
82	"老来不学艺"这句话说得很有道理	1	2	3	4	5	6	
83	总的来说，我不确定我的生活是否充实	1	2	3	4	5	6	
84	每个人都有他的弱点，但是我的弱点似乎比别人多	1	2	3	4	5	6	

心理幸福感量表由瑞夫(Ryff)编制于1989年，中文版由王欣教授等人于1995年进行修订，量表由84个项目组成，采用1~6六级计分，包含6个维度：独立自主、环境掌控、个人成长、积极关系、生活目的和自我接纳。高分表示个体心理幸福感水平较高，低分则表示个体心理幸福感水平较低。

评分标准如下。

(1) 独立自主维度包括：2*，8，14，20*，26，32*，38，44*，50，56*，62*，68，74*，80。

(2) 环境掌控维度包括：3，9*，15*，21，27*，33，39，45*，51，57，63*，69，75*，81。

(3) 个人成长维度包括：4*，10，16，22*，28，34*，40，46，52，58*，64，70，76*，82*。

(4) 积极关系维度包括：1，7*，13*，19，25，31*，37，43*，49，55*，61*，67，73*，79。

(5) 生活目标维度包括：5，11*，17*，23，29*，35*，41*，47，53，59，65*，71，77，83*。

(6) 自我接纳维度包括：6，12，18*，24*，30，36，42*，48，54*，60*，66*，72，78，84*。

需要注意的是，上述题目中后有"*"标记的为倒计分。

附件 11-1

命运纸牌

1. 生活类如下。

(1) 自己不幸患了癌症，家里没有钱治疗。
(2) 因家中意外发生火灾，脸部被大火烧伤，留下了一个很难看的伤疤。
(3) 家中父母离异，经济困难，生活条件很差。
(4) 出生在本地一个贫困山区里，父母无力供养自己读书。
(5) 自己的家人不幸患有重病，治疗花费了很多钱，家庭经济紧张。
(6) 父母下岗，家庭经济困难，需要你源源不断的经济支持。
(7) 自己一直被霸凌欺负，情绪非常忧郁。
(8) 自己患有小儿麻痹症，生活很不方便。
(9) 自己小时候因中耳炎治疗不好而变聋。
(10) 自己一家三口挤在一个 10 多平方米的老房子里，食宿条件比较艰苦。
(11) 家庭经济条件好，但父母对自己缺乏关爱，不喜欢自己。
(12) 自己的一条腿因在一次车祸中受伤严重被截肢。
(13) 走路时因不小心而被车撞，头部严重受伤。
(14) 自己相貌普通，不引人注意，工作、学习各方面都一般。
(15) 自己的家人对自己负担很重，管得很多，非常不自由。
(16) 妈妈对自己太唠叨，对自己管得太多，让自己不舒服。
(17) 以前家里很富有，现在却因意外事故而陷入经济危机。
(18) 出生在一个普通的工人家庭，自己也成为一名普通的工人。
(19) 自己的家人去东南亚旅游时因海啸不幸遇难。
(20) 自己患有口疾，常被同事模仿而引起大家的嘲笑。
(21) 因自己太胖，大家经常以此开涮，并且给自己起不太好听的绰号。
(22) 自己身高低于同龄人平均身高 20 厘米。
(23) 自己是个塌鼻子，影响了容貌。
(24) 自己患有先天性心脏病，很容易疲劳。
(25) 自己在高中结束时获得全市"物理竞赛一等奖"。
(26) 自己在大学中被评为"十佳校园明星"。
(27) 自己出生在一个贫困山区的农民家庭里，现在也成为一名农民。
(28) 自己很爱唱歌，但是一场大病导致声带撕裂。
(29) 自己研究生毕业了，但是每个月还拿着 3000 元的工资。
(30) 自己很爱旅游，却因为伴侣不喜欢而放弃。
(31) 自己因迷恋上博彩行业，被诈骗负债 100 万元。

2. 工作类如下。

(1) 自己是一名训练尖子,每到阴雨天,伤病让你痛不欲生。

(2) 自己的一只眼睛因作战事故而失明。

(3) 与同事人际关系很紧张,很不受大家的欢迎,常常被欺压。

(4) 自己在一个条件很差的单位工作,待遇也非常差,可是别无选择。

(5) 工作表现优秀,但人缘很差,不受领导和同事欢迎。

(6) 自己的训练成绩总是最后,努力后效果仍然不明显。

(7) 自己除了工作外,其他业余爱好基本没有。

(8) 自己是一名文书,每天从睁眼忙到闭眼。

(9) 自己是一名宣传员,但是没有任何创意,常常拍摄不出好的片段被通报扣分。

(10) 自己是领导,但底下的消防员没有一个听你的。

(11) 自己是一名驾驶员,因为开车鲁莽,发生了一场重大交通事故,导致战友全部牺牲。

(12) 自己受了伤,天天躺在队里,别人的眼光让你很难受。

(13) 自己代表队伍参加比赛,因为个人失误,让队伍取得了不好的名次。

(14) 自己工作很努力,但是得不到领导认可。

(15) 自己是一名班长,现在经常摆烂,让其他新成员也跟着你摆烂。

(16) 自己是一名党员,但喜欢喝酒,酒驾被抓,给队伍抹了黑。

(17) 自己是一名干部,但是好赌成性,欠了很多债务。

(18) 自己因为工作压力太大,常常想要辞职。

(19) 自己因为工资太低,买不起自己心爱的东西。

(20) 自己是一名战斗员,因为业务工作不熟悉,在上级检查中被扣分。

附表 11-2

附表 11-2　希望之光

命运 1

命运 2

附表 11-3

附表 11-3　另一个我

10 岁	
20 岁	
30 岁	
40 岁	
50 岁	
60 岁	
70 岁	
80 岁	

90 岁
100 岁
110 岁
120 岁
印象最深刻的一件事：
一生最大或者最重要的目标：
对家庭、社会或其他人的贡献：
平行时空的你应该成为什么样的人，才能让自己幸福：

第十一章 消防员团体心理辅导之幸福感篇

附表 11-4

附表 11-4 "我"到底是不是"我"？

自我反思
对自己的思想、行为、情感进行反思和总结，找出自己的优点和不足，并制订改进计划。

寻求反馈
寻求他人的评价和建议，更加客观地认识自己，发现自己在他人眼中的形象和特点。

学习成长
制订计划和方向，拓宽自己的视野和知识面，提升自己的能力和素质。

还有什么想对现在的"我"说的：

附表 11-5

附表 11-5 肖像"话"

消防员眼中的我
词解"蓝焰"
外界眼中的灭火先锋

附件 11-2

幸福的故事(一)

从"两弹一星"取得辉煌成就,到我国航天事业蓬勃发展,钱学森先生的名字早已与中国航天事业紧密相连,他为国家发展和人民幸福作出了巨大贡献。他不辞辛劳,放弃了优渥的生活条件和先进的科研环境,毅然踏上归国征途。这一选择,是对心灵归宿的追寻与对信仰的坚守。在归国之后,他从未有过丝毫退缩与犹豫,带领团队夜以继日地辛勤工作,在一片空白的航天领域披荆斩棘,攻克了重重技术壁垒。

钱学森的幸福,并非源于物质的富足与享受,而是源自对科学的执着追求和对祖国的无私奉献。他用行动证明,真正的幸福来自内心的满足与成就,是为国家、为民族努力奋斗的崇高精神。这种精神如璀璨星光,照亮了无数后来者的前行之路,成为他们心中永恒的榜样与力量,化作守护万千家庭温馨灯火的幸福守护色。

幸福的故事(二)

在浩瀚的东海之滨,有一座孤独却坚韧的岛屿,它承载着民兵夫妇王继才与王仕花 30 多年的岁月,这是一场艰辛而漫长的坚守与奉献。

在常人眼中,这样的生活或许充满孤独与困苦,但对他们而言,这却是一种别样的幸福。他们用自己的方式诠释了真正的爱情和家国情怀。每当夜深人静,他们会依偎在一起,仰望满天繁星,分享彼此的心事与梦想。那一刻,所有的疲惫与困难都烟消云散。

然而,这份幸福背后也隐藏着巨大的牺牲。他们错过了孩子的成长、家人的团聚,甚至错过了许多生命中的重要时刻。但他们从未后悔自己的选择,因为他们明白,自己的坚守与奉献是为了更大的幸福与安宁。

"涛击孤岛边,风赞赤子情",这是"感动中国"给予王仕花和王继才夫妇的颁奖词。如今,虽然王继才已经离世,但王仕花继续着丈夫未竟的事业。她用行动告诉世人:只要有爱、有信念、有责任感,再艰苦的环境也能绽放幸福之花。

幸福的故事(三)

这是一段独特的幸福人生。被人民日报誉为"跪着的巨人、最美拾荒者"的胡雷,得到了许多好心人的物质和精神帮助,这些善意的种子在他心中生根发芽。每一次捐赠,都凝聚着他日复一日辛勤劳作的心血,16 年间总捐赠额超 100 万元。一名女孩得知资助自己的"恩人"竟是一位拾荒的残疾大叔时,百感交集,泪流满面。胡雷常说:"我很苦,但我见不得别人比我更苦。"他用行动帮助了许多需要帮助的人,诠释了"赠人玫瑰,手有余香"的深刻内涵。胡雷的幸福人生并非源于物质的丰盈或地位的显赫,而是源于他那颗坚韧不拔、乐观向上、无私奉献的心。他用行动证明:无论生活给予我们多少磨难与考验,只要我们保持积极向上的心态和无畏付出的精神,就一定能创造属于自己的幸福人生。胡雷的故事将永远激励我们去追求更加幸福美好、更有意义的生活。

附表 11-6

附表 11-6　书写感恩

附表 11-7

附表 11-7　身临其境

1.你认为什么是家国情怀？
观看推荐片段 1、2 作答
2.你认为革命先烈在战争时期，老百姓的心愿是什么？他们的家国情怀体现在何处？
3.他们的幸福是什么？是什么给了他们幸福？
4.他们的幸福感与当下的我们有哪些不同？
观看推荐片段 3 作答
5.你认为如何通过组织以及组织的认同，帮助我们提升幸福感？
观看推荐片段 4、5、6、7 作答
6.如果与革命先辈们角色互换，你会如何去做？

7.当革命先辈们冲锋陷阵时，肯定也会害怕，你认为是什么支撑着他们？

观看纪实片段并作答

8.身为消防员，你该怎样继承先辈遗志，开拓属于我们的幸福？

9.观看了纪实片，你会产生怎样的情感或者情绪？

10.你认为我们普通消防员与消防楷模之间有什么不同？又有哪些相同点？

11.中国人的幸福感，你认为与家国情怀有哪些联系？在生活与工作中我们如何能实现？

参 考 文 献

[1] 张艳, 于凯, 欧阳晖, 等. 集训期新兵适应障碍与心理安全感的关系[J]. 中国健康心理学杂志, 2017, 25(11): 1677-1682. DOI: 10.13342/j.cnki.cjhp.2017.11.023.

[2] 李辉, 李晶晶, 赵海涛. 新入职消防员的适应不良与应对方式、人际关系和心理控制源的关联性分析[J]. 职业卫生与应急救援, 2022, 40(1): 26-31. DOI: 10.16369/j.oher.issn.1007-1326.2022.01.006.

[3] 江俊颖, 雷榕, 刘志伟, 等. 新消防员人格特质与心理健康的典型相关分析[J]. 中国健康心理学杂志, 2021, 29(3): 353-358. DOI: 10.13342/j.cnki.cjhp.2021.03.007.

[4] 孙恒, 杨芳, 李长新. 新入职集训期消防员心理健康状况及社会影响因素探究[J]. 消防科学与技术, 2022, 41(8): 1155-1159.

[5] 张睿. 全灾种大应急救援体系下消防员职业心理状态的探究[J]. 中国应急救援, 2020(6): 24-28. DOI: 10.19384/j.cnki.cn11-5524/p.2020.06.005.

[6] 王淑娴, 雷榕. 国内消防员情绪研究综述[J]. 西部学刊, 2020, (23): 157-160. DOI: 10.16721/j.cnki.cn61-1487/c.2020.23.047.

[7] 何锋, 朱迎. 一线消防员心理素质结构分析[J]. 消防技术与产品信息, 2018, 31(4): 37-38+77.

[8] 廖曙江. 消防员心理行为特性研究[J]. 消防科学与技术, 2017, 36(3): 404-407.

[9] 司家栋, 张付山, 商燕岭, 等. 使人成为人: 体验式心理健康教育新课程[M]. 山东: 山东文艺出版社, 2009.

[10] 樊富珉, 何瑾. 团体心理辅导[M]. 上海: 华东师范大学出版社, 2010.

[11] 叶一舵. 中小学团体心理辅导活动350例. 福州: 福建教育出版社, 2018.

[12] 苟晓梅, 杜旭东. 当代消防员心理健康状况调查研究[J]. 高教研究(西南科技大学), 2024, 40(2): 75-78.

[13] 王世嫘, 赵洁, 孔凡华. 人格特质在消防员工作压力和心理症状间中介效应[J]. 中国职业医学, 2024, 51(1): 49-53. DOI: 10.20001/j.issn.2095-2619.20240208.

[14] 林晨辰, 胡鸣宇, 杨华, 等. 消防救援人员生活事件对心理健康的影响: 应对方式的中介作用[J]. 中国健康心理学杂志, 2023, 31(3): 392-399. DOI: 10.13342/j.cnki.cjhp.2023.03.015.

[15] 宋航, 李洋. 基层消防救援人员职业压力量表编制及现状分析[J]. 消防科学与技术, 2023, 42(8): 1154-1158.

[16] 王淑霞, 程科, 卢金鑫. 消防员生活满意度在心理弹性和抑郁间的关系[J]. 职业与健康, 2024, 40(6): 806-809. DOI: 10.13329/j.cnki.zyyjk.2024.0152.

[17] 曹雅梦. 基于框架模型的团体心理辅导对消防员心理弹性的干预研究[D]. 郑州: 郑州大学, 2020. DOI: 10.27466/d.cnki.gzzdu.2020.003493.

[18] 曹雅梦, 张瑞星. 消防员心理弹性现状及影响因素研究[J]. 现代商贸工业, 2020, 41(11): 93-95. DOI: 10.19311/j.cnki.1672-3198.2020.11.047.

[19] 刘美玲, 田喜洲, 郭小东. 品格优势及其影响结果[J]. 心理科学进展, 2018, 26(12): 2180-2191.

[20] 胡莹莹, 刘一璇, 李娜, 等. 中小学教师品格优势对工作投入的影响: 职业使命感的中介作用[J]. 当代教育科学, 2021(9): 80-87.

[21] 刘怡莎. 消防救援人员胜任素质模型构建的实证研究及其应用[D]. 西安: 西北大学, 2020. DOI:

10.27405/ d.cnki.gxbdu.2020.000294.

[22] 蒋珠慧. 消防人员的信任对工作投入的关系研究：职业使命感的调节作用[D]. 昆明：云南财经大学，2018. [2024-08-21]. DOI: CNKI:CDMD:2.1018.097960.

[23] 王世嫘，赵洁. 共情疲劳，心理应激，积极心理资本对消防员总体幸福感影响[J]. 中国职业医学，2023，50(2)：145-149.

[24] 马改丽，姜永志. 自我决定理论的理论进展，测量评估及其在教育中的应用[J]. 社会科学前沿，2018，7(12)：7.

[25] 邢占军，黄立清. Ryff 心理幸福感量表在我国城市居民中的试用研究[J]. 中国健康心理学杂志，2004(3)：231-233+223.

[26] 郑方辉，卢扬帆，覃雷. 公众幸福指数：为什么幸福感高于满意度?[J]. 公共管理学报，2015，12(2)：68-82+156.

[27] 刘斯漫. 正念冥想训练对幸福感的影响[D]. 山西医科大学，2016.

[28] 霍枢昊. 皮亚杰认知发展理论对家国情怀培养的启示[J]. Advances in Psychology. Vol. 13. No. 03. (2023). Article ID：63068，6 pages.

[29] 陈瑞芳，郑丽君. 皮亚杰认知发展理论及其对当代教育教学的启示[J]. 当代教育论坛(校长教育研究). (2007.05)，44-45.

[30] 何先友. 新编 21 世纪教育学系列教材——教育心理学[M]. 北京：中国人民大学出版社， 2019

[31] 杨清虎. "家国情怀"的内涵与现代价值[J]. 兵团党校学报，(2016) (3)，60-66.

[32] 中华人民共和国应急管理部. 国家综合性消防救援队伍面向社会招录消防员的公告[EB/OL]. 2019 年，http://www.mem.gov.cn/gk/tzgg/yjbgg/201901/t20190124.shtml.